商标注册条件若干问题研究

冯术杰 著

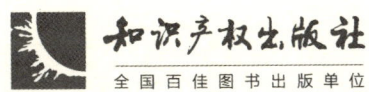
全国百佳图书出版单位

图书在版编目（CIP）数据

商标注册条件若干问题研究/冯术杰著 .—北京：知识产权出版社，2016.4
ISBN 978-7-5130-4170-6

Ⅰ.①商… Ⅱ.①冯… Ⅲ.①商标法—研究—中国 Ⅳ.①D923.434

中国版本图书馆 CIP 数据核字（2016）第 089592 号

内容提要

本书从商标法原理阐述、规则解释、案例点评和法律应用策略四个方面对商标的注册条件做了全面而系统的研究。对近年我国商标法领域的相关热点问题进行了分析；筛选了国内外有争议的案例进行点评；紧密结合国内外商标法实践对法律规则的应用给出说明或建议。

本书的受众包括商标法研究人员、律师、商标代理人、法官、商标审查员、企业法务人员、学生等。

责任编辑：崔 玲	责任校对：董志英
装帧设计：SUN工作室　韩建文	责任出版：刘译文

商标注册条件若干问题研究
Shangbiao Zhuce Tiaojian Ruogan Wenti Yanjiu

冯术杰　著

出版发行：知识产权出版社有限责任公司	网　　址：http://www.ipph.cn
社　　址：北京市海淀区西外太平庄 55 号	邮　　编：100081
责编电话：010-82000860 转 8121	责编邮箱：cuiling@cnipr.com
发行电话：010-82000860 转 8101/8102	发行传真：010-82000893/82005070/82000270
印　　刷：北京科信印刷有限公司	经　　销：各大网上书店、新华书店及相关专业书店
开　　本：720mm×1000mm　1/16	印　　张：13
版　　次：2016 年 4 月第 1 版	印　　次：2016 年 4 月第 1 次印刷
字　　数：220 千字	定　　价：38.00 元
ISBN 978-7-5130-4170-6	

出版权专有　侵权必究
如有印装质量问题，本社负责调换。

目　　录

第一章　商标概论 ………………………………………………………… 1
　一、商标的概念 ………………………………………………………… 1
　二、商标的功能 ………………………………………………………… 3
　三、商标的构成元素 …………………………………………………… 12
　四、商标的种类 ………………………………………………………… 14
　五、商标的权利取得方式 ……………………………………………… 21
　六、商标的使用 ………………………………………………………… 24

第二章　商标申请和注册程序 …………………………………………… 28
　一、商标申请和注册行为的法律性质 ………………………………… 30
　二、商标注册程序 ……………………………………………………… 37
　三、注册商标的申请人 ………………………………………………… 46

第三章　商标的显著性 …………………………………………………… 52
　一、显著性的概念 ……………………………………………………… 52
　二、固有显著性的认定 ………………………………………………… 54
　三、获得显著性的认定 ………………………………………………… 69

第四章　立体商标的显著性认定 ………………………………………… 73
　一、我国立体商标显著性认定的实践及其问题 ……………………… 74
　二、商品形状或包装形状的独创性之于立体商标的显著性 ………… 78
　三、常用标识或惯用标识的显著性否定规则的适用 ………………… 79
　四、相关公众对于商品形状或包装形状的认知习惯认定 …………… 81

第五章　通用标志的认定 ····· 89
一、通用名称的事实认定 ····· 90
二、通用名称所指称的商品或服务的类别 ····· 90
三、通用名称认定的地域范围 ····· 91
四、通用名称认定的时间点 ····· 95

第六章　功能性标志的认定 ····· 97
一、商标注册的"非功能性要求" ····· 97
二、性质功能性与技术功能性 ····· 99
三、美学功能性 ····· 101

第七章　违反公序良俗的商标 ····· 105
一、关于违反公序良俗商标的规则 ····· 105
二、"有不良影响"商标的认定 ····· 107

第八章　混淆理论：商标之间的冲突认定 ····· 112
一、混淆理论与规则 ····· 113
二、商标相同或近似的认定 ····· 116
三、商品或服务相同或类似的认定 ····· 120
四、商标查询与商标共处协议 ····· 123

第九章　在先著作权、商号权、外观设计权与在后商标 ····· 127
一、在先著作权与在后商标的冲突 ····· 127
二、在先企业名称/商号权 ····· 130
三、在先外观设计权 ····· 134

第十章　在先姓名权与商品化权 ····· 136
一、在先姓名权 ····· 136
二、商品化权 ····· 140

第十一章　地名商标与地理标志 …………………………………… 151
　一、地名商标 …………………………………………………… 151
　二、地理标志 …………………………………………………… 159

第十二章　商标"抢注"的法律规制 ………………………………… 181
　一、商标使用行为与商标上的权益产生 ……………………… 182
　二、《商标法》第 15 条 ………………………………………… 183
　三、《商标法》第 32 条第 2 款 ………………………………… 186
　四、《商标法》第 44 条第 1 款 ………………………………… 194

参考书目 ……………………………………………………………… 199

后　　记 ……………………………………………………………… 201

第一章

商标概论

一、商标的概念

1. 商标的法律特征

商标,是将某种商品或服务的不同提供者相区分的商业标识。这是从商标的功能的角度对其所做的定义,而且是根据法律视野内商标的基本功能来做的定义。这里面有几层意思:其一,商标是商业标识(commercial signs)的一种,商标之外的商业标识还有很多种,比如企业名称、商号或者字号(trade name)、商品外观(普通法上的 trade dress)、工业品外观设计、企业的 logo、商业标语、商品名称、商品型号、地理标志、域名等。商业标识或标识(signs)不是个法律概念,需依据通常含义来理解。标识,一般也被理解为起着识别或区别作用的符号。❶ 换句话说,商业活动中起识别或区别作用的标识,不只商标一种。其二,商标的功能是将某种商品或服务的不同提供者(undertakings)相区分。商标之外的前述标识也都有识别或区别的功能。从法律的角度看,企业名称、商号或字号、企业的 logo、商业标语是用来区分不同企业的;商品外观、工业品外观设计、商品名称、

---

❶ 比如《与贸易有关的知识产权协议》(TRIPs)第 15 条中所使用的标识(signs)一词。

商品型号是区分不同商品的；地理标志是区分不同产地的产品并表征品质特征的；域名是区分不同网站的。与这些标识的固有的区别功能不同的是，从法律的角度看，商标是区分产品或服务的不同提供者的，准确地说，是将某种商品或服务的不同提供者相区分的，而不是区分不同商品或服务的提供者的。

2. 商标权的客体范围

在法律层面，凡是实际起到（从商标使用的角度的评价，涉及获得显著性、未注册驰名商标、商标使用义务、商标侵权行为的认定等多个制度）或能起到（从商标注册审查的角度的评价）将某种产品或服务的某个提供者与其他提供者相区分的功能的标识都是法律意义上的商标。实际上，上述各种不同的标识在发挥其固有功能的同时，都有可能同时发挥识别商品或服务的提供者来源的功能，它们也就都是法律意义上的商标，受商标法的调整。在这种情形下，在这样的标识上就存在事实概念和法律概念的交叉重叠。也就是说，一个标识可能同时是企业的商标、商号或字号、企业名称、域名等，比如IBM。这一现象在法律上有两种性质的表现。一是法律概念之间的重叠。前述标识中有些是法律概念，即不同法律制度或规则的调整对象，比如商号或字号、企业名称、工业品外观设计（商品外观是普通法上的法律概念，不是中国法上的法律概念）、域名。不同的法律制度各自按照自己的价值目标设置了客体认定条件和调整规则，凡是符合其条件的都将被纳入各自的调整范围。这样，就会出现事实上的同一对象被定性为不同法律客体，从而被纳入到不同法律制度调整范围的情况，发生请求权竞合及权利冲突的问题。请求权竞合的情形，比如，第三人未经授权在电脑产品的生产和销售中使用"联想"这一标识而可能导致消费者就电脑产品的提供者产生混淆误认，同时侵犯联想公司的商标权和商号权，联想公司可以依据商标法和反不正当竞争法主张权利，但损害赔偿不能重复计算。权利冲突的情形，比如，"欧尚"是甲公司的商标，同时也是乙公司的商号，而两家公司经营的商品或服务相同或类似。在法律规则层面，甲公司可以依据商标权要求乙公司停止使用"欧尚"商号，乙公司也可以依据商号权要求家公司停止使用"欧尚"商标。要解决此类冲突，就要分析两个权利在产生时间上的优先性以及各自经过使用所形成的权益的正当性。❶ 二是非法律概念与法律概念的重叠。前述标识中有的不是法律概念,比如企业 logo、商业标语、商品型号,它们可能会被不同的法律制度纳入调整范围,从而被定性为商标等法律概念,于是,事实上的概念和法律上的概念被同时用于指称同一事实对象。

二、商标的功能

从法律的角度看,商标有三种功能:识别功能、商誉承载功能和品质保障功能。近年来,国外判决和理论学说中出现了商标的广告功能和投资功能的说法。这两个功能,从商业角度看是存在的,但不是法律角度的功能,因为法律上的功能必定在商标法及反不正当竞争法的制度或规则的形成或适用中有体现,而广告或投资的功能没有这方面的体现。这两项商业性的功能仍然是基于法律所调整或保护的前述三项功能。

1. 识别功能

识别功能或区别功能,即商标就某种商品或服务将某个提供者与其他提供者相区分的功能,也被表述为指示来源(origin)的功能,它是商标的基本功能。商誉承载功能和品质保障功能均依托于识别功能而发挥作用。商标识别功能是商标法的核心:在原理层面,保护商标的识别功能是商标法的价值目标所在;在制度层面,识别功能是商标法的保护客体的认定条件,商标权范围的确定依据和商标侵权的认定标准。换句话说,商标法的基本目的就是保护商标的识别功能,这体现在:它只保护具有识别功能或识别性(distinctiveness 或 distinctive character)的标识,商标权的范围限于识别功能所必需和所及的边界,商标侵权行为就是破坏商标识别功能的行为。因此,不具有识别性的标识不受商标法保护,受商标法保护的客体的保护范围仅限于其显著性的部分(比如,就由具有显著性的元素和不具有显著性的元素所组成的商标而言)和其显著性所针对的商品或服务,有可能造成商品或服务来源混淆的行为就是商标侵权行为。识别功能理论决定了显著性作为商标权产生的条件,显著成分作为商标权的范围确定

---

❶ 见《最高人民法院关于审理注册商标、企业名称与在先权利冲突的民事纠纷案件若干问题的规定》(法释〔2008〕3 号)。

依据和混淆理论作为商标侵权的认定标准。

商标法将保护识别功能作为其基本的价值目标,这意味着凡是具有将某种商品或服务的不同提供者相区分功能的标识,均在商标法的适用范围之内,都可以按照商标法获得保护。因此,前述各种标识,只要具有识别商品来源的功能,均可以被认定为法律意义上的商标。由于商标注册证对于商标权的存在和权属的充分和明确的证据效力,采用商标注册的方式来保护所有类型的商业标识,包括企业名称、商号或者字号(trade name)、商品外观(普通法上的 trade dress)、工业品外观设计、企业的 logo、商业标语、商品名称、商品型号、地理标志、域名,是法律实践中最常用和最高效的策略和途径。

2. 商誉承载功能

商誉(goodwill or reputation),指的是经营者通过商品或服务的提供及广告宣传所产生的吸引客户的一种能力。它是市场中的一种竞争优势,是商标法和反不正当竞争法所保护的某些权益的一种正当性基础。它不是一种权利客体,尽管在会计上表现为一种可做价值评估的无形资产。商誉与法人的名誉不同,但存在密切关联。理论上,法人的名誉可以与自然人的名誉相比,涉及一个法律主体的社会评价。法律保护自然人的名誉权,是以保护人的尊严这一基本人权为出发点和目标;法人不具备人权的主体条件,但其社会声誉对于商业法人的核心功能目标——实现商业利益有着重要影响,因此,法律主要保护商业法人的与商业相关的声誉,诋毁商誉是一种典型的不正当竞争行为。诋毁商誉的行为可以表现为侵害商誉的多个方面,但这些方面与商标法所调整的商誉的维度并不相同,尽管存在交叉。相反,反不正当竞争法上的反仿冒制度(passing off)(比如我国《反不正当竞争法》第 5 条的规定)所保护的商誉与商标法所调整的商誉具有同一内涵和内容,只是程度存在差别。[1]

通过善意的经营行为而积累的商誉总是商标法和反不正当竞争法的重要关切。即便在商标权注册取得制度的国家,对于未注册标识所承载的商誉,法律也总是尽可能地通过不同方式予以保护。作为一种竞争优势,商誉本身不能直接成为法律所保护的客体,法律只能保护其载体或其据以产生或发挥作用的某些方面的元素。商标法和反仿冒

---

[1] 夏晔. 试论商誉的法律保护——从王老吉与加多宝商誉之争说起 [D]. 北京:清华大学, 2016.

制度保护的就是商誉的载体：商标、商品名称、商品的包装、装潢等商业标识，禁止通过仿冒制造混淆来"揩油"或"搭便车"；反不正当竞争法关于禁止搭便车（freeride）或禁止"寄生"（法国法用语，paratisisme）的制度，即保护商誉所基于产生或发挥作用的产品设计、市场推广等经营者付出及其成果。

生活经验表明，消费者除了通过商标识别产品和服务的提供者来源之外，还通过商标认知商标所指示的商品和服务的质量、品质、特色、风格、售后服务等多方面的特征。比如，消费者从电子产品上的"苹果"商标可以认知其所承载的高科技、高质量、大胆创新、潮流时尚等商誉内容。但是，在实行商标权使用取得制度的国家和实行商标权注册取得制度的国家，商誉的内涵以及法律对其予以保护的范围和程度都存在差别。在实行商标权使用取得制度的国家，在商标权使用取得制度中，商誉（goodwill）作为一个量的方面或程度要求不高的概念，是商标权取得的条件；但在反仿冒（passing off）制度中，商誉（reputation）就是一个量的方面或程度要求较高的概念，是商标得以获得该制度保护的条件。在实行商标权注册取得制度的国家，商标法所关注的商誉主要是较高的市场知名度（reputation），与反假冒制度中的商誉具有同一内涵，这体现在：具有较高商誉的在先的被使用商标可以阻止他人恶意抢注，而仅具有一般商誉的被使用商标不受商标法或反不正当竞争法保护。

中国商标法对商标的商誉承载功能的保护主要体现在以下几个方面：禁止通过商标抢注来掠夺他人商誉，因此，在先使用并有一定影响的商标可以阻止他人的恶意注册；❶ 禁止通过造成混淆的商标侵权行为来利用他人的商誉，因此，商标所承载的商誉越高，其禁止权范围越广，❷ 损害赔偿的金额越高；❸ 禁止对驰名商标所承载商誉的利用（混淆理论）和损害（淡化、丑化、弱化）；❹ 允许在先善意使用并已建立较高商誉的商标作为注册商标侵权行为的例外；❺ 允许已被善意使用并建立了较高商誉的商标在市场上的共存。❻ 此外，我国《反不正当竞争法》第5条的反仿冒制度也是对包含商标在内的承载

---

❶ 见我国《商标法》第32条。
❷ 见《最高人民法院关于审理商标民事纠纷案件适用法律若干问题的解释》第10条。
❸ 见《最高人民法院关于审理商标民事纠纷案件适用法律若干问题的解释》第16条第2款。
❹ 见我国《商标法》第13条第3款。
❺ 见我国《商标法》第59条第3款。
❻ 见《最高人民法院关于审理商标授权确权行政案件若干问题的意见》第1条。

较高商誉的商业标记的保护。

此外，在"不二家"商标侵权案❶中，法院认定：如果销售者擅自变更商品包装，与商标权人对包装的要求存在明显差异，从而对商品及商标信誉造成损害的，也构成商标侵权。该案中，株式会社不二家是"不二家""POKO""Peko"等商标的权利人。该公司许可不二家杭州公司使用上述注册商标，并授权其以自己的名义进行维权。不二家杭州公司认为钱某某未经许可将其公司生产的糖果擅自分装到带有涉案商标的三种规格包装盒，并在实体店以及在淘宝公司开设的网店销售的行为，侵害其商标权。一审法院经审理认为：商标具有识别商品来源的基本功能，也具有质量保障、信誉承载等衍生功能。商标的功能是商标赖以存在的基础，对于商标的侵害足以达到损害其功能的程度的，不论是否具有市场混淆的后果，均可以直接认定构成商标侵权行为。该案中，虽然钱某某分装、销售的三种规格的涉案产品中的糖果本身系来源于不二家杭州公司，且其使用的三种规格的外包装上也附着了与涉案商标相同或相近似的标识，从相关公众的角度来看，并未产生商品来源混淆的直接后果，但是商品的外包装除了发挥保护与盛载商品的基本功能外，还发挥着美化商品、宣传商品、提升商品价值等重要功能，而钱某某未经不二家公司许可擅自将不二家公司的商品分装到不同包装盒，且该包装盒与不二家公司对包装盒的要求有明显差异，因此，钱某某的分装行为会降低涉案商标所指向的商品信誉，从而损害涉案商标的信誉承载功能，属于《商标法》第57条第（7）项规定的"给他人的注册商标专用权造成其他损害的行为"，构成商标侵权。

3. 品质保障功能

商标的品质保障功能，是指经营者应保证其所提供的商品或服务的品质稳定性、一致性，以符合消费者通过商标对其商品或服务品质的认知经验和期望。在普通法上，商标的品质保障功能处于和识别功能同等重要的地位，这是因为：其一，商标被认为具有便利消费者选择商品的作用，不同品牌在市场上的口碑和相关公众的购买体验使得消费者得以通过商标就能知晓其所指示商品或服务的品质，从而大大提高消费选择的效率。其二，在商标权使用取得制度中，法律要求商

---

❶ 见杭州市余杭区人民法院（2015）杭余知初字第416号判决书。

标权的产生、范围和存在均要依托企业经营的存在而且不能分离：没有使用就没有商标权，商标权以实际使用的商标标识和经营的产品或服务为限，商标权必须和与其相关的经营一起转让而不能只转让商标标识（naked assignment）。商标的品质保障功能甚至是某些类型的商标侵权行为的认定标准。比如，在平行进口涉嫌侵犯商标权的案件中，美国法院所采用的核心认定标准就是看平行进口的产品的品质是否与商标权人自己投入到美国市场的商品具有同一品质或相仿的品质。❶

我国法院也在平行进口相关的商标侵权案件中借鉴了美国的做法，如"J. P. CHENET"商标侵权案❷。在该案中，法国大酒库公司是葡萄酒等产品上的"J. P. CHENET"商标的注册人。2009年3月9日，大酒库公司同天津王朝公司订立独家销售合同，授权天津王朝公司为中国境内的独家经销商，独家销售大酒库公司的涉案品牌葡萄酒。2012年8月31日，天津慕醍公司向天津海关申报进口标注"J. P. CHENET"商标的葡萄酒。大酒库公司发现天津慕醍公司进口的"J. P. CHENET"葡萄酒可能侵害其商标权，向天津海关提出查验申请。天津慕醍公司提出其所进口的涉案葡萄酒系大酒库公司生产，其从英国CASTILLON公司处购得，CASTILLON公司系从大酒库公司的英国经销商AMPLEAWARDLTD（以下简称"AMPLEAWARD公司"）处购得，其依法履行了上述葡萄酒的进口报关手续等事实，为此天津慕醍公司提供了销售合同、发票、装箱单、海运提单、欧共体原产地证明、分析报告、质量证书、大酒库公司向AMPLEAWARD公司出具的发票、AMPLEAWARD公司向CASTILLON公司出具的发票和销售合同等证据加以证明。一审法院认定，天津慕醍公司提供了初步证据能够证实其进口的涉案葡萄酒来源于大酒库公司。

二审法院认为，天津慕醍公司未经大酒库公司授权进口带有"J. P. CHENET"商标的葡萄酒的行为是否侵害后者的注册商标专用权，我国商标法尚没有明确的禁止性规定。该行为是否构成商标侵权，应根据商标法的宗旨和原则，并结合案件具体事实等因素予以综合考量，合理平衡商标权人、进口商和消费者之间的利益以及保护商标权与保障商品自由流通之间的关系。我国商标法既保护商标专用权，防止对商品或服务的来源产生混淆，维护公平竞争，促进经济发

---

❶ Mary LaFrance, UnderstandingTrademarklaw, 2nd edition, LexisNexis, 2009, p.297-311.
❷ 见天津市高级人民法院（2013）津高民三终字第0024号民事判决书。

展;同时又维护消费者及社会公众的合法权益,以实现对商标权人和消费者的平衡保护。具体到该案中,对于天津慕醍公司未经大酒库公司授权进口带有"J. P. CHENET"商标的葡萄酒是否构成商标侵权,应综合考虑以下因素:

第一,天津慕醍公司进口的葡萄酒与大酒库公司授权天津王朝公司在我国销售的葡萄酒是否存在大酒库公司所主张的"重大差异"。首先,根据本案已查明事实,天津慕醍公司从英国进口的香奈干红葡萄酒、香奈桃红葡萄酒、香奈干白葡萄酒三种葡萄酒均为大酒库公司生产并销售给其英国经销商的产品,产品上所附着的商标也是来源于大酒库公司的商标,天津慕醍公司在进口中对涉案三种葡萄酒未进行任何形式的重新包装或改动。其次,大酒库公司称,其为了满足不同市场条件下消费者的不同需求等,对国际市场有严格的划分,销售至中国的葡萄酒与销售至英国的同品牌葡萄酒在质量等级、成分、品质、保质期、价格及服务等方面均有明显的不同。特别是,大酒库公司从进入中国市场就开始选择中高端路线,其在中国销售的葡萄酒品质上乘,而天津慕醍公司从英国进口的葡萄酒档次较低,在质量等级和品质上存在"重大差异"。

就注重原产地的葡萄酒类产品,特别是该案所涉产于法国的葡萄酒而言,以酿造葡萄酒时所用葡萄产地的不同而确定的葡萄酒等级,能够区分不同类别葡萄酒产品的品质,并可在一定程度上影响消费者的选择和判断。香奈(J. P. CHENET)葡萄酒2009年起进入中国市场并由天津王朝公司独家经销,经过几年来的经营及宣传推广,已为中国消费者接受和认可。大酒库公司虽主张其从进入中国市场开始就选择中高端路线,且其在中国所销售葡萄酒产品的等级明显高于天津慕醍公司从英国进口的涉案葡萄酒等级,但根据大酒库公司一、二审期间提供的葡萄酒产品及相关产品介绍,其在中国所售葡萄酒既有法定产区餐酒(AOC)级别的高端产品,有地区餐酒(VDP)级别的中端产品(如香奈精选西拉干红葡萄酒),亦有日常餐酒(VDT或VDF)级别的低端产品(香奈精选白中白葡萄酒)。同时,结合大酒库公司所提供其在互联网上的相关宣传,即"……该公司贸易总监让保罗.夏奈尔先生表示,其葡萄酒就质量而言,绝对比同类产品好,而且目前的售价仅40多元人民币,性价比是很高的。他表示:'中国的葡萄酒市场是非常大的,我们就是要走物美价廉的路线,来打开中国的市场。'"可以看出,大酒库公司本身即生产涵盖各种等级、系列及种类的葡萄酒产品，其产品在中国的市场定位也是面向不同需求和层次的消费群体，现有证据不足以证实其在中国销售的均为品质上乘的中高端线产品的主张。鉴于大酒库公司在我国市场上有种类众多的葡萄酒产品出售，且涉案三种葡萄酒产品的级别均属于大酒库公司所售产品中亦包含的日常餐酒等级，消费者对带有 J. P. CHENET 商标葡萄酒产品的期待或依赖不会因上述产品的进口而被影响，故两者之间在质量等级和品质上，不存在大酒库公司所主张的"重大差别"。至于大酒库公司所提天津慕醍公司进口的涉案葡萄酒与其在中国销售的葡萄酒在成分及保质期方面存在明显区别的主张，大酒库公司对此并未提供充分证据加以证明，该主张不能成立。另，涉案三种葡萄酒产品进入海关即被扣留，因其尚未流入市场，故大酒库公司所提两者在价格及服务上的区别在该案中亦无法判断。综上，根据本该案现有证据，大酒库公司所提天津慕醍公司进口的涉案葡萄酒与大酒库公司在中国销售的葡萄酒，在质量等级、品质、成分、保质期、价格及服务等方面存在"重大差异"的主张不能成立。

第二，消费者混淆的可能性是否存在及大酒库公司的商誉是否受到损害。

商标最基本功能在于其识别性，即区分商品或服务的来源，从这一角度看，商标保护一方面是对商标权人的保护，即对商标权人的商业和身份识别的保护；另一方面也是对消费者的保护，以降低消费者的搜寻成本，防止交易中的混淆。因此，侵害商标权行为的本质特征是对商标识别功能的破坏，以致造成相关公众对商品或服务的来源产生误认或者认为其来源与注册商标的商品有特定的联系。该案中，大酒库公司对于其在中国市场上销售的不同系列、不同品质及不同级别的葡萄酒产品均使用了相同的 J. P. CHENET 商标进行标识，以将其生产的葡萄酒产品与其他品牌葡萄酒产品相区别，因此，其通过广告宣传、展销会等经营活动获得的商誉及商标附加值也必然涵盖其所有等级系列的产品而非仅针对其中的中高端产品。如前所述，天津慕醍公司从英国进口的葡萄酒与大酒库公司在我国销售的葡萄酒的质量等级和品质并不存在实质性差异，且该案中进口商品的原来状况未被改变，即对消费者做出是否购买的决定具有影响的因素没有发生变化，故天津慕醍公司的进口行为并不足以造成消费者对商品来源的混淆和信任度的破坏，进而大酒库公司在我国的商誉及利益也不会受到危害。

综合以上分析，因天津慕醍公司进口的葡萄酒与大酒库公司在我国销售的葡萄酒之间不存在实质性差异，该进口行为不足以导致消费者混淆，大酒库公司的商誉亦未因此受到损害，故大酒库公司关于天津慕醍公司未经其授权进口涉案葡萄酒构成商标侵权的主张不能成立。

实行商标权注册取得制度的大陆法系国家，原则上也认为商标具有品质保障的功能，但该功能并不具有普通法上那么高的重要性。造成这种差别的原因主要在于，在商标权注册取得制度中，商标权的产生、范围和存在均可以脱离企业的经营，注册商标权主要依托注册公示制度。因此，在商标权注册取得制度下，商标权可以脱离企业经营被转让。《巴黎公约》第6条之四专门对此做出了规定，以协调两大法系之间的差别。此外，从市场经济角度看，经营者有权决定其所提供的商品或服务的品质，这是一种工商业自由，只要其不违反国家的相关产品或服务质量要求。

我国商标法主要从商品和服务质量的市场监管角度来阐释商标的品质保障功能。《商标法》第1条即明确其立法目的之一是为了"促使生产、经营者保证商品和服务质量，维护商标信誉"；第7条在诚实信用原则条款中规定，"商标使用人应当对其使用商标的商品质量负责。各级工商行政管理部门应当通过商标管理，制止欺骗消费者的行为"；第42条规定，注册商标转让中的受让人应当保证使用该注册商标的商品质量；第43条规定，注册商标的许可人应当监督被许可人使用其注册商标的商品质量，被许可人应当保证使用该注册商标的商品质量。2013年修改《商标法》时删除的2001年《商标法》第45条规定，"使用注册商标，其商品粗制滥造，以次充好，欺骗消费者的，由各级工商行政管理部门分别不同情况，责令限期改正，并可以予以通报或者处以罚款，或者由商标局撤销其注册商标"。根本上，商品和服务是否符合国家质量标准属于产品质量法范畴的问题，不需要商标法交叉或叠加监管。但我国的传统商标法隐含着一个并无市场经济依据理念：使用注册商标的商品和服务比没有使用注册商标的商品或服务质量更好或更有保障。正因为如此，《商标法》才在第52条中规定了对将未注册商标冒充注册商标使用行为的通报和罚款处罚措施。为配合这一理念，立法者在商标法中设置了上述对商品和服务质量监管的诸多条款。

如果商标法要对使用注册商标的商品和服务的质量设置规则，不需要设置与产品质量法重复的规则,而应着眼于与经营者商品或服务的品质特色及与此相关的商誉方面的规则,《商标法》第 1 条将保证商品和服务质量与维护商标信誉并提的规定可以被解释朝着这一方向的理念转变。但是,在商标权注册取得制度的国家和市场经济的背景下,如果经营者所提供的商品或服务符合国家质量要求,法定质量之上的品质保障和经营特色就属于工商业自由的范畴,主要应交由市场之手来调整。但是,以本来意义上的商标品质保障功能为依据,商标法对商标所有人设置商品品质稳定性和一致性要求是以维护消费者利益为目的的。我国商标法关于商标受让人的商品质量保障义务规定和许可人对于被许可人的商品质量监督义务规定,都应在前述本来意义上的商标品质保障功能的角度来理解。司法实践中有时会遇到商标许可人是否应当对被许可人的商品质量瑕疵承担法律责任的问题。比如,在被许可人的质量瑕疵产品给第三人造成损害的情况下,商标许可人是否要承担责任的问题。商标法要求许可人监督许可人的商品质量,但没有规定违反该义务的法律后果。在商标法作为民事责任特别法没有做出规定的情况下,应适用产品质量法;后者也没有做出规定的情况下,应适用作为一般法的侵权责任法。一般情况下,注册商标许可人和被许可人之间不存在共同侵权或教唆、帮助侵权的关系,而侵权责任法在补充责任和替代责任的条款也未将商标许可关系纳入调整范围,因此,实证法上不存在关于许可人应就被许可人的产品质量瑕疵对第三人承担责任的规定。根据商标的品质保障功能理论,许可人对于被许可人的商品质量监督义务以维护商标所指示商品的质量稳定性和一致性为目的,而不是以监督被许可人的商品符合国家质量标准为目的。而且任何一个经营者都对其商品符合国家质量规定承担法定义务,无论其是否是商标被许可人。因此,商标法关于许可人对于被许可人的质量监督义务规定不能成为前者应对后者的质量瑕疵承担法律责任的法律依据。最高人民法院在《关于产品侵权案件的受害人能否以产品的商标所有人为被告提起民事诉讼的批复》中指出:"北京市高级人民法院:你院京高法〔2001〕271 号《关于荆其廉、张新荣等诉美国通用汽车公司、美国通用汽车海外公司损害赔偿案诉讼主体确立问题处理结果的请示报告》收悉。经研究,我们认为,任何将自己的姓名、名称、商标或者可资识别的其他标识体现在产品上,表示其为产品制造者的企业或个人,均属于《中华人民共和国民法通则》第 120 条规定的'产品制造者'和《中华人民共和国产品质量法》规定的'生产者'。本案中美国通用汽车公司为事故车的商标所有人，根据受害人的起诉和本案的实际情况，本案以通用汽车公司、通用汽车海外公司、通用汽车巴西公司为被告并无不当。"商标的品质保障功能理论不能为这一结论提供支持依据。

三、商标的构成元素

由于任何具备来源识别功能的标识都可以构成商标，那么任何可以被人类感知的元素也可以作为商标的构成元素。人类对标识的感知方式包括视觉、听觉、嗅觉、味觉和触觉，因此，理论上，能被任何一种方式感知的标识都可以构成商标。但由于实践操作的原因，有些类型的标识作为商标具有技术难度、可操作性差、稳定性差等，比如，味道标识依托化学分子的作用被消费者感知，但温度、浓度、空气流动性等因素都容易使得味道商标的显著性不稳定；味觉标识一般不容易被准确感知，并难以描述。因此，实证法上，各国普遍可以接受的就是容易被感知和描述的视觉标识。

正因为商标法理论和各国实证法上的这种共识，《与贸易有关的知识产权协议》（TRIPs）第 15 条第 1 款规定，"能将产品或服务的提供者相区分的任何标识（sign）或任何标识的组合都应当可以构成商标"。尽管 TRIPs 对于"标识"没有给出定义，但在同一款做了一个非穷尽性的列举规定："这些标识，尤其是包括人名、字母、数字在内的文字，图形，颜色组合以及这些标识的组合，都应当具有作为商标注册的适格性（eligibility）"。该款最后一句还规定："（WTO）成员方可以要求，作为商标注册的条件，申请的标识应当是视觉可以感知的"。这些规定说明三点：各国对于可以构成商标的元素类型或种类是没有限制的（识别性是对构成元素要获得商标法保护的条件要求，不是针对商标本体的条件），WTO 成员方所负有的最低程度的义务就是要接受视觉可感知的标识作为注册商标的构成元素，典型的或常用的商标构成元素包括文字、图形、颜色的组合。

欧盟第 207/2009 号《欧盟商标法条例》❶ 第 4 条规定，欧盟商标可以由任何可以用图示的方式表示出来的（capable of being represented graphically）标志构成，尤其是文字，包括人名、图形、字母、

---

❶ Council Regulation (EC) No 207/2009 on the Community trade mark.

数字、产品或其包装的形状，只要该标志能够将一个经营者的产品或服务与其他的经营者的产品或服务相区分。这里对于商标构成元素的可图示要求也即视觉表现形式要求。欧盟第 2015/2424 号条例对上述条款作了修改，去掉了对于商标构成元素的可图示要求，只要求商标标识在欧盟商标注册簿上的表示形式能够使得主管机关和公众可以清楚而准确地确定注册商标的保护客体（in a manner which enables the competent authorities and the public to determine the clear and precise subject matter of the protection afforded to its properator）。因此，欧盟法对于商标构成元素的条件要求进一步降低，以使得经营者需要保护的标识都能尽可能地纳入到商标法的保护范围。

我国《商标法》在 1993 年的修改中将颜色商标纳入了可注册范围，在 2013 年的修改中将声音商标纳入了可注册范围。TRIPs 所涵盖的客体不仅包括注册商标，也保护未注册商标，还包括反不正当竞争权益，❶ 其对于商标构成元素的开放性规定表明，对于可以视觉之外的方式感知的标识，WTO 成员方仍负有根据未注册商标保护制度及反不正当竞争法予以保护的义务。对于文字和图形之外的商标标识，理论上称为"非传统商标"，包括颜色、声音、气味、三维标识等，这些标识的识别性与其商标适格性是两个不同的方面，目前的讨论多是关于前者的，因为后者不存在问题。

TRIPs 第 15.1 条针对可以构成商标的元素的规定也是涵盖注册商标和未注册商标的。就注册商标的标识构成元素而言，我国《商标法》第 8 条规定：任何能够将自然人、法人或者其他组织的商品与他人的商品区别开的标志，包括文字、图形、字母、数字、三维标志、颜色组合和声音等，以及上述要素的组合，均可以作为商标申请注册。该条所提及的元素类型都可以作为我国注册商标的构成元素。在通常的观念中，提到商标，人们一般就会想到带着注册商标标记的文字，因而，也会认为经营者都会选择文字或图形作为商标标识，而实际情况并非如此。从法律的角度看，任何将一个经营者与其他经营者相区分的标识都是商标，都值得通过商标注册来禁止他人使用。于是，任何与商品相关的不同类型的标识元素都因法律的原因被当作商标申请注册，这时立法者就要决定哪些类型的元素可以纳入注册商标的保护范围，这就主要涉及商标显著性的判断。

---

❶ 见《巴黎公约》第 10 条之二，TRIPs 第 2.1 条将其纳入作为其内容之一。

四、商标的种类

1. 文字商标、图形商标、非传统商标

从构成元素的角度，商标可以分为文字商标、图形商标、颜色商标、声音商标、三维（立体）商标、组合商标等。这种分类对于商标审查和检索实践具有重要意义，类型化的数据库信息为实践操作提供了很多便利。此外，对于这些不同元素构成的商标，其显著性审查方面也积累了一些可以被类型化适用的操作规则和经验。

2. 商品商标和服务商标

从所指示的经营活动的性质角度，商标包括商品商标（狭义的 trademark）和服务商标（servicemark），这也是对商标的基本分类。前者识别商品的提供者，比如计算机产品上的"联想"商标；后者识别服务的提供者，比如金融服务上的"建设银行"商标。服务商标在法律上被接纳的时间要晚于商品商标。《巴黎公约》第6条之六规定，成员方要保护服务商标，但没有设置任何具体义务。我国《商标法》第4条也规定，关于商品商标的规定适用于服务商标。在法律实践中，商标授权确权案件和侵权案件都涉及对商标之间的近似性判断问题，为此，一方面要分析商标标识之间的近似性，另一方面要分析涉案商标各自所指示的商品或服务之间的类似性。商品之间的类似性和服务之间的类似性判断（还有商品与服务之间的类似性判断），遵循的是同一原理，但适用的是不同的规则，这种规则的差别就源于商品和服务自身的属性差别。另外，海关保护措施难以适用于服务商标，因为海关可以通过报关程序审查货物进出口中的商标使用情况，而服务贸易难以被以同样方式监控。

商标是区分不同产品或服务的提供者的标志。这就涉及产品提供者和服务提供者的认定和区分问题。该认定和区分在商标不使用撤销程序中和商标侵权认定中都具有重要意义。

首先，就产品提供者和服务提供者的认定和区分而言，产品商标是产品提供者所用的商标，服务商标是服务提供者所用的商标。服务提供者可以在其服务所涉及的产品上使用其商标，但该使用不是对于产品商标的使用而是对服务商标的使用，因为它只是服务提供者而不是产品提供者。

其次，就服务提供（者）的认定而言，服务提供指的是服务于第三方的行为，即第三方是服务的使用人而不是提供者自己在使用相关服务。比如，超市在不同的媒体为自己打促销广告并使用自己的商标，这不属于超市在广告服务上使用其商标，是媒体而不是超市在提供广告服务。同样，每个公司都为自己做着企业管理的工作，但这不属于提供企业管理服务的行为。这一区分不仅在商标不使用撤销程序中意义重大，在商标侵权案件中也至关重要。在滴滴打车商标侵权案件❶中，原告睿驰公司是第 11122098 号和第 11122065 号"嘀嘀"文字商标的注册人。前者核定服务项目为第 38 类，包括信息传送；计算机辅助信息和图像传送；电子邮件；电信信息；电子公告牌服务（通信服务）；提供与全球计算机网络的电讯连接服务；提供全球计算机网络用户接入服务；提供互联网聊天室；提供数据库接入服务；数字文件传送。后者核定服务项目为第 35 类，包括商业管理和组织咨询；组织商业或广告展览；商业信息；民意测验；替他人推销；职业介绍所；商业企业迁移；在计算机档案中进行数据检索（替他人）；审计；寻找赞助。被告北京小桔公司提供互联网叫车服务，法院将其归纳为："'滴滴打车'的服务对象是乘客和司机，服务内容为借助移动互联网及软件户端，采集乘客的乘车需求和司机可以就近提供服务的相关信息，通过后台进行处理、选择、调度和对接，使司乘双方可以通过手机中的网络地图确认对方位置，通过手机电话联络，及时完成服务，起到了方便乘客和司机，降低空驶率，提高出租车运营效率的作用。"原告认为该服务包含了第 35 类商标中的替他人推销、商业管理、组织咨询、组织商业或广告展览、商业信息、计算机档案中进行数据检索（替他人），以及第 38 类商标中的信息传递、计算机辅助信息、图像传送、电信信息、电子公告牌、提供网络的电讯服务、计算机网络用户接入服务、提供互联网聊天室、提供数据库接入服务、数字文件传送等性质的内容，具体为整合司机和乘客的供需商务信息，通过软件管理，利用互联网图像传送和电话等通信方式，进行信息的传递和发布，并通过支付平台完成交易。原告认为以上过程均符合商业管理模式和电信类服务的特征，系其商标核定使用的服务项目，侵犯其商标专用权。被告则认为其服务性质不属于上述两类服务类别，应属于第 39 类运输类服务，包括为客户提供运输信

---

❶ 见北京市海淀区人民法院（2014）海民（知）初字第 21033 号民事判决书。

息和运输经纪服务。

法院认为，第35类商标分类为商业经营、商业管理、办公事务，服务目的在于对商业企业的经营或管理提供帮助，对工商企业的业务活动或商业职能的管理提供帮助；服务对象通常为商业企业，服务内容通常包括商业管理、营销方面的咨询、信息提供等。原告列举被告提供服务过程中的相关商业行为，或为被告针对行业特点采用的经营手段，或为被告对自身经营采取的正常管理方式，与该类商标针对的由服务企业对商业企业提供经营管理的帮助并非同类。而任何公司进行经营活动，均可能包含"商业性""管理性"的行为，以是否具有上述性质确定商标覆盖范围的性质，不符合该类商标分类的本意。

第38类服务类别为电信，主要包括至少能使二人之间通过感觉方式进行通信的服务，设定范围和内容主要为直接向用户提供与电信相关的技术支持类服务。"滴滴打车"平台需要对信息进行处理后发送给目标人群，并为对接双方提供对方的电话号码便于相互联络。上述行为与该商标类别中所称"电信服务"明显不同。该类别中所称提供电信服务需要建立大量基础设施，并取得行业许可证。在发展迅速的互联网经济下，传统行业开始借助移动互联和通信工具等开发移动应用程序，在此基础上对传统行业进行整合，发展不同于传统行业的新型产业模式。被告经营的项目即为此类。在这种背景下，划分商品和服务类别，不应仅因其形式上使用了基于互联网和移动通信业务产生的应用程序，就机械地将其归为此类服务，应从服务的整体进行综合性判断，不能将网络和通信服务的使用者与提供者混为一谈。"滴滴打车"服务并不直接提供源于电信技术支持类服务，在服务方式、对象和内容上均与原告商标核定使用的项目区别明显，不构成相同或类似服务。原告所称其商标涵盖的电信和商务两类商标特点，均非被告服务的主要特征，而是运行方式以及商业性质的共性。

从这个角度来看，该案的关键点其实不是服务的性质和类别认定问题，而是服务提供（者）的认定问题。服务提供是提供服务给第三人使用而不是给自己使用的行为，法院正是基于服务提供的这一基本特征指出认定了被告小桔公司自身的经营活动中所涉及的通信、管理等方面的行为不属于服务提供行为。

3. 集体商标和证明商标

集体商标，是指以团体、协会或者其他组织名义注册，供该组织成员在商事活动中使用，以表明使用者在该组织中的成员资格的标志。证明商标，是指由对某种商品或者服务具有监督能力的组织所控制，而由该组织以外的单位或者个人使用于其商品或者服务，用以证明该商品或者服务的原产地、原料、制造方法、质量或者其他特定品质的标志。❶ 集体商标的注册人是商标使用人所组成的集体组织，证明商标的注册人自己不使用商标而是授权该组织以外的人来使用；集体商标的使用可以证明使用人对某集体的归属关系，证明商标的使用可以证明商标使用人的商品或服务符合该商标所公示的条件。这两种商标在功能方面与普通商标并无不同，它们同样具有识别功能、商誉承载功能和品质保障功能，仅在商标功能的表现和/或实现形式上存在差别：集体商标将作为商品或服务提供者的其集体成员与该集体之外的其他提供者相区分，证明商标将符合其使用条件的商品或服务提供者与其他提供者相区分；它们均承载着其使用者共同积累的商誉；它们在注册时所公示的商标使用条件和用以保障这些条件被使用者遵守的监督机制用以实现品质保障功能。集体商标和证明商标仅在注册人的性质、注册人和使用人的关系方面不同于普通商标。其一，普通商标的使用人为注册人和/或特定的被许可人，具有有限性和封闭性；集体商标和证明商标的使用人通常为多数的，理论上具有无限性和开放性。其二，普通商标的注册人和使用人一般具有同一性，集体商标和证明商标的注册人和使用人不具有同一性。这些与普通商标之间的差别，均不能否定集体商标和证明商标在法律功能性上与普通商标的一致性。此外，由于集体商标和证明商标在注册条件上的相似性：均需公示商标的使用条件、均需注册人具备据以保障使用条件得到遵守的机制，在实践中申请人通常可以在两者之间任意选择，都可以实现商标注册和使用的目的。比如，地理标志可以集体商标或证明商标获得注册和保护。

《集体商标、证明商标注册和管理办法》规定了这两种商标的注册条件。申请集体商标注册的，应当附送主体资格证明文件，并应当详细说明该集体组织成员的名称和地址；申请证明商标注册的，应当附送主体资格证明文件，并应当详细说明其所具有的或者其委托的机构具有的专业技术人员、专业检测设备等情况，以表明其具有监督该证明商标所证明的特定商品品质的能力。集体商标的使用管理规则应

---

❶ 见我国《商标法》第 3 条。

当包括：（1）使用集体商标的宗旨；（2）使用该集体商标的商品的品质；（3）使用该集体商标的手续；（4）使用该集体商标的权利、义务；（5）成员违反其使用管理规则应当承担的责任；（6）注册人对使用该集体商标商品的检验监督制度。证明商标的使用管理规则应当包括：（1）使用证明商标的宗旨；（2）该证明商标证明的商品的特定品质；（3）使用该证明商标的条件；（4）使用该证明商标的手续；（5）使用该证明商标的权利、义务；（6）使用人违反该使用管理规则应当承担的责任；（7）注册人对使用该证明商标商品的检验监督制度。

4. 联合商标和防御商标

联合商标和防御商标都是以扩展商标注册为手段扩大商标保护范围的策略工具。注册商标权的范围是以核准的商标标识和核定的商品或服务为基准，通过混淆理论延及相同或类似商品上的相同或近似商标，通过反淡化理论（仅限于注册驰名商标）再扩展到商标声誉可以波及的不相同和不类似商品上。从理论角度和规则角度看，这样的商标权保护范围足以涵盖商标注册人的利益范围，因此，经营者只需在其所提供的商品和服务上申请注册商标即可。但从实践的角度看，这种做法对于知名度较高的商标不符合效率的要求。在商标注册审查程序中，有些国家的商标局（比如法国）并不依职权审查申请商标与在先商标之间的冲突；而在依职权对此予以审查的国家，商标局仅能审查申请商标与在先的相同和类似商品上的相同或近似商标之间的冲突，而不会主动适用反淡化理论驳回不类似商品或服务上的商标申请；在依职权的审查中，由于类似商品的范围难以通过商标数据库准确划定，商标局的审查并不全面；审查员有时对于商标之间的冲突也会做出错误的判断；即便审查员的判断是对的，有时在先商标权人所想要的权利范围大于法律规则或司法实践所划定的禁止权范围。在所有这些情况下，在先注册商标的所有人都需要对商标局因未审、漏审、误审而决定予以注册的在后冲突商标提起异议或无效程序，而发起这些程序意味着需要支付官费和律师费，而且胜诉概率也往往不确定。

面对这种情况，联合商标和防御商标应运而生。联合商标，就是将与经营者所使用的商标标识相近似或相关联的（关联性和近似性由商标申请人自己判断，而不总是按法律规则和实践中的标识近似性判断标准）商标标识予以注册，旨在扩大商标标识对他人在后商标申请的阻挡范围。防御商标，就是在经营者所提供的商品或服务之外的商品和服务上申请注册商标，旨在扩大商标所指定的产品和服务范围对他人在后商标申请的阻挡范围。采用联合商标注册策略的例子，比如，娃哈哈公司将"娃哈哈"三个字按照不同排列组合方式予以注册，"同享"商标的注册人将"同享"和"同亨"都进行了注册。防御商标的例子，如：家乐福、沃尔玛这样的大型百货超市，不仅在主营业务零售服务上注册了其商标，而且在34类产品和11类服务上全都注册了其主打商标。联合商标和防御商标的注册使得经营者得以通过支付商标注册的费用来节省商标监视和商标异议或无效程序的费用，并显著提升了对他人在后冲突商标申请的阻挡成功率。

联合商标和防御商标策略存在一个缺陷。在实行商标权注册取得制度的国家，法律要求商标权人在商标注册后要实际使用，如果连续三年（比如中国）或五年（比如欧洲国家和欧盟）停止使用一个注册商标，那么该商标可以被撤销。因此，联合商标和防御商标在注册后，商标权人应将其投入实际使用，否则将面临被撤销的风险。尽管存在因不使用而被撤销的风险，但联合商标和防御商标仍不失其作为扩大商标保护范围的有力工具，因为风险是潜在的和规则层面上的，它并不总是会变成现实：只有真正的利害关系人才会提出撤销申请，因为申请撤销一个注册商标也是要支付成本的；而又有多少主体能名正言顺地成为"家乐福""沃尔玛"这样的知名臆造商标的利害关系人呢？

5. 注册商标和未注册商标

以是否获得注册为标准，商标包括注册商标和未注册商标。从注册程序和法律效力的角度看，注册商标是指在注册日之后并处于有效期之内的商标；未注册商标包括未申请注册的商标，处于申请日和注册日之间的商标，到期未续展、被撤销、被无效、被注销的商标。在实行商标权注册取得制度的国家，商标法以效率为目的鼓励注册因而以注册商标的保护为主要任务，未注册商标仅在符合法定条件的情况下才存在受保护法律保护的权益。在中国法的语境下，受法律保护的未注册商标包括：未注册驰名商标[1]，超过普通注册商标保护范围的

---

[1] 见我国《商标法》第13条第1款。

注册驰名商标,❶ "在先使用并有一定影响的商标",❷ "在先使用但不具有一定影响的商标(在先使用的普通未注册商标)",❸ 通过使用获得显著性的描述性商标,❹ 以及反不正当竞争法上的知名产品特有的名称、包装和装潢。❺

对于未注册商标的保护,总体而言包括三个方面:其一,在对他人在后商标申请的对抗性方面,未注册驰名商标可以阻止他人在后注册,在先使用并有一定影响的商标可以阻止他人在后的恶意抢注,被代理人、被代表人或业务关系人可以阻止代理人、代表人或业务关系人的恶意注册。其二,在对他人使用行为的禁止权方面,未注册驰名商标可以依据混淆理论禁止他人的侵权使用,知名商品特有的名称、包装、装潢可以依据反不正当竞争法上的反仿冒制度禁止他人的侵权使用。其三,在先使用并有一定影响的商标在其被他人在后注册后,其在先使用人仍可以在避免混淆的情况下在原有范围内继续使用。

尽管未注册商标是商标法很次要的保护客体,但未注册商标的使用却受商标法的调整。这主要体现在两方面:一是未注册商标不能被作为注册商标使用,即不能以文字或注册商标标记注圈或®将其表述为注册商标,二是不能将违反公序良俗的标识作为商标使用,即不能违反《商标法》第10条规定。违反这两项使用规定要承担通报或罚款的行政责任。❻

值得注意的是,尽管在需要取得独占权的情况下经营者需要申请注册商标,使用未注注册商标是一种自由,应当被尊重。在加强知识产权保护的政策环境下,商场、超市、网络平台都纷纷要求入驻商家提供商标注册证或商标许可合同,尽管这种做法的出发点是排斥假冒产品,但该措施带来的负面影响也很大:选择使用未注册商标的商户、商标尚未获得注册的商户、销售正牌产品但不能提供商标许可协

---

❶ 见我国《商标法》第13条第2款。

❷ 即我国《商标法》第32条和第59条第3款所保护的未注册商标。根据该规定,申请商标注册"不得以不正当手段抢先注册他人已经使用并有一定影响的商标"。

❸ 即我国《商标法》第15条中的商标,对应于第31条所保护的商标。

❹ 根据我国《商标法》第11条规定,描述性标识经过使用取得显著特征并便于识别的,可作为商标注册。

❺ 我国《反不正当竞争法》对知名产品特有的名称、包装、装潢的保护与对未注册商标权的保护出于同一法理。此类客体自身的命名和装饰功能并不影响其发挥识别性功能从而同时成为商标。See Arthur R. Miller and Michael H. Davis, Intellectual Property: Patents, Trademarks and Copyright, 3rd Edition, Thomson West, 2000, p.170. 另参见李明德. 美国知识产权法 [M]. 北京: 法律出版社, 2003: 336.

❻ 见我国《商标法》第52条。

议的下游经销商都被限制或剥夺了经营自由。对于分销网络层级较多的产品，下游经销商往往不能提供商标许可合同，而且，根据权利穷竭原则，一旦产品被商标权人投入市场，后续的销售行为不需要单独的商标许可。

五、商标的权利取得方式

商标权的产生制度有两种：使用取得和注册取得。从纵向历史发展来看，使用取得制度在先，注册取得制度在后。早期的商标保护依赖民法上的诚实信用原则、侵权法或广义的反不正当竞争法，商标权益的主张者必须证明其商标的使用情况以及由此产生的商誉。使用取得制度下，相同或类似商标上的多个独立权益可以在不同地域范围内同时存在，其弊端在于：商品流通的发展对于地域范围的突破使得共存者之间会发生冲突；商标权益的主张者总是必须提供商标使用证据，这也就相应的对司法资源的投入和法官对商标使用情况的认定能力都提出了要求。19世纪中期开始，法国等欧陆国家陆续设立了商标注册取得制度。欲使用某个商标的经营者向政府提出申请，经过官方注册公告使其他经营者广为知晓，是以确立注册人在全国范围内的独占权。同行业竞争者欲启用某个商标，就应主动避免与在先注册商标的冲突，并同样通过注册程序公告全国。注册制度使得一国境内的商标使用信息充分公开，注册秩序更为明晰稳定，同时免去了权益主张者提供使用证据的负担并节约司法成本。但注册制度的弊端在于，在善意第三人的相同或近似商标注册后，在先的未注册商标的使用者也必须停止使用其商标，除非涉及的是未注册驰名商标。这意味着严格的注册取得制度在显著提高宏观效率的同时，也必然会损害局部公平，即牺牲在先商标使用人的利益。目前，世界上的绝大多数国家都采用了注册取得制度，《巴黎公约》和TRIPs的主要条款都是针对商标权注册取得制度拟定的，而原来采用商标权使用取得制度的普通法国家也都同时建立了商标注册取得制度。所有这些似乎在理论上表明，注册取得制度较使用取得制度先进。

但从横向的比较法来看，在普通法系国家，使用仍然是商标权取得的根本方式，尽管英、美等国为了与国际接轨而引入了商标注册制度。这又似乎表明，使用取得制度的缺点不是不能承受的，注册取得制度也不见得先进到要全面取代使用取得制度的程度。注册取得制度和使用取得制度究竟哪个更适合一个特定国家，还需要具体分析，而不应固守一个理论原则或理念。如果某个国家的国情决定了要融合注册取得和使用取得两种制度，那也未尝不可，只要其商标法的理论自洽。一国法律制度的确立、选择、调适是多种因素综合作用的结果，包括法律传统和文化的影响，但从制度本身的效用看，还是要结合各国具体的相关情况来实现效率与公平的合理平衡。

我国的商标法制从设立之初就确立了商标权注册取得制度。这一方面，确保了与国际接轨；另一方面，商标权的注册公告保证了商标制度的宏观效率。但是，注册取得制度的缺点也使我国的商标法制饱受折磨，尤其突出体现在：商标"抢注"频发而得不到有效制止，在先商标使用人的利益经常得不到有效保护。商标权注册取得制度也因此备受诟病。每当出现商标"抢注"或在先商标使用人被判侵权的案件，"商标的生命在于使用"，"商标注册就是符号圈地"等观点就被用来批判注册取得制度。这些植根于普通法的理念与注册取得制度当然是不兼容的，但欧陆国家为什么没有否定注册取得制度而仍然视注册证为权利有效的当然基础呢？需要思考的问题其实不是注册取得制度本身的好坏，而是中国采用注册取得制度是否得当。要知道，注册取得制度的前述弊端不仅在中国法上存在，在法国等其他大陆法系国家也存在，而为什么其他国家没有遭遇与中国相同的情况呢？这说明，问题不在该制度本身，而在该制度所适用的社会环境。在法国等欧陆国家，一方面没有如此多的商标抢注事件；另一方面，经营者在启用商标时已经有了明确的注册意识。这表明，中国的社会和市场自发的秩序与欧陆国家差别很大，市场主体的商标注册意识也仍然不高。这就需要考虑如何权衡商标注册取得制度给我们带来的效率与其在中国特定社会和市场环境下带来的不公平，并探讨在中国采用商标使用取得制度或将注册取得制度向使用取得制度调适的可能性。比如，在"微信"商标案❶中，可以看到审查机关和法院在执法中调试商标注册取得和使用取得制度冲突的尝试。

2010年11月12日，创博亚太公司向国家商标局提交了第38类信息传送、电话业务等服务上的"微信"商标注册申请。商标局于2011年8月27日初步审定并公告了该申请。腾讯公司2011年1月21日对外发布名为"微信"的聊天工具。张某于2011年11月18日

---

❶ 见北京知识产权法院（2014）京知行初字第67号行政判决书。

提出异议。2011年11月27日，腾讯的微信用户超过5 000万。2013年3月19日，商标局以被异议商标在相关服务上的申请注册易使消费者产生误认并导致不良社会影响为由，裁定被异议商标不予核准注册。2013年7月，腾讯的微信用户超过4亿。2014年10月22日，商标评审委员会以被异议商标构成"不良影响"为由做出了不予核准注册的复审裁定。北京知识产权法院做出判决，维持了商标评审委员会的裁定。法院认为："先申请原则是我国商标注册制度的一般原则，但在尊重在先申请这个事实状态的同时，商标注册核准与否还应当考虑公共利益和已经形成的稳定市场秩序。当商标申请人的利益与公共利益发生冲突时，应当结合具体情况进行合理的利益平衡。该案中，一方面是商标申请人基于申请行为产生的对特定符号的先占利益和未来对特定符号的使用可能产生的期待利益，另一方面是庞大的微信用户已经形成的稳定认知和改变这种稳定认知可能形成的较大社会成本，鉴于此，选择保护不特定多数公众的现实利益具有更大的合理性。因此，被告认定被异议商标的申请注册构成《商标法》第10条第1款第（8）项所禁止的情形并无不当，本院予以维持。"

实际上，该案反映的是商标注册取得和使用取得的矛盾冲突，在先的商标注册申请和在后的使用商标之间发生冲突的情形下，是否应保护在先申请人的利益。在实行商标注册取得制度的典型国家和地区法国及欧盟（OHIM），注册商标的保护期自申请日起算，但善意第三人在申请日至公告日之间的使用行为不构成侵权。然而，自商标申请被公告之日起，该善意第三人也必须停止使用，否则就构成商标侵权。因此，在商标注册取得制度下，在先申请人有没有使用申请商标，在后使用人的商标使用达到了何种程度（实际显著性的存在及程度）或者"市场实际"的情形如何，都不影响注册取得制度对在先申请人的适用。在我国《商标法》第4条明确选择了商标注册取得制度的前提下，行政机关和司法机关在这个问题上的讨论空间颇为有限。但商标注册取得制度所带来的宏观效率利益在个案中是看不到的，个案中执法者和司法者要直接面对的是个案的实体正义问题，而在不考虑制度的宏观效率利益的情况下，个案实体正义的理解也会出现偏差。

正是本着坚持商标注册取得制度为基础，尽量兼顾商标使用人利益的指导思想，2013年的商标法修正案在多个方面加强了对商标使用人的利益保护，这一做法其实秉承了我国一贯的司法政策和实践。

首先，2013年《商标法》新增的第15条第2款禁止与商标在先使用人之间存在合同、业务往来或其他关系的人的抢注行为。其次，对于商标注册申请之前他人已经使用并有一定影响的商标，《商标法》第32条（2001年《商标法》第31条）后半段本就规定在先使用人可以阻止不正当的注册申请，2013年的商标法修正案又进一步增设了第59条第3款允许此类在先商标在原有范围内继续使用。这两个涉及在先使用并有一定影响的商标的条款合起来，旨在起到这样的效果：能制止的恶意抢注，就制止；不能制止的善意注册和不能证明的恶意抢注（后种情形不在少数），就允许在先使用人继续使用。

六、商标的使用

从法律的角度看，商标的使用是一种法律事实，引起法律关系的产生、变更或消灭。在商标法及反不正当竞争法上，商标的使用主要有四个方面的体现：一是对于未注册标识的使用可以产生商标法及反不正当竞争法所要保护的权益（商标法上阻止他人商标抢注的权益和作为侵权例外的权益，反不正当竞争法上禁止他人使用的权益）；二是对于某些不具有显著性的标识的使用可以使其具有显著性从而满足获得注册的条件；三是不使用注册商标会导致注册商标权的丧失，或者说，对于注册商标的使用可以维持注册商标权；四是未经授权使用他人的注册商标、未注册驰名商标或受反不正当竞争法保护的标识构成商标侵权或不正当竞争行为。上述任何商标使用行为都是一种事实行为，即与使用者要产生、变更或消灭法律关系或民事权益的意思表示无关，而仅取决于所使用的标识是否具有识别功能。对于任何一种商标使用行为，都应结合相关制度的立法目的做出解释和适用。

2013年修订的《商标法》第48条规定："本法所称商标的使用，是指将商标用于商品、商品包装或者容器以及商品交易文书上，或者将商标用于广告宣传、展览以及其他商业活动中，用于识别商品来源的行为。"该条规定在《商标法》第六章"商标使用的管理"中，该章的内容涉及规范使用注册商标、假冒注册商标和因连续不使用而导致的注册商标撤销制度。因此，从上下文的角度来看，该条针对的是这三种情形中的商标使用的认定。但在商标法及反不正当竞争法的框架内，是需要在更广泛的背景下来看待商标使用行为的。

就商标连续不使用撤销制度中的"商标使用"而言，导致商标被撤销的是一个否定性事实：注册商标连续三年未被使用。在我国的撤销程序中，申请人不需要提供任何证据，而由注册人提供在撤销申请日之前三年内的商标使用证据。这些使用证据应当能够证明注册人在该时间段内对注册商标做了真实有效的使用，即商标在商业活动中发挥识别商品或服务来源功能的使用。

首先，2013年修订的《商标法》第48条规定同时体现了对于商标使用证据的实质和形式条件要求。在形式条件方面，注册人提供的证据应当能够证明商标使用的日期、使用人、商标、产品或服务，但不应要求每个证据都包含这几个方面的信息，只要多种证据组合起来能够证明这些信息即可。在实质条件方面，对于该条中的"用于识别商品来源的行为"，应当从客观而非主观方面来认定，即使用人是否具有将其作为商标来使用的意图并不重要，重要的是有关标识的使用方式能让相关公众将其认知为识别商品或服务来源的标识。同时，这种使用应是真实有效的，即是在宣传、许诺销售、销售产品或服务的过程中使用，但并不要求商标在相关公众中建立相关商誉，因为商标撤销制度的目的是要将闲置的商标撤销，凡不是对抗撤销制度的虚假使用均应符合使用要求。因此，在贴牌加工（OEM）的情形中，商标注册人或作为被许可人的生产者以销售为目的将商标标识贴附于商品之上的行为也构成商业使用，尽管商品将出口到国外；在注册人对商标及相关商品或服务做了真实推广宣传并有真实商业计划的情况下，其使用行为也是真实有效的。真实有效的使用要求也不能对商品或服务的提供数量做出一刀切的要求，比如高价奢侈品的销售量和廉价日用品的销售量显然不能做同一要求。此外，商标的使用应是注册人控制下的使用（TRIPs第19条第2款对此作了确认），即可以是注册人自己或其被许可人（备案的或未备案但能被证明存在许可授权的）的使用，但不能是第三人的侵权性使用，也不能是注册人对第三人的容忍性使用（比如，与注册人签订了共存协议的类似商品上的相同商标的注册人）。《最高人民法院关于审理商标授权确权行政案件若干问题的意见》第20条指出，人民法院审理涉及撤销连续三年停止使用的注册商标的行政案件时，应当根据商标法有关规定的立法精神，正确判断所涉行为是否构成实际使用；商标权人自行使用、许可他人使用以及其他不违背商标权人意志的使用，均可认定属于实际使用的行为。这里的"不违背商标权人意志的使用"，应当理解为仍在商标权人的控制之下的使用行为，而不能包括容忍性使用行为。

其次，对于与注册商标近似的商标的使用能否构成有效的商标使用？《保巴黎公约》第5条C款（2）项规定，注册人使用与注册商标形式不同但不改变其显著特征的商标，不应导致该商标无效或也不应导致对其保护的减损。因此，如果使用的商标与注册商标的显著特征相同，仅在个别元素或整体表现形式存在差别而不影响相关公众对于两个商标的整体感知的同一性，就应当认可对于该近似商标的使用构成对注册商标的有效使用。有观点认为：如果两个近似商标之一被注册了，则对于未注册商标的使用可以构成对注册商标的使用；如果两个近似商标都被注册了，则对于其一的使用不构成对其二的有效使用。这种观点是很值得商榷的。《巴黎公约》前述条款的目的在于给予注册人对商标做不改变显著特征的变形使用，这不影响相关公众对于注册商标的感知，至于变形后的商标是否被注册，这根本不影响该条款的适用。在实践中我们可以看到很多公司的商标（文字或logo）都在随着时代的发展而演变，在这个演变中，商标注册人既要保留其商标的基本显著特征以承继积累的商誉，又要将社会文化和大众心理的时尚成分融入其商标之中。尽管这些公司都会将新商标投入商业使用，但"老商标"对它们仍具有非常重要的意义："老商标"所保有的较早的商标申请日可以赋予它们针对第三人任何在后相同或近似商标的优先性。因此，按照《巴黎公约》前述条款来认定近似商标的使用构成对注册商标的有效使用具有重要现实意义。

最后，在与注册商品或服务相类似的商品或服务上使用注册商标是否构成有效使用？商标不使用撤销制度的目的是要将"闲置"的商标重新放回公有领域，以便相关经营者可以行使选择商业标识的自由。因此，在类似商品或服务上使用注册商标，表明该商标在注册商品或服务上仍是闲置的，其他经营者有权选择使用。法国等国家即是按此逻辑行事。这里实际上存在两种情形。一是注册商标指定的多个商品互相类似，如果仅在部分商品上使用注册商标使得其被部分撤销〔包括商标申请中指定的是上位概念（比如服装）而商标使用于下位概念（比如裙子）〕，则其他经营者仍不能就该商标获得注册，也不能合法使用，因此，对撤销申请人意义不大。二是注册商标指定的仅为甲种商品，而使用在了类似的乙种商品上，则原则上注册商标被撤销后第三人可以申请注册并可以使用，因为商标局在审查中仅检索在先注册商标。但实际上，我国商标法及其实践对于原注册人在类似商品或服务上对商标的使用所产生的权益保护超过了法国等严格注册取得制度国家，原注册人因此很有可能通过异议或撤销程序阻止在后商标的注册，并可能通过反不正当竞争法阻止在后申请人的商标使用。同时，根据2013年修订后的《商标法》第59条，即便在后商标获得注册，原商标注册人仍可以在原有范围内继续使用其商标。因此，无论在哪种情形下，对于原注册商标的撤销都难以对撤销申请人带来切实的好处，并很可能给市场竞争秩序添乱，也可能制造商标或竞争法上的纠纷。此外，由于商标局目前对商标申请中的商品和服务名称的"规范"性要求，很多申请人不能将其商品或服务限定在其所需要的具体范围之内。因此，如果不认可类似商品上的商标使用为有效使用，则会导致很多商标被全部或部分撤销，而这都不是申请人的错，而应归因于我国的商标法实践。而且，在涉及商标注册中指定上位概念而商标使用于下位概念的情况下，我国商标局尚不办理对上位概念进行列举限制的做法。综上，在我国目前的商标法实践中，应当认可类似商品或服务上的商标使用为对注册商标的有效使用，注册商标应被维持有效。

第二章

商标申请和注册程序

知识产权的权利产生机制,尤其是商标注册和专利授予行为的法律性质问题,涉及知识产权的属性,是知识产权法上的基础理论问题。这样的问题在西方国家已经少有论及,❶ 但对这个问题的研究在当下的中国仍具有重要意义,这不仅是因为我们的知识产权制度仍在建设和改造之中,而且知识产权法在不同国家融入传统法制的经验也是各异的。在商标法自身的理论和制度框架内,商标权的产生机理问题关系到注册商标权的性质和效力,❷ 从而在很大程度上决定着商标审查程序的改革❸和商标确权制度的走向。❹ 有学者从法哲学角度认

---

❶ 究其原因:一是,实践中,这些国家的基本知识产权制度已基本稳定成熟;二是,理论上,各国自知识产权制度产生以来对这些问题的探讨已基本得出共识性的结论(尽管共识的内容可能仍是多元的)。但是,社会实践对既有理论的检验和挑战是社会科学发展中的常态,在这一点上,西方国家也和我们一样在这个过程中不断检视和发展着既有理论。比如,法国法院在商标的识别功能和商誉承载功能之外又提出商标具有投资功能,这就受到学界的一致批评;香水的香味能否被纳入作品的外延引起了欧洲多国的广泛讨论。

❷ 比如,法院是否可以直接认定在后注册商标对在先注册商标构成侵权。北京两级法院在恒生案(即北京恒升诉北京市恒生 & 北京市金恒生商标纠纷案,见北京市第一中级人民法院(2001)一中知初字第 343 号民事判决书和北京市高级人民法院(2003)高民终字第 399 号调解书)中的处理方法以及《最高人民法院关于审理注册商标、企业名称与在先权利冲突的民事纠纷案件若干问题的规定》(第 1 条第 2 款)的相关规则就反映了理论上对注册商标权性质的认识仍在模糊区域。

❸ 商标审查程序改革的思路之一,就是取消商标局的主动审查行为,并将在先商标权之外的其他在先权利不再作为商标异议的理由,而只作为无效程序中的理由交给法院审理。但如果认为注册商标权是行政机关赋予的使用权和对世权,则相关在先权利人的正当权益将难以合理保障。

❹ 李明德. 专利权与商标权确权机制的改革思路[J]. 华中科技大学学报:社会科学版,2007(5):12-16.

为洛克的劳动财产权理论适用于商标权的产生。❶ 这一理论在一定的程度和范围内可以适用于未注册商标权的产生,但难以用于解释注册商标权的产生。面对这一理论难题,坚信劳动财产权理论普适性的人们开始质疑甚至否定对没有事实上的显著性的注册商标予以保护的正当性。但实际上,注册商标权的产生不仅不适用劳动财产权理论,而且也不以既有法益作为其正当性基础,注册商标权纯粹是实证法创制的权利,而该创制另有其法律上的正当性或合理性。

作为一种与行政行为相联系的私权,注册商标权的产生机理问题既涉及行政法上行政行为理论的适用,又在一般民法理论的涵盖范围之内。从行政法的角度来看,需要弄清楚的是:是否是商标局的注册行为产生了商标权?商标注册行为的性质是行政许可、行政赋权或行政给付,还是行政确认?❷ 在民法的视野内,有学者已指出,"知识产权的发生、行使和保护,适用全部民法的基本原则和基本的民事规范。"❸ 但注册商标权的产生如何适用民法的基本原则和规范的问题,学界少有详论。❹ 那么,如何从民法理论解释注册商标权的产生?商标局的注册行为在商标权的产生机制中如何定性和定位?行政法和民法各自的理论如何在商标注册这一私法与公法交叉的领域衔接?我们分两步分析这些问题,先从行政法的角度看注册商标权是否是商标局的行政行为授予的民事权利,再看民事法律事实理论如何适用于注册商标权的产生。

---

❶ 彭学龙. 试论商标权的产生机理 [J]. 电子知识产权, 2006 (6): 21-24.
❷ 行政法领域的学者也有对商标注册和专利授予行为的性质发表意见的,但观点各异,而且没有充分考虑民法的理论和规则。
❸ 刘春田. 知识财产权解析 [J]. 中国社会科学, 2003 (4): 109-121. 与此相关的著述多关注注册商标权的性质和内容,将其与物权这一参照物对比后得出注册商标权准用物权有关规则的结论。参见汪泽. 知识产权与物权之比较 [J]. 中国工商管理研究, 2003 (4): 53-56. 蒋万来. 知识产权与民法关系之研究 [M]. 北京:中国社会科学出版社, 2010.
❹ 有学者探讨了知识产权的变动模式,采用类比方式分析指出知识产权准用物权的变动模式。见苏平. 知识产权变动之理论基础及模式选择 [J]. 重庆理工大学学报:社会科学, 2012 (9): 21-26. 也有文章对专利授予行为的性质做了行政法意义上的探讨。见梁志文. 专利授权行为的法律性质 [J]. 行政法学研究, 2009 (2): 33-36.

一、商标申请和注册行为的法律性质

1. 作为行政行为的商标注册

如果解读中国当下有关注册商标的制度设计和司法实践,人们更倾向于认为,注册商标所有权产生于商标注册这一国家授权的行政行为,民法理论的解释意愿往往退避三舍。典型的例子就包括,商标申请的驳回复审制度是参照行政复议和行政诉讼的模式设置的;❶ 注册商标之间发生冲突时,在先的商标权人不能直接向法院起诉在后的商标权人,而必须先向商标评审委员会申请撤销在后的注册商标才能提起侵权之诉,❷ 而背后原因就是认为注册商标权是商标局的行政行为授予的使用权,法院不宜直接否定该行政行为的效力。❸ 理论上,也有人认为注册商标权产生于国家授权。❹ 但实际上,商标注册行为的性质与前述这些制度的设计这两者之间应当是原因和结果的关系或者说指导理论和实践操作的关系,而不应反过来推理。那么,从行政法的理论来看,商标局的注册行为是何种性质:行政许可、行政赋权或行政给付还是行政确认?

行政许可,"是指行政机关根据公民、法人或者其他组织的申请,经依法审查,准予其从事特定活动的行为"。❺ 行政许可以被理解为"一种对一般人设禁而对特定人解禁的行为",❻ 因此,如果没有法律的一般禁止,就不存在行政许可。法律之所以要对有关特定活动设禁,是因为从事该活动需要符合特殊的条件或具有特殊资质。❼ 再看注册商标权,其涉及的活动是在提供的产品和服务中使用商标。

---

❶ 商标申请人对商标局的驳回决定不服的,可以向商标评审委员会申请复审;对于复审决定不服的,可以起诉到法院,而且审理此类案件的是法院的行政审判庭。

❷ 《最高人民法院关于审理注册商标、企业名称与在先权利冲突的民事纠纷案件若干问题的规定(法释〔2008〕3号)》,第1条第2款。

❸ 参见文学.使用自己的注册商标也构成商标侵权吗?——"恒升"诉"恒生"案一审判决引发的思考[J].中华商标,2003(03):19-22.

❹ 袁博.商标俗称的法律保护途径——"索爱"商标争议案评析[J].中华商标.2012(5):46-49.

❺ 见我国《行政许可法》第2条。

❻ 姜明安.行政许可法条文精释与案例解析[M].北京:人民法院出版社,2003:12.

❼ 比如,《行政许可法》第12条第(3)项规定,提供公众服务并且直接关系公共利益的职业、行业,需要确定具备特殊信誉、特殊条件或者特殊技能等资格、资质的事项,可以设立行政许可。典型的例子就是律师、医师的行业准入资质许可。

我国商标法明确规定了商标自愿注册原则，因此，经营者使用商标没有为法律所禁止，是一种自由。如果说注册商标权人获得了一种禁止他人对其商标作混淆性使用的权利，那么与这种权利所对应的特定活动也仍是注册人自身的商标使用行为，即便禁止他人商标侵权的行为也不需要什么特殊资质。有行政许可法专著特别指出，专利申请和商标注册行为不适用《行政许可法》，因为专利申请和商标注册的目的与申请行政许可有本质区别：此类申请的目的是获得国家对有关权利的保护，具有明显备案特征；此类申请的事项特征显著，与行政许可的事项区别明显❶。❷

行政赋权或行政给付是指行政机关依法使相对人获得某种权利或权能的行为，涉及的权利或权能大致包括三种：为某种行为的权利，比如营业执照赋予相对人从事有关经营的权利；为某种行为的资格，比如律师执业证赋予相对人从事法律服务的资格；某种特殊权利，比如奖励或救济。❸ 可见，前两种赋权行为均属于行政许可，而第三种即行政给付。而行政给付，即便从广义上理解，也是对于政府掌握的公共物质资源向特定对象的发放行为。❹ 而且，就商标注册而言，将某个标识的独占使用权赋予注册申请人甚至不涉及政府掌握的公共资源的分配问题，因为这些可以注册的标识本身处于不为任何人所有的公共领域。此外，即便从广泛的意义上理解行政赋权行为，行政机关能赋予相对人的权利必定是行政机关所拥有或管控的权利，而注册商标专用权完全没有公法上的预先存在。

行政确认，是指行政主体依法对行政相对人的法律地位、法律关系或者法律事实进行甄别，予以确定、认可、证明（或者否定）并予以宣告的具体行政行为。❺ 多数行政法学者均认为，工业产权的确

---

❶ 《行政许可法》第12条规定，下列事项可以设定行政许可：（1）直接涉及国家安全、公共安全、经济宏观调控、生态环境保护以及直接关系人身健康、生命财产安全等特定活动，需要按照法定条件予以批准的事项；（2）有限自然资源开发利用、公共资源配置以及直接关系公共利益的特定行业的市场准入等，需要赋予特定权利的事项；（3）提供公众服务并且直接关系公共利益的职业、行业，需要确定具备特殊信誉、特殊条件或者特殊技能等资格、资质的事项；（4）直接关系公共安全、人身健康、生命财产安全的重要设备、设施、产品、物品，需要按照技术标准、技术规范，通过检验、检测、检疫等方式进行审定的事项；（5）企业或者其他组织的设立等，需要确定主体资格的事项；（6）法律、行政法规规定可以设定行政许可的其他事项。

❷ 姜明安.行政许可法条文精释与案例解析 [M].北京：人民法院出版社，2003：32.
❸ 罗豪才.行政法学 [M].北京：中国政法大学出版社，1996：135-136.
❹ 姜明安.行政法与行政诉讼法 [M].北京：北京大学出版社，2011：239.
❺ 姜明安.行政法与行政诉讼法 [M].北京：北京大学出版社，2011：249.

认属于对法律关系的确认,即确认某种权利义务关系是否存在或者是否合法有效。❶ 本书认同将该行为认定为行政确认,但确认的对象是法律事实还是法律关系?由于法律关系的设立、变更和终止均是由法律事实引起的,因此,要确认一个法律关系是否合法存在就要对作为其起因的事件、事实行为或法律行为进行确认。就事件和事实行为而言,由于其适用法定主义,行政机关只需认定其存在与否就可以了;但对法律行为而言,由于其适用意思自治原则,不仅要认定其存在(成立),而且要确认其是否满足生效要件。

在商标注册程序中,商标局要确认的就是商标申请是否符合商标注册的条件,从法律事实的角度看,这也就是审查商标申请这一法律事实是否符合其生效要件,而该法律事实就是申请人意欲引起注册商标权法律关系发生的商标申请民事法律行为。换句话说,从行政法的角度看,注册商标权产生于商标申请这一民事法律行为,商标局的注册行为就是对该民事法律行为的行政确认。所以,产生注册商标权的根本原因在于商标申请行为,这就回到了民法的范畴内。

2. 作为民事法律行为的商标申请

从民法的角度看,商标权是一种民事权利,民事权利总是存在于民事法律关系之中。因此,民事权利的产生同时是其赖以存在的民事法律关系的产生,而民事法律关系产生于民事法律事实。民事法律事实包括与人类意识无关的事件和与人类意识有关的行为,行为包括法律行为和事实行为。法律行为依行为人的意思表示即可设立、变更或终止民事法律关系,而事实行为依法律规定产生效果而不论当事人意志如何。将民事法律事实的这些原理应用于注册商标权的产生,可以发现,可能引起注册商标法律关系的法律事实只有两个:商标权人的申请行为和商标局的注册行为。❷ 那么,这两者之间的关系如何?它们对于注册商标权法律关系的产生分别或共同起着什么作用?

---

❶ 应松年. 行政法与行政诉讼法学 [M]. 北京: 中国人民大学出版社, 2009: 177. 罗豪才. 行政法学 [M]. 北京: 中国政法大学出版社, 1996: 234. 姜明安. 行政法与行政诉讼法 [M]. 北京: 北京大学出版社, 2011: 252.

❷ 也有学者认为注册商标权基于三个法律事实产生: 主体选定商标的行为, 主体向国家行政主管机关的申请行为, 国家行政主管机关的审批行为 (见王春燕. 商标保护法律框架的比较研究 [J]. 法商研究, 2001 (4): 11-24.)。但实际上, 商标选定行为并不具有法律上的意义。

(1) 商标审查之于商标申请。

对于这两个问题，民法理论上大致可以做三种解释：民事法律关系的事实构成说，即商标申请的法律行为和注册的事实行为和在一起共同引起商标权法律关系的产生；❶ 要式法律行为说，即申请是民事法律行为，注册是其成立的必要形式；❷ 特定生效要件说，商标申请是民事法律行为，注册行为是其特定生效要件。❸ 第一种解释没有对民事法律事实构成中各要素的关系做出揭示；第二种解释表明意思表示行为是本质而注册是形式；第三种解释表明意思表示行为和注册行为对于法律关系的产生均具有效果层面的影响，只是后者仅适用于法定或约定的特殊情形。但不论根据哪一种解释，申请行为都是引起注册商标权法律关系产生的要素，注册行为都影响着该法律行为的效力。法律行为的生效要件包括一般要件和特殊要件：一般要件包括主体合格、意思表示真实、内容合法、不违反公序良俗；特殊要件为法定或约定的要件。❹ 这一理论也可以应用于注册商标权的产生。注册商标权取得的一般条件包括：商标申请人必须具有完全民事行为能力，根据其中国国籍或住所或条约中的国民待遇原则而有权在中国取得商标权；❺ 不能以欺骗手段或者其他不正当手段申请商标注册；❻ 申请注册的商标应当具有显著性并不得与他人的在先权利发生冲突；❼ 不得违反公序良俗。❽ 注册商标权取得的特殊要件（即法定要件）是该商标申请必须经过商标局的注册。因此，似乎可以认为，注册商标权产生于商标申请的民事法律行为，注册行为是该法律行为的特定生效要件。

回到注册商标制度自身的范畴，注册行为对于注册商标权的产生有何影响或作用？商标注册行为包括两个方面：审查和注册公告。审查的目的在于部分地确认商标申请符合一般生效要件，而注册公告的

---

❶ 王利明，杨立新，王轶，程啸. 民法学 [M]. 北京：法律出版社，2011.
❷ 王利明，杨立新，王轶，程啸. 民法学 [M]. 北京：法律出版社，2011：98-99.
❸ 王泽鉴. 民法概要 [M]. 北京：北京大学出版社，2009：68.
❹ 董安生. 民事法律行为——合同、遗嘱和婚姻行为的一般规则 [M]. 北京：中国人民大学出版社，1994：198.
❺ 见我国《商标法》第17条。
❻ 见我国《商标法》第44条。
❼ 见我国《商标法》第9条和第32条。
❽ 见我国《商标法》第10条。

作用在于公示该权利。❶ 商标审查的内容在各国间存在很大差别，既有中国工商行政管理总局商标局这样严格审查显著性、与在先商标之间的冲突和公序良俗条件的，也有像法国那样仅仅对明显不具有显著性和违反公序良俗两个方面进行有限审查的。❷ 但无论哪一种审查，商标局均无法保证通过审查的商标符合注册商标权的取得条件。因为，一方面，商标局对其所审查的注册条件（比如显著性和与在先商标权的冲突）的判断会存在差错；另一方面，更重要的是，在对申请商标与在先权利的冲突审查中，任何国家的商标局都至多仅能对与在先的注册商标和在先的注册商标申请之间的冲突进行审查，而无法对与其他在先权利（比如，在先的著作权、商号权、外观设计权、姓名权、肖像权以及获得扩展保护的驰名商标权）的冲突进行审查，而仅能留待利害关系人在异议或无效程序中主张权利。可见，就审查行为对注册商标权效力的影响而言，不同的审查实践之间仅存在量的差别，而在质上并无差异。再退一步，在存在实质审查和不存在实质审查的商标注册程序中，获得注册的商标也都是一种权利的推定，而在权利的效力上也不存在质的差别。此外，按照民法理论对法律行为的成立要件与生效要件的严格区分，成立要件"以当事人所意欲者作为法律行为核心的意义"，"生效要件则为达成其所意图法律效果尚须具备的其他要件（多基于公益的考虑）"。❸ 与主管机关对有关合同的审批原因（比如，合资合同和技术进出口合同）相比，商标的审查并不具有维护公益的使命，而只是涉及竞争者和有关在先权利主体的利益，它不像合同审批行为那样执行着国家的政治经济政策。这就表明，商标局的审查行为对注册商标权的产生并不具有重要的法律意义，本质上，是商标申请这一民事法律行为产生了商标权，注册行为只是成立要件而已。❹ 而就成立要件而言，其主要体现在注册商标公告上，因为法定的必要形式条件以实现有关利益的保护为目的，就注册商标权而言，这种保护目的体现在确保该法律关系的公开性。❺

---

❶ 刘春田. 知识财产权解析 [J]. 中国社会科学, 2003 (4): 109-121.

❷ 至于各国商标局所选择的审查内容和审查的宽严程度之间的差异，则应从各国的市场经济管理、公共资源使用和公私权行使边界以及行政治理的传统中寻找解释。

❸ 王泽鉴. 民法概要 [M]. 北京: 北京大学出版社, 2009: 68.

❹ 由此，具有知识产权案件管辖权的法院可以直接认定注册商标权无效，也即认定商标申请的民事法律行为无效。

❺ 王泽鉴. 民法概要 [M]. 北京: 北京大学出版社, 2009: 78.

(2) 商标公告之于注册商标权。

公告行为之所以是注册商标权取得程序中的重要环节，是因为注册商标权是一种法律拟制的对世权，其权利的产生需要公示。类比物权法中的情形，公告对于对世权效力的影响，在民法理论上存在两种情况：登记要件主义和登记对抗主义。如果采用登记生效主义，则注册商标权应自注册公告日生效，这是我国目前的做法；如果采用登记对抗主义，则注册商标权应自申请日生效，但在公告前不对善意第三人生效，这是法国、德国、欧盟等国家和地区商标制度中的做法。我国在物权法领域分情况采用了不动产登记生效和动产登记对抗主义。但对注册商标权宜采用登记对抗主义，从而使注册商标权自申请日生效。原因有二：其一，可以使商标在申请日到注册日的期限内针对他人的恶意侵权行为得到保护。❶ 在这一点上，商标权与物权不同，因为无论是原始取得还是继受取得的物权，在物权变动生效之前，占有人都可以依据占有对物享有一定权利，商标则不能使用占有制度。❷ 其二，登记对抗主义会将目前所谓的"商标申请权"转变为注册商标权，为"申请中的商标的"许可或转让提供法律上明确的权利定性，而目前的"商标申请权"是个法律上很模糊的概念：它仅是一个排斥他人在后相同或近似商标申请的优先权，却可以成为许可使用合同的标的。❸ 如果在目前的商标审查制度中采用登记对抗主义，产生公示效力的公告日应是初审公告日而非注册公告日，因为公告的目的在于向公众宣示申请人的民事法律行为而非宣示其权利合法有效。❹

3. 作为禁止权的注册商标权

结合商标审查的有限性分析和注册商标权利公示的目的可知，被注册公告的商标是一种法律上的禁止权，而非使用权。在摒弃商标权

---

❶ 尽管侵权之诉仅在商标注册日之后才能被提起。这一点与专利权的相关保护制度相似。

❷ 刘家瑞. 论知识产权与占有制度 [J]. 法学，2003（10）：56-63.

❸ 目前商标法仅对"商标申请权"可以转让做出了规定，但申请中的商标的许可使用没有任何规定。司法实践中，除非当事人的意思表示存在瑕疵，法院通常依据合同自由原则认可就申请中的商标所签订的许可使用合同。但是，从商标法的角度则难以解释合同标的的合理性，因为许可人在法律上并不享有禁止他人使用该商标的排他性权利。

❹ 专利法采用的实际上是登记对抗主义：专利权保护期自申请日起算，但权利人仅能对公告日之后他人的使用行为主张权利。与商标权不同的是，公告日之前，专利申请人的发明可以获得商业秘密法的保护。

使用取得制度而采用注册取得制度的过程中，这种新的权利取得制度旨在建立起一种实现良好竞争的新的市场秩序伦理：凡是某个经营者已经宣布将使用的商标，其他知情的经营者都应对其避让，不应采用可能导致混淆的标识。❶ 基于此，商标权人有权禁止任何其他人使用该标志，即便该商标申请并不符合所有的注册条件。这是维护注册商标制度的规则要求。但是，如果注册的商标侵犯了他人在先的合法权益，商标注册人并无权使用该商标，而且要根据有关保护在先权利的法律承担责任。要言之，禁止权是因注册商标制度的宏观要求和市场整体利益需要而设，而使用权则完全受制于保护在先权利的法律的约束，商标注册制度无权也无须为注册商标设置针对相关在先权利的侵犯责任豁免。

认定注册商标权产生于商标申请这一民事法律行为，这表示民事主体通过单方的法律行为可以创设一个自己为权利人的对世权，这意味着在对世权上也适用意思自治原则。而在传统财产权领域却适用完全相反的物权法定原则：物权的产生、种类和内容都必须遵循法定条件而禁止私法自治，以防止对他人产生侵害。物权的原始取得或者说所有权法律关系的绝对产生是根据事实行为，而非法律行为，因为世界上已经存在的有价值的物要么属于他人，要么属于国家。以非继受的方式取得某物，要么是自己造就该物，要么是依据占有和拾得遗失物等法定事实行为，不能允许当事人凭其意思表示而任意为自己创设物权。事实上，在商标权领域也主要适用法定主义，商标权的内容和范围均由法律严格规定，不依当事人意思表示设立，这与物权法定原则的精神一致。注册商标权的原始取得，即允许商标申请人根据其意愿选定或拟定一个标识以用于特定商品或服务的提供活动中，也要遵守法律行为的生效要件。这包括：不能侵害他人在先权利，不能违反公序良俗。这就保证了商标申请人的意思自治会被规范到与物权的原始取得一样的不侵犯他人权益和不违反公序良俗的效果。同时，与劳动财产权理论中的劳动获权正当性条件之一相同，商标申请人在获得自己的商标时，给他人留下了足够的资源，因为可以作为商标的标识是无限的。

综上，注册商标权并不产生于商标注册的行政行为，而产生于商标申请这一民事法律行为，商标局的注册公告仅对注册商标权起着登

---

❶ 这表明申请中的商标应得到针对恶意侵权的保护。

记对抗的法律效果。由此，可以进一步得到以下结论：注册商标权的产生也适用民事法律行为的一般理论；注册商标权的保护期应当自申请日起算，但在公告日之前仅对恶意第三人有效；注册商标权是一种禁止权而非使用权，因此，商标注册不应成为在后注册商标侵犯在先注册商标或其他在先权利的实体性或程序性抗辩理由，法院可以直接审理此类侵权案件而无须认定在后注册商标无效，也无须等待商标行政确权程序的结果。

二、商标注册程序

与著作权的自动产生制度不同，商标权和专利权等工业产权需要经过申请、审查和注册程序才能产生。各国的商标注册程序一般包括：当事人的商标申请、商标局的形式审查和实质审查、商标局的初步审定公告、第三人发起的异议程序、注册公告等环节。其中，各国的审查制度及其运行有所不同：有的国家或地区不审查申请商标与在先商标的冲突，比如，法国和欧盟，而有的国家则审查，比如英国和我国；有的国家将异议程序和审查程序合并审理，比如，法国。根据TRIPs第62条，WTO成员方可以要求知识产权的取得和维持要满足合理的（reasonable）程序和手续。如果知识产权的取得需要授权或注册程序，成员方应确保授权或注册能在一个合理的期限内完成以避免保护期的不合理（unwarranted）缩减。各国对商标申请的审查期限长短也存在很大不同，我国商标局自2009年开始加快商标审查进度，商标的审查期限从原来的3~5年缩短到2013年修改《商标法》时固定的9个月的法定期限。

此外，除了直接向各国商标局提交申请的国内注册程序外，还可以通过商标国际注册程序申请注册，即根据《商标国际注册马德里协定》或《商标国际注册马德里议定书》向世界知识产权组织的国际商标局提交申请以获得在指定国家的注册。以下先介绍国内商标注册程序（如图2-1所示），再介绍国际商标注册程序。

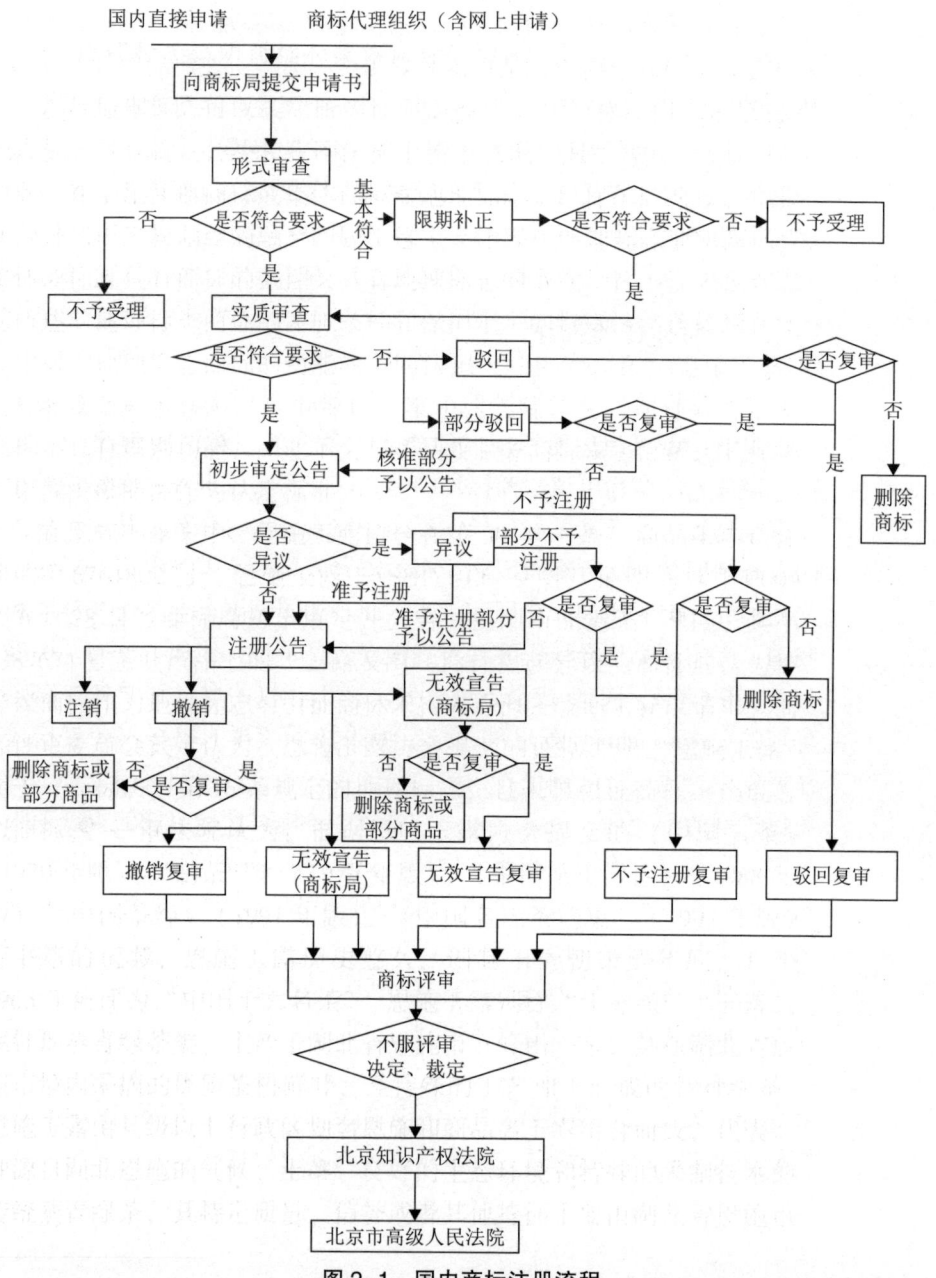

图 2-1 国内商标注册流程

注：图 2-1 来自国家工商行政管理总局商标局网站：http://sbj.saic.gov.cn/sbsq/201404/t20140430_144507.html。

1. 商标的申请

如前所述，注册商标权产生于商标申请和注册公告行为，因此，商标申请行为是注册商标权产生的基础行为。一方面，商标申请应当符合形式条件和实体条件才能产生注册商标权；另一方面，审查机关应本着尊重和保护民事权利的精神合理设置这些注册条件。商标申请文件要载明申请人、商标标识、指定的商品或服务等方面的信息。以三维标志申请商标注册的，应当在申请书中予以声明，说明商标的使用方式，并提交能够确定三维形状的图样。以颜色组合申请商标注册的，应当在申请书中予以声明，说明商标的使用方式。以声音标志申请商标注册的，应当在申请书中予以声明，提交符合要求的声音样本，对申请注册的声音商标进行描述，说明商标的使用方式。对声音商标进行描述，应当以五线谱或者简谱对申请用作商标的声音加以描述并附加文字说明；无法以五线谱或者简谱描述的，应当以文字加以描述；商标描述与声音样本应当一致。申请注册集体商标、证明商标的，应当在申请书中予以声明，并提交主体资格证明文件和使用管理规则。如果是委托代理机构办理，还应提供委托书等文件。

如果商标申请人根据《巴黎公约》或 TRIPs 等主张优先权，还要提供优先权文件。根据《巴黎公约》第 4 条，在巴黎联盟任一缔约国提交了正常（regular）商标申请的人，自该申请日起 6 个月内在联盟所有其他国家享有优先权，即在其他缔约国内的在后申请不应因第三人在优先权期间的商标申请或使用行为而被宣告无效，而且第三人在优先权期间的商标使用行为不产生任何权益。能够产生优先权的申请就是根据申请所在国的法律可以产生申请日的申请，而不论该申请后续是否被驳回还是注册商标被宣告无效。主张优先权的在后申请和产生优先权的在先申请必须是相同的商品或服务上的相同商标的申请。TRIPs 已经将该优先权制度的适用范围扩展到了 WTO 的 160 多个国家和地区成员方，由于 WTO 的成员方包括主权国家和非主权地区，因此，TRIPs 适用于同是 WTO 成员方的中国大陆和港澳台地区。《商标法》第 25 条第 2 款规定，商标申请要求优先权的，应当在提出商标注册申请的时候提出书面声明，并且在三个月内提交第一次提出的商标注册申请文件的副本；未提出书面声明或者逾期未提交商标注册申请文件副本的，视为未要求优先权。此外，申请人还可以主张展会优先权。根据《商标法》第 26 条，商标在中国政府主办的或者承认的国际展览会展出的商品上首次使用的，自该商品展出之日起六个月内，该商标的注册申请人可以享有优先权。

商标标识方面也存在商标申请策略。比如，多数国家都规定，黑白图案商标注册后，注册人使用任何颜色的图案标识都算是真实有效的使用，可以作为连续不使用撤销程序中的使用证据；相反，彩色图案商标注册后，仅使用注册时指定的颜色的图案才算真实有效的使用。文字商标和图形商标一般分开注册为两个商标，外文商标和其中文翻译商标一般也是分开注册为两个商标。一方面，商标的构成元素越多，与他人在先商标发生冲突从而被驳回的概率越大，一旦一个元素与在先商标发生冲突，另一个元素也不能获得注册；另一方面，不同的元素在商业实践中往往会根据不同场合单独使用，如果几个元素合并注册在一起，那么在单独使用其中一个元素时，就不能将其作为注册商标使用，因为商标法禁止以未注册商标冒充注册商标。当然，如果不同元素的组合产生特殊效果，或者组合商标的注册仅以阻止他人申请注册相关元素为目标，或者有注册成本的考虑等，则也可以采取组合注册的策略。另外，很多公司的 logo 设计都会随着社会和市场的发展而演变，往往每隔几年就要申请注册一个新版本的 logo（见图 2-2）。在这种情况下，仍不应放弃以前版本的注册商标。由于不同版本的 logo 互相近似，如果在不同版本 logo 商标的注册日之间第三人申请注册了一个近似的标识，则较早的注册商标可以用于对第三人商标提起异议或无效程序，或者用于谈判共处协议。如果放弃了申请日较早的老版本注册商标，可能导致新版本的商标被驳回申请或宣告无效。著作权法当然可以用于保护独立设计的 logo，但著作权并不能赋予作品获得商标注册的权利，因为商标注册制度关注的就是申请日的先后和商标的近似性。

图 2-2　苹果公司、IBM 公司、施乐公司在不同时期的注册商标图样

商标申请中的另一项重要内容是指定商品与服务的描述，因为注册商标权的范围仅限于指定的商品与服务。这意味着，如果不能准确描述指定的商品或服务，则将不能有效地保护注册商标。一方面，这就要求申请人或商标律师深入了解申请人目前和远期的经营范围和所涉及的产品或服务，理想的策略是在直接经营的产品或服务及相关的商品和服务上都申请注册商标，将以自己使用为目的的注册和以防御为目的的适当扩展的注册结合起来。但是，商品或服务的指定范围也不是越宽越好，因为指定范围越宽越容易因与他人在先商标发生冲突而被驳回或遭遇异议申请。另一方面，必须对《商标注册用类似商品与服务区分表》有很好的了解。这一区分表源于 1957 年 6 月 15 日在法国签订的《商标注册用商品与服务国际分类尼斯协定》，该协定的缔约方通过了一个产品与服务分类表，按照功能、用途等方面的相关性将所有的商品分为 34 类，将所有的服务分为 11 类，并在每个类别中列举了常用的商品或服务名称。该协定及分类表的作用在于协调各国对于商标申请和注册商标的归档管理和检索，有利于提高商标管理的效率。目前，很多国家采用了该分类表，包括一些未加入《商标注册用商品与服务国际分类尼斯协定》的国家。我国 1988 年开始采用该分类表，以国际分类表为基础制定了我国的类似商品与服务区

分表。商标申请人应将自己需要指定的商品或服务列出来,并按照分类表找出类别号。在商品与服务的指定方面,有的国家和地区允许申请人自行决定如何描述,比如法国和欧盟;有的国家则要求申请人详细而具体的描述,比如美国和韩国;我国商标局则要求申请人用《商标注册用类似商品与服务区分表》中的所谓"规范"名称来描述,否则将要求补正或不予受理。这一做法有失僵化,因为分类表不可能穷尽世界上所有的产品和服务名称,而且,很多时候需要在产品或服务名称前后加上修饰词以限定产品或服务的具体范围或用途。比如,软件是分类表中的一个名称,而实际上软件的类别非常多,财务软件、制图软件、动画片制作、打印控制软件、卫星遥控软件、医疗器械控制软件、编程软件等,如果不允许申请人根据需要描述其软件,则在商标相同或近似的情况下只能有一家公司在软件产品上获得商标注册,而实际上,由于功能、用途、销售渠道等方面的不同,不同的经营者完全可以在不同的软件产品上注册相同或近似的商标。

2013年修改《商标法》之前,我国实行一标一类的申请注册制度,即如果要将一个商标注册在不同类别的商品或服务上,则每一个类别上都必须提出一个申请并取得一个注册。这种做法使得商标的申请程序繁琐,注册人后面的续展、转让、许可等工作量也都很大。2013年《商标法》修改后,我国也和很多国家一样采用了一标多类的注册制度,即可以在一个申请中就一个商标标识指定多个产品或服务类别。但是,我国的一标多类注册制度仍存在某些缺点:一是,如果一个一标多类的商标申请被他人在一个类别上提起异议,则所有其他类别上的申请也都必须等到异议程序结束后才能获得注册;二是,一标多类的注册人不能分割转让某一个类别上的注册商标,而只能所有类别一起转让。

2. 商标申请的审查

商标申请提交给商标局之后,商标局会进行形式审查和实质审查。形式审查就是看申请文件是否记载了商标申请所必须具有的信息和文件是否完备,产品或服务描述和商标标识是否清楚,申请费是否已经缴纳等。如果形式上符合要求,就会颁发商标申请受理通知书;如果不符合要求,则会要求补正或不予受理。我国的实践中,尽管商标法对于商标申请程序的规定相对简单,但《商标法实施条例》及《商标审查标准》要求商标申请满足多种形式条件,否则商标局不予受理或要求补正。《商标法实施条例》第 18 条第 2 款规定，商标注册申请手续齐备、按照规定填写申请文件并缴纳费用的，商标局予以受理并书面通知申请人；申请手续不齐备、未按照规定填写申请文件或者未缴纳费用的，商标局不予受理，书面通知申请人并说明理由。申请手续基本齐备或者申请文件基本符合规定，但是需要补正的，商标局通知申请人予以补正，限其自收到通知之日起 30 日内，按照指定内容补正并交回商标局。"补正"事小，"不予受理"事大。因为前者保留申请日，后者不保留申请日。而申请日在商标注册取得制度中起着至关重要的作用，一方面，申请在先原则意味着申请日越晚，在先商标越多，成功注册的概率越低；另一方面，对于要基于国内申请提交国际商标申请的，申请日的丧失也意味着国际申请优先权日的丧失，将影响到在其他国家的商标权取得。因此，不予受理的决定影响着中国甚至外国商标权的取得，应当慎做。那么，应当本着什么原则来设置对于商标申请的形式要求条件呢？如前所述，商标申请是一种民事法律行为，在形式上只需要能确定哪个主体就什么内容做了什么意思表示就行了，即只需能够通过申请文件确定：谁、在什么产品或服务上、对什么商标标识、申请注册这四个因素。❶ 但可以增加另外两个形式要求：其一，对于外国人和外国企业，可以要求其申请文件中包含所指定中国商标代理机构的信息，因为外国主体适用强制代理，这也是《巴黎公约》和 TRIPs 中的国民待遇原则条款所明确允许的例外；其二，可以要求申请文件中有申请人或其代理机构的联系方式，以便商标局可以送达文件（也可以考虑公告送达）。至于其他的申请信息或事项，比如，产品或服务名称是否规范，产品或服务的类别号，委托书，有关文件的签字或盖章甚至缴费，都可以通过补正来完成。即便对于补正通知，也应当采取慎发的态度，比如有些信息在指定表格中没有填，但在申请文件中可以找得到，审查员完全可以处理。国家知识产权局专利局早就采用了这个做法。中国商标的保护期从注册日起算，如果能少发补正，则申请人可以尽早获得保护，而且可以节省商标局和申请人的时间和资源。国际上旨在简化专利、商标、外观设计申请程序的公约多年前就已经在磋商中，欧美国家的商标申请程序也已经非常简便，商标代理机构的一封载明前述信息的电子邮件就足以产生申请日，中国也应朝这一方向努力。因此，合理设

---

❶ 见欧盟第 207/2009 号《欧盟商标条例》第 26 条。

置商标申请的形式审查标准，不仅将有力促进商标权的取得和保护，而且也将使我们在国际合作中不落队。与此相关，商标局应当大力推进电子化申请程序并科学合理地设计商标申请文书，去除不必要的繁文缛节，提高商标申请和注册效率。

在实质审查方面，商标局审查申请商标是否具有显著性，是否违反公序良俗，是否与在先的申请商标或注册商标存在冲突。审查员通过商标数据库检索在先商标，并判断申请商标是否与在先商标在指定的商品或服务上相同或类似，或与在先商标的商标标识相同或近似，并基于此判断是否存在混淆的可能。值得注意的是，申请商标也不能与其他的在先权利发生冲突，比如，著作权、企业名称权及字号或商号、姓名权、地理标识、未注册商标、不相同也不类似商品或服务上的驰名商标等，但商标局无法检索这些在先权利，因此无法审查。这些权利主要由利害关系人通过商标异议程序或无效程序予以保护。

如果商标局认为申请商标满足其审查的三项条件，就会予以初步审定公告；如果认为不满足三项条件之一，就会予以驳回。驳回包括全部驳回和部分驳回，部分驳回即就部分指定的商品或服务予以驳回。申请人就商标局的驳回决定，可以向商标评审委员会申请复审，一方面论证申请商标符合相关条件，另一方面反驳商标局的裁定理由和依据。如果复审裁定核准申请商标注册，则该商标被初步审定公告；如果复审维持了商标局的驳回裁定，则申请人可以起诉到北京知识产权法院，后者的判决可以被上诉到北京市高级人民法院。

2013年《商标法》修改后，如果一标多类的商标申请在部分类别上被驳回，则申请人可以将申请分割为两个，没有被驳回的类别上的申请作为一个商标，被驳回的类别上申请作为一个商标，前者继续经过异议期和注册公告程序，后者继续经过驳回复审程序。

3. 商标异议程序

自申请商标被商标局初步审定公告之日起三个月内，第三人可以对该商标的注册提出异议。那么，第三人是如何发现竞争者申请的损害自己利益的商标被商标局核准公告的呢？实践中，对商标公告进行监视的工作一般都不是异议人做的，而是专门的商标监视公司完成的。在该领域，存在一些较大的商标监视公司，对各个国家和地区的商标公告进行监控，企业客户支付年费，它们就把与客户的商标相关的第三人商标的核准公告都报告给客户的商标律师，后者再从法律层面分析是否有必要提起异议及胜诉概率，供客户做出是否提起异议的决定。

《商标法》第33条就异议的期限、主体和理由做出了前述规定。任何人可以依据商标注册的绝对条件（显著性、公序良俗）提出异议，在先权利人或利害关系人可以依据相对条件（在先权利）提出异议。2013年修改《商标法》之前，任何人都可以依据任何理由提出异议，比如，甲可以援引乙的在先权利对丙的申请商标提出异议。在有的国家和地区，比如欧盟和法国，异议的理由仅限于在先商标权和地理标识权，而不包括姓名权、著作权等其他性质的权利，后者仅能作为无效程序的理由。法国法上，一般认为，商标权与非商标的在先权的冲突不宜交由商标审查机关处理，因为这超出了商标局的专业能力范围（比如对于作品独创性的认定），因而应当交由法院在无效程序中处理。

如果商标局裁定异议成立，商标申请人可以向商标评审委员会申请异议复审，直至北京知识产权法院和北京市高级人民法院的两级诉讼。2013年的商标法修正案取消了异议人对于异议裁定提出复审的权利，这意味着，如果异议被驳回，申请商标将被核准注册。但异议人可以在被异议商标注册后向商标评审委员会申请宣告该商标无效。这一程序修改可以加快商标注册进程，有利于商标申请人利益。但由于异议人没有充分的程序救济权利，因此，注册商标的行政或司法保护程序应当对此予以考虑。比如，目前的实践中，在商标侵权的行政查处或诉讼程序中，如果被告对原告的注册商标提出无效宣告请求，行政机关和法院并不当然中止侵权处理程序。这一做法应随着异议人申请复审的权利的取消做相应调整。尽管如此，异议人的复审权利取消并不违反国际知识产权条约的规定。TRIPs第62条第5款规定，知识产权取得或维持程序中的最终行政决定应由司法或准司法机构复审。对于异议申请或撤销申请的驳回决定，WTO成员方没有义务提供前述复审机会，但异议或撤销的理由应当可以在无效申请程序中得到处理。

4. 国际商标注册程序

商标国际注册程序是由《马德里协定》和《马德里议定书》两个国际条约建立的。这两个条约的主要区别在于：（1）根据《马德里议定书》，申请人可以依据在本国的基础注册或基础申请提交国际注册商标申请，而根据《马德里协定》只能依据基础注册提交国际注册商标申请，这意味着依据《马德里协定》的国际申请中不能主张优先权。(2) 根据《马德里议定书》，缔约方主管局的驳回期限可以是12个月，也可以通过声明延长到18个月，根据《马德里协定》，驳回期限只能是12个月。(3) 根据《马德里议定书》，在国际注册商标遭受"中心打击"之后，申请人可以在一定条件下将国际注册转为国家注册，而这在《马德里协定》中是不能够的。"中心打击"指的是，如果基础商标注册在五年内被撤销，则基于该注册的在其他国家的注册也都将归于无效。(4) 根据《马德里议定书》，申请人可以选择法语、英语和西班牙语作为收文语言，根据《马德里协定》，只能选择法语。

商标国际注册的流程包括：申请人在本国提交了商标申请或获得了商标注册后，向世界知识产权组织国际局提交国际注册申请；国际局仅对注册文件和信息做形式审查就对申请商标做国际注册公告，然后将申请材料转发给申请人指定的各个国家；各国商标局在条约规定的期限内完成审查。如果商标申请被某国商标局驳回，则驳回通知应由国际商标局转给申请人，申请人可以提起异议复审程序。国际商标的异议期限自国际公告次月一日起三个月，中国商标局不再公告。指定中国的国际商标获得注册后，中国商标局不颁发注册证，但注册人可以申请注册证明，该注册证明是在中国境内行使商标权的文件凭证，效力与国内商标的注册证相同。

值得注意的是，中国商标局对于国际商标的一标多类申请在2013年修改《商标法》之前就一直接受，与国内的一标一类制度不同，对国际商标的产品或服务描述是否规范没有审查，但仍坚持将国际商标的指定产品和服务划分到中国的类似群组中。既然对于国际商标可以允许申请人自行选择产品和服务的描述，中国国内商标申请应当也可以。

三、注册商标的申请人

注册商标权的取得需要满足条件和程序两方面的要求。注册商标权的取得条件，是商标局在商标审查中决定是否对申请商标予以注册的法律依据，同时也是商标评审委员会和法院在商标无效（确权）程序中决定维持或宣告注册商标无效的法律依据。从另一个角度看，注册商标权的取得条件也就是商标申请人或商标律师在提交商标申请前或针对某注册商标提起无效程序前评估成功概率的依据。

欧盟第 207/2009 号《欧盟商标条例》第 7 条规定了驳回商标注册申请的绝对理由，第 8 条规定了相对理由，这也就是注册商标权取得的绝对条件和相对条件。绝对条件包括商标构成元素的要求、显著性要求、不违反公序良俗的要求、禁止误导公众的要求、禁止注册官方标识的要求、不侵犯在先地理标识的要求。相对条件，即不得与他人的任何在先权利相冲突的要求。欧盟法关于注册商标取得条件的归纳具有普遍性，适用于任何注册取得制度的国家，包括我国。区分商标权取得的绝对条件和相对条件的意义包括：其一，绝对条件都影响到公共利益，相对条件都仅影响到特定当事人的权益；其二，因为涉及公共利益，各国商标局对绝对条件一般都主动审查，而对于相对条件，由于各国的政策和制度背景不同，有的国家主动予以审查（尤其是申请商标与在先商标或在先商标申请的冲突），有的国家不主动审查而留给利害关系人通过异议和无效程序保护自身利益；其三，因为涉及公共利益，绝对条件的瑕疵作为注册商标权无效的理由，其没有适用上的时间限制，而相对条件的瑕疵作为注册商标无效的理由仅在一定时间内可以被适用；其四，绝对条件和相对条件所涉及的利益不同，对于特定案件事实所关涉的利益应当准确定性才能准确适用法律。

除申请商标应满足前述各项条件之外，商标申请人还要满足某些条件，或者说法律对于商标申请人的资质还有一定要求。

理论上，注册商标权作为一种民事权利，是任何具有完全民事权利能力和民事行为能力的主体都可以申请取得的。比如，欧盟第 207/2009 号《欧盟商标条例》第 5 条规定，任何自然人和法人，包括公法机关，都可以成为欧盟商标的所有人。但我国的商标法实践中并非完全如此。

首先，2001 年《商标法》修改之前，中国国籍的自然人不能申请注册商标。2001 年《商标法》修改之后，中国国籍的自然人可以申请注册商标，但为了遏制商标抢注，商标局在实践中要求中国的自然人提供证据证明其有申请注册商标的经营需要，这种经营需要的证据可以是个体工商户的营业执照等。这就造成了中国国籍的自然人和外国国籍的自然人在注册商标申请条件上的差别待遇，因为对于后者是没有对于经营需要的审查的。商标局对于申请商标指定的商品或服务还曾一度要求与个体工商户营业执照登记的经营范围有关联。这造成了对于自然人申请商标的商品或服务指定范围的限制，而对于法人申请商标所指定的商品或服务范围并不要求其与法人登记的经营范围存在关联，而且现实情况是，超越营业执照登记范围的经营活动在民法上并不被认为是违法或无效的，除非需要特殊经营资质或法律另有特殊规定的情形。2016 年年初，商标局为贯彻落实"大众创业，万众创新"的国家经济发展政策，取消了对于自然人申请商标指定产品或服务范围与营业执照登记经营范围一致的要求。

《商标法》第 4 条的规定常被作为上述做法的法律依据。该条规定，自然人、法人或者其他组织在生产经营活动中，对其商品或者服务需要取得商标专用权的，应当向商标局申请商标注册。有观点认为，该条款对于商标申请人设置了"存在生产经营需要"的条件，也即，如果没有生产经营需要，是不符合申请注册商标的条件的。该观点是值得商榷的。其一，该条款的核心内容是：如果需要取得商标专用权，就应当申请商标注册。它强调的是商标注册申请与商标专用权之间的关系，其背景是，我国实行商标自愿注册制度，使用商标是一种自由，民事主体可以选择只使用而不注册其商标。也即，如果经营者需要商标专用权，就需要申请注册；如果不需要，就不用注册。其二，该条中"在经营活动中"这一状语，仅描述了商标注册申请行为的经济活动背景，并非提出商标注册申请的一个单独法律条件。生产经营活动存在周期和规划的问题，这是必须尊重的商业实践。一家公司从成立到投产、从目前的经营范围扩展到新的经营范围都可能需要数年时间，一个自然人正在筹划和准备在未来三年内根据市场情况登记成立个体工商户，如何认定这些情形是否属于"在经营活动中"？而且，良好的商标申请策略是在开展经营活动之前就申请商标注册，因为商标从申请到注册需要一定时间，在我国目前需要大约一年，而在 2009 年商标局加快审查之前需要三到五年。其三，如果对商标申请人有"经营活动"的条件要求，那么为何不同样适用于外国国籍的自然人和中国的法人？其四，申请商标的"经营需求"，不仅如前所述难以认定，而且也与商标权注册取得制度不符合。因为，在一定程度上，"经营需求"这个条件的性质可以与实行商标权使用取得制度的美国法上的"意图使用（intended use）"条件相比。但我们的"经营需求"条件要求却比美国的"意图使用"还严格，因为美国法上的意图使用只需申请人做出声明即可，而我国还需要提供证据接受审查，并且有可能被否定商标申请主体资质。在以商标权使用取得制度为主、注册取得制度为辅的美国，商标使用是商标注册申请的条件。由于绝大多数国家实行商标注册取得制度，为了与国际接轨，美国后来引入了注册取得制度，但商标使用仍是商标注册的条件，尽管意图使用（intendeduse）可以和实际使用（actualuse）一样满足商标申请环节的使用要求。但在实行商标权注册取得制度的国家，实行的都是先到先得的原则，不对申请人的商标使用或经营活动存在要求。为协调美国的注册制度和其他国家的注册制度，TRIPs 第 15.3 条规定，WTO 成员方可以（may）将使用作为商标注册的条件，但商标的实际使用（actualuse）不应是提交注册申请的条件。而且，如果商标申请被仅以没有实际使用为由拒绝予以注册，该驳回决定仅能在自申请日起的三年期满才能做出，也即是说 TRIPs 要求给意图使用的申请人至少三年的时间将意图使用付诸实际使用。我国目前的商标审查实践中对于中国国籍自然人的"经营需求"条件要求，比美国的意图使用条件还要严格，而我们实行注册取得制度，美国是使用取得制度。其四，尽管中国国籍的自然人会被以不存在经营活动或没有经营需要为由驳回商标注册申请，但作为商标申请应满足的这个条件却不是正式的提起注册商标无效的理由，❶ 而商标权产生的条件与其无效的条件应当是一致的。

尽管我国商标法实践中的上述做法在法律理论上存在问题，但不可否认的是，这一措施确实在一定程度上给商标抢注增加了难度，起到一定的遏制作用。

其次，2013 年修改后的《商标法》第 19 条第 4 款规定，商标代理机构除对其代理服务申请商标注册外，不得申请注册其他商标。根据该条，商标代理机构在商标代理之外的服务或商品上不具有申请商标的主体资格。2014 年修改后的《商标法实施条例》第 87 条进而规定，商标代理机构申请注册或者受让其代理服务以外的其他商标，商标局不予受理。这一针对商标代理机构的商标申请主体资格限制规定因上海专利商标事务所的"上专"商标案❷使得这一争议广受关注。

上海专利事务所（以下简称"上专所"）成立于 1984 年，其《企业法人营业执照》载明的经营范围是：为中外客户提供专利代理、商标代理、著作权代理及其他知识产权保护代理服务、知识产权方面的法律咨询、法律事务服务及知识产权法律、法规的培训。2014

---

❶ 商标确权案件中也存在将《商标法》第 4 条的"经营需要"规定在商标无效的理由中提及的做法，但仍不是一个明确的理由，更不是一个独立的理由。
❷ 见北京知识产权法院（2015）京知行初字第 34316 号行政判决书。

年8月25日，上专所向商标局提出注册"上专"商标的申请，指定使用服务为第45类：知识产权咨询、知识产权代理、知识产权许可、法律研究、诉讼服务、计算机软件许可（法律服务）、为法律咨询目的监控知识产权、个人背景调查、知识产权评估、知识产权研究、知识产权调查。2015年2月4日，商标局发出《商标注册申请不予受理通知》，认为上专所申请的上专商标的使用范围不在其代理服务的范围之内，不符合《商标法》第19条第4款等有关规定。上专所向北京知识产权法院提起诉讼，法院的一审判决认为，《商标法》第19条第4款明确禁止商标代理机构在商标代理之外的服务上申请注册商标，因此，维持了商标局的不予受理决定。

就立法本身来看，该条款旨在遏制商标抢注行为，其背景为：国内有些商标代理机构同时自己申请商标以囤积销售，它们为达到更好的盈利目的自然抢注已经在国内外有一定知名度或已经在使用中的商标。而之所以出现商标代理机构同时抢注商标的现象，在一定程度上是因为我国自2003年取消了商标代理行业的市场准入资质要求，任何中国自然人都可以成为商标代理人，任何公司都有可能通过在商标局的登记成为商标代理机构，其中包括"主营业务"为囤积注册商标进行交易的主体。而国际上大多数国家的主流做法是对商标代理人和代理机构有市场准入的资质要求，因为这是一个法律服务行业，资质要求可以保证其为社会提供的专业服务的质量。在我国的这一特殊制度背景下，通过禁止商标代理机构在其代理服务之外注册商标来遏制商标抢注具有目的正当性，但在措施的适当性方面存在问题：所采取的措施造成的成本大于该措施对于正当目的的效用，即不符合比例原则（principle of proportionality）。其一，这一措施的实际效果非常有限，很容易被规避。目前在中国成立公司企业非常方便，抢注人完全可以成立一个商标代理机构和一个抢注主体机构，让前者主要服务于后者。其二，商标法上已经存在针对商标"抢注"的救济制度❶，这些制度没有对相关民事主体的权益造成不必要的限制。我国法律并没有对商标代理机构的经营范围有特别限制，❷ 而前述条款却使得商

---

❶ 见我国《商标法》第15条、第32条等。
❷ 由于商标代理被视为专业法律服务，因此，大多数国家不仅对其设置了行业准入门槛，而且商标代理机构的经营范围也是受限制的：从事商标代理服务的机构可以同时提供专利代理、知识产权咨询、律师服务等与商标代理相同质的服务，而不能从事商业性活动，因为专业性法律服务与商业性活动是不兼容的，同时经营会损害专业性服务的社会功能。因此，我国目前的制度改革方向应当是设立商标代理的行业准入资质要求，同时限制商标代理等法律专业服务机构的经营范围。

标代理机构被剥夺了在其有权经营的其他业务领域申请注册商标的权利。尤其是，知识产权代理机构或律师事务所同时经营商标代理、专利代理、律师服务等业务在各国都是业内常态，《商标代理条例》第84条将商标代理机构规定为包含从事商标代理的律师事务所，这意味着法条字面含义甚至禁止从事商标代理的律师事务所在其他法律服务上申请注册商标。

可见，我国商标法为遏制商标"抢注"而创设的对于中国国籍自然人和商标代理机构作为申请人的资质限制措施，对于正当性目的的实现效果甚微，却剥夺了相关主体的正当权益。应当注意的是，我国的商标"抢注"现象主要是个与发展阶段相关的社会问题而非法律问题，法律并不能为所有社会问题提供解决方案，处理不当反而会给法律制度自身造成损害。

此外，外国主体在中国申请商标或主张商标权要根据国民待遇原则或对等原则办理。《商标法》第17条规定，外国人或者外国企业在中国申请商标注册的，应当按其所属国和中国签订的协议或者共同参加的国际条约办理，或者按对等原则办理。这方面，最重要的条约就是1883年《巴黎公约》和1994年的TRIPs。《巴黎公约》第2条第1款规定，巴黎联盟国家的国民就工业产权的保护在联盟所有其他国家应享有各该国法对其本国国民规定的优惠（advantges）；TRIPs第3.1条规定，WTO成员方就知识产权保护给予其他成员方国民的待遇应不低于其给予本国国民的待遇（noless favorable treatment）。截至2015年11月30日，WTO有162个成员方，因此，这一广泛的多边条约足以将国民待遇原则适用于世界上绝大多数的国家和地区，其中包括2001年加入WTO的中国。

值得注意的是，《商标法》第18条第2款规定，外国人或者外国企业在中国申请商标注册和办理其他商标事宜的，应当委托依法设立的商标代理机构办理，而中国人和中国企业可以自行办理或委托代理机构办理。因此，对于外国主体在中国办理商标事宜，适用的是强制代理，这是各国的普遍做法，也是《巴黎公约》及TRIPs所明确允许的国民待遇原则的例外，因为这有利于保障各国商标局和外国申请人之间的文件往来等程序事项的处理。

第三章

商标的显著性

商标作为注册权的客体,是商标权的核心要素,因而也是商标权取得条件中的核心。申请注册的商标标识,应当由符合法律规定的元素组成,具有显著性或识别性,不侵犯他人在先权益,不违反公序良俗。其中,不侵犯他人在先权益的条件在理论上和某些国家或地区(比如欧盟)的立法中被称为相对条件,其他条件被称为绝对条件。

一、显著性的概念

显著性或识别性(distinctiveness or distinctive character),即商标就一种商品或服务将某个提供者与其他提供者相区分的功能,也被表述为指示来源(origin)的功能。显著性是商标的基本功能,在注册取得制度下,它是一个标识可以被核准注册从而作为商标予以保护的根本条件。换句话说,只有具有识别能力的标识,才有资格成为注册商标。《商标法》第9条第1款规定,申请注册的商标,应当有显著特征,便于识别。这里的"具有显著特征"和"便于识别"就是对于申请商标的显著性要求,是一个条件而不应被解释为两个条件,"显著性"和"识别"也是具有同一含义。显著性包括固有(inherent)显著性和获得显著性。申请商标只要具有固有显著性或者获得显著性中的一种,就应当被核准注册。

固有显著性,根据商标标识与所用于的商品或服务之间的关联关系角度来评价，关联程度越低则显著性越高。借鉴美国的判例，根据固有显著性的程度按从高到低的顺序可以将商标分为臆造性商标、任意性商标、暗示性商标、描述性商标（标识）和通用标识。❶ 臆造性商标是人为创造出来的标识，本不存在，比如 Haier，loveno，这样的标识与任何产品或服务都没有关联，因而固有显著性最高。任意性商标取材于既存的元素，但与所用于的商品或服务没有任何关系，比如，长城牌葡萄酒、白象牌电池，因而，固有显著性较高。暗示性标识所采用的元素与所用于的商品或服务不存在直接的关联，需要相关公众的联想或思考才能认识到其与所用于的商品或服务之间的隐含的关联，比如，566 牌洗发水，暗示该产品的使用效果是使得头发乌溜溜。描述性标识直接指称所用于的产品或服务的某个方面，比如美白牌化妆品，与商品或服务具有密切关联，不具有固有显著性，不能被注册为商标。

获得显著性，是指不具有固有显著性的标识，经过使用而为相关公众所知晓，从而相关公众就相关商品或服务将该标识与某个提供者建立了特定的联系。比如，两面针牌牙膏，该商标是牙膏产品的一种原料；AMERICAN STANDARD 牌洁具，该标识的本意是美国标准。

在一个商标申请被以不具有固有显著性为由驳回之后，申请人通常都会在复审申请中提出两个理由：申请商标具有固有显著性；即便不具有固有显著性，申请商标也已经通过使用产生了获得显著性。作为申请人，建立两道防线的策略是值得肯定的，但审查机关和法院只能选择适用一个理由而不能同时适用，因为获得显著性和固有显著性是彼此独立并互相排斥的规则，获得显著性的判断仅适用于不具有固有显著性的标识。

在 BEST BUY 及图案中，佳选企业服务公司于 2004 年 2 月 12 日在第 35 类推销（替他人）、进出口代理等服务上向商标局申请注册"BEST BUY 及图"商标（见图 3-1）。2006 年 2 月 28 日，商标局认为申请商标以该文字作为商标用在指定使用服务上，仅仅直接表示了服务的品质和特点，决定驳回注册申请。申请人提起了复审和诉讼，商标评审委员会、北京市第一中级人民法院和北京市高级人民法院均维持了商标局的决定。最高人民法院经提审认为，该案中的申请商标由英文单词"BEST""BUY"以及黄色的标签方框构成，虽然其中的

---

❶ Abercrombie & Fitch Co. v. Hunting World, inc., 537 F. 2d 4 (2d Cir. 1976).

"BEST"和"BUY"对于指定使用的服务具有一定描述性,但是加上标签图形和鲜艳的颜色,整体上具有显著特征,便于识别。同时,根据新查明的事实,申请商标在国际上有较高知名度,且申请商标在我国已经实际使用,经过使用也具有了一定的知名度。综合上述因素,申请商标能够起到识别服务来源的功能,相关公众能够以其识别服务来源。❶

图 3-1　BEST BUY 及图商标

该案中,法院一方面认为申请商标整体上具有固有显著性,另一方面又认为申请商标经过使用产生了获得显著性。实际上,审查机关或法院应当要么认定具有固有显著性,那就不应再讨论获得显著性的问题了;要么认定不具有固有显著性,那就必须依当事人的申请评价获得显著性的问题,而不能获得显著性规则和固有显著性规则同时适用。❷

二、固有显著性的认定

1. 关于固有显著性的规则

固有显著性的认定,是商标审查和无效程序中最基本和最经常的工作。各国法律关于固有显著性的立法方式和规则基本一致:从正面规定显著性的条件要求,从反面排除不具有显著性的情形。

比如,我国《商标法》一方面在第 9 条规定申请注册的商标,应当有显著特征,便于识别。另一方面,在第 11 条规定了不得作为商标注册的标识:(1)仅有本商品的通用名称、图形、型号的;(2)仅直接表示商品的质量、主要原料、功能、用途、重量、数量及其他特点的;(3)其他缺乏显著特征的。在第 12 条规定,以三维标志申请注册商标的,仅由商品自身的性质产生的形状、为获得技术

---

❶ 见最高人民法院(2011)行提字第 9 号判决书。
❷ 类似的案件还有沩山牌及图案,见最高人民法院(2011)行提字第 7 号判决书。

效果而需有的商品形状或者使商品具有实质性价值的形状,不得注册。法国《知识产权法典》第 L.711-1 条规定商标是用于识别自然人或法人的产品或服务的可图示标志;第 L.711-2 条接着规定商标标识的识别性应就指定的商品或服务来评价,并规定下列标识不具有显著性:(1)在日常语言或职业语言中仅是产品或服务的必需、通用或常用称谓的标志或名称;(2)可用于指称产品或服务某一特征(尤其是质量、数量、用途、价值、地理来源、产品生产或服务提供的时间)的标志或名称;(3)仅由产品的性质或功能所决定的形状或赋予产品实质性(substantial)价值的形状所构成的标识。欧盟第 207/2009 号《欧盟商标条例》第 7 条规定了驳回商标申请的绝对理由,其中涉及显著性条件的有四项:(1)没有任何显著特征的商标;(2)仅由可以在商业活动中用于指称产品或服务的种类、质量、数量、用途、价值、地理来源、产品生产时间或服务提供时间或其他特征的标志或指示构成的商标;(3)仅由在现在的语言中或善意形成的商业实践中的惯常标志或指示构成的商标;(4)仅由商品自身的性质产生的形状、为获得技术效果而需有的商品形状或者使商品具有实质性价值的形状构成的商标。欧盟第 2015/2424 号条例将最后一项的适用范围扩展到商品形状以外的其他商品特征。

可以看到,显著性的概念规则没有争议,显著性的排除规则所涵盖的情形各国存在一定差异:我国《商标法》规定了通用标识、描述性标识和功能性三维标识,外加一个"其他不具有显著性的情形"作为兜底条款;法国比我们多规定了"必需"标识和"常用"标识;欧盟比我们多规定了一个"惯常"标识,并且将功能性标识的范围扩展到了三维标识以外;法国法和欧盟法没有在排除规则中设置兜底条款,但其对于显著性条件自身的规定其实可以起到兜底条款的作用。如果删除我国《商标法》第 11 条中的兜底条款,同样可以适用第 9 条的显著性正面定义来否定第 11 条所不能涵盖的显著性缺失的情形。另外,法国法和欧盟法上的惯用或常用标识,在我国的商标法实践中有时被放在兜底条款中,有时被放到描述性标识条款中,还没有形成清晰的类型化认识,为此,有必要借鉴法国和欧盟的做法将其列为兜底条款中的一个典型的缺乏显著性特征的情形。非通用标识,也非描述性标识的常用标识的例子,比如,理发店门口的转筒。

2. 固有显著性的认定标准

在商标法实践中,显著性的认定也有法律规则的适用方法问题。

申请商标应当具有显著性，这是总的要求。在判断申请商标是否满足这一要求时，显著性排除条款提供了特定情形下的明确规则依据，因此，属于排除条款所涵盖的明确情形的（通用标识、描述性标识和功能性标识）就直接适用该条款。显著性排除条款没有明确涵盖的情形，并不表示就具有显著性，仍要根据显著性的概念原理判断其是否具有法律所要求的显著性。如果不具有，则适用《商标法》第11条的兜底条款，因此，对于《商标法》没有明确排除的显著性缺失的情形，形式上适用的是兜底条款，实质上的依据是显著性的概念原理，体现为《商标法》第9条的规定。

根据商标法的显著性概念原理来评价申请商标或争议商标（无效程序）是否满足商标注册的要求，这一判断是商标法中最具有挑战性的法律解释和适用工作之一，各国商标法就显著性特征的概念和规则已经大同小异，但就显著性特征的判断实践仍存在很大的差别。理论和实践的探索目标是以显著性特征的原理和既有规则及成熟实践为这一判断提供更多的指引，减少任意性，提高客观性。显著性特征的判断最重要的是量化门槛问题，即申请商标的显著性要达到什么样的高度才能够或应该被核准注册。如前所述，固有显著性是从商标与所指定的商品或服务的关系的角度来评价，关系越远则显著性越高，关系越近则显著性越低。臆造商标、任意性商标、暗示性商标和描述性商标的分类方式，有利于澄清显著性高低的程度问题，但这些概念本身也仍存在适用中的定性问题，尤其是暗示性商标与描述性商标的区分问题。商标法的显著性与著作权法上的独创性、专利法上的创造性之间的不同点在于：商标法不要求申请人创造出前所未有的标识，而著作权和专利权正是为激励创作和创造而创设的；但这三者在适用上又存在一个相同点，即都有一个认定中的量化门槛问题：如同著作权法只要求作品具有最低程度的能表现作者人格的创造性，专利法只要求发明对于本领域技术人员不是显而易见的，商标法也只要求商标具有最低程度的显著性就可以获得注册和保护。

那么，这一最低程度的显著性要求应当如何把握呢？一方面要从商标与所指定的商品或服务的关系来评价，另一方面要从相关公众对商标的认知来考察。❶ 在商标法的基本原理层面，显著性特征之所以是商标注册的条件，原因有二：一是同行业经营者所必需的标识不能

---

❶ CJEU, Freixenet v.OHMI (C-344/10 P and C-345/10 P) of 20 October 2011.

为某一个商标申请人所独占；二是只有具有显著性的标识才能承担商标的功能。这两点同时从反面和正面构成对于商标显著性认定的基本评价标准。一方面，同行业经营者必需的标识或者同行业竞争者对其存在有正当利益的需要的标识，不应被核准注册，否则将损害公共利益；其他标志原则上都应被核准注册，因为凡不是同行业经营者所需要的标识都与产品和服务不具有密切关联，因而都具有一定的任意性（arbitrary）。另一方面，相关公众需要能通过申请商标识别产品或服务的提供者，否则不能注册。这两个标准的适用都取决于对相关公众对于商标与产品或服务之间关系认知的判断。第一个标准适用的情形通常也是第二个标准适用的情形，因为同行业经营者所必需的或有存在正当利益的需要的标识必定不能起到识别不同产品或服务提供者的功能，第一个标准是个客观性较强的标准；而相关公众是否能通过申请商标来识别产品或服务提供者在目前各国的实践中都是个主观性很强的标准。如果将商标法放到更大的制度背景下来看，经营者选择商标标识是一种工商业自由，执法机关需要尊重这一自由。与该工商业自由相对应，执法机关要以显著性缺失为由驳回商标注册申请或宣告某个注册商标无效，则它要对显著性的缺失承担举证责任。这既符合私法领域的"除了法律所禁止的都是允许的"这一原则，也符合行政行为举证责任在行政机关的原则。此外，既然商标的选择是一种工商业自由，如果某个经营者自愿选择注册一个没有识别性的商标，并甘愿遭受其不能识别自己的后果，商标法为什么要予以禁止呢？这是因为，没有识别性的标识，其他经营者对其的使用不会存在混淆的可能性，因此不会构成商标侵权。但是，一旦此类标识被注册为商标，注册人就会得以取得禁止其他经营者使用该标识的法律上的可能：一方面，商标一旦获得注册，就享受一种权利效力的推定，对方当事人承担证明该商标无效的举证责任和程序负担，而且，在我国的商标侵权案件中，法院原则上并不审查注册商标的显著性（即便审查，也不能在侵权诉讼中宣告注册商标无效，可能的是宣告注册商标的部分构成元素无显著性）；另一方面，商标侵权行为的认定并不全都能被混淆理论（及淡化理论）所囊括，在不存在混淆可能的情况下，仍然可能构成商标侵权，因为注册取得制度中的商标权还是一种带有绝对性的禁止权。因此，对于不会产生混淆可能的标识，应当留在公共领域。

商标法实践中存在一些关于显著性判断的具体类型化规则，这些规则的确立和适用都要依据前述这两项基本标准。对于显著性排除条款所明确规定的情形，比如通用标识和描述性标识，它们被排除的原因就同时符合前述两项标准：此类标识是同行业经营者所必需的标识，相关公众也不能通过此类标识来区分不同的产品或服务提供者。在我国的《商标审查标准》中存在"两个以下常规书写的数字或字母不具有显著性"的审查规则，该规则就不符合前述两项显著性的认定标准。一方面，没有理由认定此类标识是同行业经营者所必需的，另一方面，也没有理由认定相关公众不能通过此类标识识别商品或服务的来源，如何能一刀切地认定它们都不具有显著性呢？和我们的做法相反，欧盟商标局却认为，即便对于仅由一个常规书写的字母构成的商标，也需要结合个案认定其是否具有识别商品来源的功能；C 用在果汁饮料上不具有显著性，因为此类产品与维生素 C 紧密关联，但字母 W 在交通运输服务上就具有显著性。❶

此外，在"相关公众能否通过申请商标识别商品或服务提供者"这一标准的适用中，国内外的审查实践中产生了"相关公众会不会将申请标识作为指示商品或服务来源的标识"和"相关公众会不会将申请标识作为商标认知"的标准，该标准及其适用给商标审查实践带来了很大的不确定性和主观性，必须谨慎把握。比如，认为企业名称、商品名称、产品型号、产品的包装形状和产品形状、广告语❷、颜色等不会被相关公众作为商标认知，这种观点值得商榷。首先，将"相关公众不会将申请标识作为商标认知"这个标准中的"商标"不应当是公众在感性层面对商标的形象认识，即不应将商标设想成所谓的"品牌"——在商品或商品包装的显眼位置用醒目的方式展示的文字或图形，而应当从申请标识是否会具有识别商品来源的功能的角度来解释商标，这一意义上的商标在现实的表现形式就是多种多样的了。在 The Global Fund 及图案❸（见图 3-2）中，法院认为，申请商标中的文字部分"The Global Fund"易使相关公众认为其

---

❶ Decision of 30/09/2010, R 1008/2010-2, paras 12-21.

❷ 比如，在"美丽不打烊"案中，申请人将涉案商标申请注册在服装等商品上，二审法院认为，"美丽"和"不打烊"都是常见用语，将"美丽不打烊"这一短语使用于"服装"商品上，相关公众容易将其作为广告宣传加以对待，因此，"美丽不打烊"不具有商标识别商品来源的作用，申请商标不具有显著性。值得怀疑的是，为何广告宣传用语就不具有识别商品或服务来源的功能呢？如果"太平洋保险"被注册为商标，它不会因为一直被作为广告语而丧失显著性。

❸ 见北京市第一中级人民法院（2010）一中知行初字第 1849 号行政判决书和北京市高级人民法院（2010）高行终字第 1469 号行政判决书。

系基金会的名称，虽然该名称使用在指定服务上亦会起到指示服务来源的作用，但该标示作用与商标所起到的标示作用不同，不具有商标所通常具有的表现形式，因此不符合商标注册的显著性要求。如前所述，商标的显著性认定旨在确认申请标识是否能具有指示商品或服务来源的功能，以便确定其是否可以成为商标法保护的客体，因为商标法的核心目的就是保护商业标志的来源识别功能。因此，首先，这种来源指示功能是显著性存在与否的充分必要条件，至于该标识以何种形式表现，法律并不关心，审查机关和法院更不能要求申请商标都具有"商标的通常表现形式"，这一概念在法律层面没有意义。如果要求申请商标都具有"商标的通常表现形式"，那么颜色商标、声音商标、立体商标和气味商标等非传统商标都就被排除在商标法的保护范围之外了。而商标法之所以将这些类型的标识纳入保护范围就是因为这些标识可以具有来源指示功能。其次，在正确地将"商标"以"识别商品或服务来源的标识"的意义来适用的情况下，商标局对申请商标显著性的审查就是要判断申请的标识有无可能具有这种识别能力。如果认为与指定商品或服务无关的文字、字母、数字或其组合可以具有显著性，那么有什么理由认为这些标识一旦成为企业名称、产品名称或型号、广告语、产品或其包装的形状等就不具有识别商品来源的功能呢？上述观点隐含地认为，一个标识一旦承担了企业名称、商品名称、商品包装等功能，就失去了识别商品来源的功能。那么，为什么同一标识不能同时承担多个功能呢？商号（字号）和商标这两项功能不就经常由同一个文字标识承担吗？同一个标识完全承担着识别商品来源的功能和其他功能，除非该其他功能与识别商品或服务来源的功能相冲突，否则申请标识具有其他功能就不能成为否定其识别功能的理由。因此，仅就显著性的审查而言，商标局只需认定申请标识是否会具有这种识别能力，只要申请标识可以具有识别功能，就满足了显著性要求，而不必考虑该标识是否同时承担其他功能。再次，"相关公众会不会将申请标识作为指示商品或服务来源的标识"这一规则，其实是显著性排除条款（《商标法》第11条第1款）的上位规则，因为，无论是通用标识还是描述性标识或是常用标识，它们都是"相关公众不会将其作为商标认知"的标识。立法本身仅规定了该上位规则的两项可以直接适用的具体的下位规则，司法实际中对于该上位规则必须仅在可以明确类型化和存在可靠依据的情况下才能适用。最后，从商标的品质保障功能的实现来看，它意味着消费者如果就购买的某个产品具有良好的消费体验，则它就会通过该商品上引起其注意的标记再次寻找该产品。任何给他留下了印象记忆的标志都可以成为再次寻找该产品的线索，比如，美人鱼形状的香水瓶，独特蘑菇形状的洗发水。在这种情况下，这些标志就起到了识别商品来源的作用。此外，就颜色商标而言，欧盟法院认为消费者没有习惯将商品或其包装的颜色设想为识别来源的标识，因为在目前的商业实践中颜色本身并没有被用作来源识别的方式。❶ 但欧盟法院又认为：在非常特殊的情形下，如果商标申请人可以证明申请的颜色对于指定的商品而言绝对的不寻常或者很惹人注目，那么该颜色就具有显著性，比如黑色在牛奶产品上是具有显著性的；将单一颜色作为商标注册将使得注册人对该颜色获得垄断，这损害公共利益，即便指定商品仅涉及一个范围很小的特定市场。❷ 这些理由的逻辑并不一致：如果消费者没有习惯将颜色作为来源识别标志看待，为什么一个很特别的颜色就能被消费者作为来源识别标识呢？真正的理由就是：常用的颜色是不同经营者都采用的，因而应当留在公共领域，包括单一颜色。

图 3-2　The Global Fund 及图商标

　　法国法院曾认定切格瓦拉的头像在服装产品上没有显著性，因为他对于法国公众而言是一个精神偶像，而其头像代表一种精神象征，因而不会被相关公众作为识别商品来源的标识来认知。❸ 该案的判断所依据的社会事实背景是：将精神偶像的头像印制在服装上是一种惯常做法，因此，不同的产品提供者都有可能在其产品上使用该标识，于是，产生了两个后果：申请标识的精神象征功能使得其不能具有识别功能；同行业经营者都应有权在其产品上使用该精神象征标识，因此其不应被某一经营者所独占。可见，消费者对某类标识是否具有将其作为来源识别标识来认知的事实，并不能单独构成一个显著性认定的标准。

---

❶　EUCJjudgment of 06/05/2003, C-104/01, 'Libertel'.
❷　EUCJjudgment of 13/09/2010, T-97/08, 'Shade of orange'.
❸　Cour de cassation, civile, Chambre civile 1, 12 juillet 2011.

3. 固有显著性的认定方法

固有显著性的审查要采用整体认定的方法，即要从申请商标的整体来判断其是否具有识别商品或服务来源的功能。一个商标可以由多个元素组成，但并不要求各个构成元素都具有显著性，只要申请商标的整体具有显著性就满足要求。比如，"联想电脑"对于电脑产品就具有显著性，商标中含有"电脑"这一商品通用名称，并不否定商标整体的显著性。有的国家要求商标申请人在申请书中明确放弃商标非显著成分的独占权，这对于明确商标权的范围具有积极的作用，❶ 否则，在商标侵权案件中，法院还要单独判断不具有显著性的商标构成元素。《最高人民法院关于审理商标授权确权行政案件若干问题的意见》第5条规定，人民法院在审理商标授权确权行政案件时，应当根据诉争商标指定使用商品的相关公众的通常认识，从整体上对商标是否具有显著特征进行审查判断。标志中含有的描述性要素不影响商标整体上具有显著特征的，或者描述性标志是以独特方式进行表现，相关公众能够以其识别商品来源的，应当认定其具有显著特征。

在沩山牌及图（见图3-3）案中，2004年6月14日，湘沩名茶厂等六公司以"沩山毛尖"为茶叶商品的通用名称，"沩山牌及图"商标以茶叶商品的通用名称注册违反了《商标法》第11条第1款、第41条第1款的规定为由，向商标评审委员会申请撤销长沙沩山公司所有的争议商标。争议商标的注册号为552102，申请日为1990年5月11日，注册公告日为1991年5月20日，指定商品为茶。此外，在案证据能够证明湖南省宁乡县沩山乡自古产茶，并且沩山乡独特的地理和自然环境决定了沩山茶的品质特点。商标评审委员会认为，茶叶产地的名称同时也表明了此种茶叶突出的、区别于其他产地的茶叶商品的品质特点。争议商标虽然还有图形部分，但依据一般消费习惯，消费者会将文字部分作为商标的主要识别和呼叫对象，争议商标的图形部分无法使其整体产生显著性。争议商标的拼音与其文字部分的"沩山"是对应的，文字部分缺乏显著特征，拼音部分亦无法使其产生显著特征。虽然争议商标与长沙沩山公司的字号一致，但这种一致与判断争议商标是否具备显著特征并无直接关系，争议商标并不

---

❶ 见欧盟207/2009号《欧盟商标条例》第37条。

能因此而具备显著性。❶ 北京市第一中级人民法院认为,根据该案现有证据,能够证明湖南省宁乡县沩山乡自古产茶,并且沩山乡独特的地理和自然环境决定了沩山茶的品质特点。争议商标由沩山牌文字及图组成,一般消费者会将文字部分作为商品的主要识别部分和呼叫对象,故其整体亦不具有显著性。商标评审委员会第 265 号裁定认定争议商标已构成直接表示指定使用商品的品质特点、缺乏显著特征的行为,并无不妥。❷ 北京市高级人民法院认为,根据湘沩名茶厂等六公司提交的证据,能够确认"沩山毛尖"为一茶叶品种,该品种的命名是由沩山地区特定的山、水等自然环境以及特定的工艺所形成的品质、特色等所决定;且该品种的命名也使"沩山毛尖"成为该地区具有特色的自然资源;因此,"沩山"文字已经具有表示产品质量的含义,缺乏显著性。争议商标虽不仅包含"沩山"文字,但因拼音部分与文字中的"沩山"相对应,故该商标的文字和拼音应为主要部分,对该商标的呼叫应为消费者认知该商标的主要方式。据此,该商标属缺乏显著性的商标,属于 2001 年《商标法》第 11 条第(3)项不予注册的情形。❸ 最高人民法院认为,判断争议商标是否应当依据上述法律规定予以撤销时,应当根据争议商标指定使用商品的相关公众的通常认识,从整体上对商标是否具有显著特征进行判断,不能因为争议商标含有描述性文字就认为其整体缺乏显著性。该案争议商标由沩山牌文字、拼音及相关图形组成,并非仅由沩山文字及其拼音组成,其商标组成部分中的图形亦属该商标的重要组成部分。❹

图 3-3　沩山牌及图商标样

---

❶ 见商标评审委员会商评字〔2007〕第 265 号《关于第 552102 号"沩山牌及图"商标争议裁定书》。
❷ 见北京市第一中级人民法院(2007)一中行初字第 647 号行政判决书。
❸ 见北京市高级人民法院(2007)高行终字第 583 号行政判决书。
❹ 见最高人民法院(2011)行提字第 7 号判决书。

北京市第一中级人民法院认为文字一般是文字和图形组合商标的主要识别部分,这没有问题,但显著性的审查并不要求组合商标的主要识别部分具有显著性,只要某个构成元素可以使得商标的整体具有显著性就足够了。显著性整体认定的方法在实践中并没有被很好地遵守。再比如,在"LINGERIE FRANCAISE 及图"(见图3-4)等案中,申请商标指定在内衣商品上,商标局和法院都认为该商标不具有显著性。

图3-4　LINGERIE FRANCAISE 及图
注:商标中的法文文字的含义是"法国内衣"。

在"沩山及图"商标和"LINGERIE FRANCASIE 及图"商标的这两个例子中,除去申请商标的文字部分只看图形部分,没有人能否认这两个图形具有显著性,而一旦加上文字,图形的显著性怎么就消失了呢?问题就出在,实践中仍存在不从商标的整体来审查其显著性的不正确做法,没有依据的要求商标的文字部分具有显著性。

商标显著性的认定应当以相关公众作为拟制的判断主体。固有显著性的认定就是审查商标标识与指定的商品或服务之间的关系远近。而这个判断要依据的不是一个纯粹的抽象的标识符号,而要依据相关公众对于标识的理解和认知,特别是标识符号向相关公众所传递的信息。《最高人民法院关于审理商标民事纠纷案件适用法律若干问题的解释》第8条规定,商标法所称相关公众,是指与商标所标识的某类商品或者服务有关的消费者和与前述商品或者服务的营销有密切关系的其他经营者。比如,中文文字在很多西方国家是被作为图形商标来审查的,因为这些社会中的相关公众不懂中文。在我国的审查实践中,审查机关对于我国相关公众的标识认知没有充分予以考虑,比如,对于外文申请商标都要在常用字典里查询中文含义,据此对含义进行审查,甚至对甲骨文文字也按含义审查。《最高人民法院关于审理商标授权确权行政案件若干问题的意见》第 6 条规定，人民法院在审理商标授权确权行政案件时，应当根据中国境内相关公众的通常认识，审查判断诉争外文商标是否具有显著特征。诉争标志中的外文虽有固有含义，但相关公众能够以该标志识别商品来源的，不影响对其显著特征的认定。

  此外，在上述有关颜色、产品或其包装的形状、广告语等类型标识的显著性认定中，商标审查机关和法院经常会从申请标识是否独特或是否具有独创性的角度来做出判断。那么，著作权法上的独创性如何能成为商标法上的显著性的认定方法和依据呢？在著作权法上，独创性是作品认定的核心条件，而作品是著作权的保护客体，因此，独创性是界定著作权客体保护范围的核心条件。该条件包括两个要素：一是作品必须是作者独立创作的；二是作品必须具有一定的创造性（creativity）。正是独创性的创造性要素对于商标法上标识的显著性认定具有重要意义，这是因为，从另一个角度来看，商标的显著性条件就是要求用于指定商品的标识必须是不同于目前用于该商品上的现有标识，而这些现有标识就包括通用标识、注册商标和申请中的商标、他人已经在先使用的驰名商标、商号等。这就表示申请注册的标识必须与现有的标识不同，而独创性中的创造性认定就是要将有关作品或设计与现有的作品或设计进行对比，只有不同于现有作品或设计的创作才能被认为具有独创性。正是在这一点上，著作权法上的独创性认定可以用于证明商标法上的识别性。因此，商标审查机关和法院通过认定某些类型的申请商标的独创性来认定其显著性，其认定方法是可行的。而且凡是能够被认定为具有独创性的商品或包装形状、颜色、广告语就都可以区别于有关商品上的既有标识，只要对于创造性的要求程度不太低。❶

  但是，独创性之于显著性的作用必须在上述层面上才有意义，审查机关对于独创性的运用不能偏离这一方向。实际上，著作权法上的独创性认定包括外的方面和内的方面这两个角度。外的方面就是如前所述的作品与现有作品或表达的比较，该比较以发现作品与现有作品或表达的不同为目标；内的方面则是分析作品的表达与其所表达的思想之间的关系，从而认定作品的表达相对于其所表达的思想所具有的独创性。外的方面于商标显著性的认定是有用的，但内的方面于商标

---

❶ 至于可以区别于现有标识的申请标识是否过于复杂或违反公序良俗是另一回事。

显著性的认定没有用处。比如，现代艺术之父塞尚的著名作品之一——《泉》，其表达形式就是一个普通的男用小便池。该作品的独创性就仅体现在内的方面，即表达相对于其所表达的思想具有创造性，但在外的方面，该作品的表达与现有的小便池没有差别。独创性的内的方面的创造性于商标显著性的证明没有任何用处，正是由于这个原因，欧盟内部市场协调局（OHIM）在其商标审查指南中特别指出，通过对基本形状和颜色的简化而实现的美学独创性，不能用于证明商标的显著性。❶

独创性认定的本质是常用标识或惯用标识排除规则的适用。可见，如果遵从正确的方向，通过认定标识的独创性来认定其显著性是可取的。如前所述，商标审查机关和法院在认定有关标识的独创性时，其实总是将申请商标与指定商品或其包装的常用或惯常形状进行对比。因此，依据独创性来认定显著性，其实就是依据指定商品的常用或惯用产品形状或包装形状来认定显著性。这表明审查机关和法院完全可以抛开独创性的概念来认定显著性，其本质上是在依据常用或惯用形状来判断申请商标的显著性。但是对于审查机关和法院而言，引入独创性的概念来认定显著性有两方面的优点：其一，我国的商标立法没有条款明确否定指定使用在商品上的常用或惯用标识的显著性，尽管该条款存在于欧美国家的立法之中。因此，引入独创性条款可以避免法条适用模糊带来的不便。其二，如果直接依据常用或惯用标识来否定申请商标的显著性，则存在举证责任的问题，无论商标审查机关还是法院都无法完全漠视该举证责任的存在。但在著作权法领域，对于作品独创性的认定，司法惯例即是不需要举证的，原因之一是我国的司法实践对于独创性的创造性程度要求较低，这与美国的做法相仿。

因此，商标标识的独创性可以作为其显著性认定的依据。但审查机关和法院应当明确而直接地适用"常用或惯用标识不具有显著性"的认定规则。在立法层面缺失该规则规范的情况下，可以依据《商标法》第11条第1款第（3）项，将其解释为其他不具有显著性的情形之一。实际上，有关法院已在近年的有关立体商标显著性认定的案件中适用了该规则，只是从表面上看还若隐若现。

---

❶ See OHIM, The Manuel Concerning Proceedings Before the Office for Harmonisation in the Internal Market (Trademarks and Designs), Part B, Section 4, p. 32.

4. 描述性标识的认定

描述性标志与产品或服务具有密切的关系，它不仅是同行业经营者所必需的标志，也是相关公众无法据以识别提供者来源的标志，因此不具有显著性，不能被注册为商标。根据我国《商标法》第11条，仅直接表示商品的质量、主要原料、功能、用途、重量、数量及其他特点的标志，不具有显著性。该条款从三个方面规定了描述性标志的认定条件。首先，"描述性"的外延，即怎么才算是对于产品或服务的描述？法条非穷尽性地列举了"质量、主要原料、功能、用途、重量、数量"，《商标审查标准》中有很多典型例子；如，

质量：纯净 Chunjing，指定使用商品：食用油；

主要原料：彩棉，指定使用商品：服装；

功能、用途：SAFETY，指定使用商品：漏电保护器；

重量：50kg，指定使用商品：米；

数量：50支，指定使用商品：香烟；

消费对象：醫生，指定使用商品：医疗手术用手套；

风格、风味：果味夹心，指定使用商品：饼干；

使用方式：冲泡，指定使用商品：方便面；

生产工艺：腊染，指定使用商品：布；

服务时间：24小时，指定使用服务：银行；

销售场所或地域：酒轩，指定使用商品：白酒；

技术特点：蓝牙，指定使用商品：电话机。

首先，可以说，凡是对于产品或服务的某个方面的特点的表述都属于"描述"。由此可以有两点推论：其一，与产品或服务的特点无关的标志，不能认定为描述性标志，但可能是惯用或常用标志。这一区分的意义在于：描述性标志的认定取决于对标志与产品或服务特点关系的分析，而惯用标志的认定需要证据的支持。其二，描述性标志是表述商品或服务某方面特点的标志，而不是表述商品或服务本体的

标志，后者是通用标志，两者在性质上不同。另外，与产品或服务相关的元素展现不都是产品或服务的特点描述，应考虑该特点对于产品或服务一般销售信息传递的影响，即对于同行业竞争者的利益影响，对于非必需性特点的描述，不易认定为不具有显著性的描述。比如，欧盟商标局上诉机构核准了茶壶形状在茶叶产品上的注册，如图 3-5 所示。该机构认为，每个商标都不是产品自身的描述，也不是茶叶产品包装上的常见图形，也不是对于惯常泡茶场景的照片式展示。❶

R 1290/2005-4　　　R 1291/2005-4　　　R 1292/2005-4

图 3-5　茶壶形状商标

其次，只有直接描述的标志才不具有显著性，这意味着间接描述的标志不在《商标法》第 11 条第 1 款第（2）项排除显著性的标志之列。这是描述性标志和暗示性标志之间的区别，后者需要经过相关公众的思考或联想才能发现其对产品或服务特点的描述。也正因为如此，暗示性标志的产生往往带有一定的创意，也因此不是相关公众所必需的，因此，具有显著性。比如，欧莱雅公司的"因为你值得拥有（Because you're worth it！）"对于"化妆品"等产品就是对品质的间接描述：我们的产品品质很高，你作为消费者品质和品位也高，因此你值得拥有我们高品质的化妆品。Lighteris greenner 对于"汽车零配件"等产品是间接描述其重量轻便的特点：绿色寓意环保，汽车零配件重量越轻则车辆耗油越少，也就越节约能源和越减少污染气体排放。Protect today for tomorrow 对于母婴护肤用品而言也是间接描述其功能：保护今天的小孩就是保护明天的成人。

在"美丽不打烊"案❷中，黄某于 2009 年 1 月 6 日向国家工商行政管理总局商标局申请注册"美丽不打烊"文字商标，申请号为 7150928，指定使用在国际分类第 25 类商品。商标评审委员会认为，

---

❶ Decision of the Fourth Board of Appeal of 11 May 2006 in Cases R 1290/2005, R 1291/2005 and R 1292/2005（German）.

❷ 见商标评审委员会商评字〔2012〕第 00799 号《关于第 7150928 号"美丽不打烊"商标驳回复审决定书》，北京市第一中级人民法院（2012）一中知行初字第 1583 号行政判决书和北京市高级人民法院（2012）高行终字第 1509 号行政判决书。

申请商标由短语"美丽不打烊"构成，该短语可被理解为"美丽无限、保持美丽"的含义。若作为商标使用在服装等商品上，缺乏注册商标应当具有的显著特征，也不易使消费者将其作为商标进行识别。北京市第一中级人民法院认为，"打烊"一词一般理解为店铺、商店关张或歇业，"美丽不打烊"并非汉语中常用的词汇或搭配形式；"保持美丽、美丽无限"的含义是申请商标的相关公众需一定程度的联想之后才能得到的含义，故申请商标相对于其指定使用的商品而言，并非直接描述性标志，而系暗示性标志。

最后，不具有显著性的标志是仅由直接描述性标志构成的标志。这表明，如果直接描述性标志和其他元素相结合是可以具有显著性的。这就回到了从商标的整体判断其显著性的方法。在 labrioche 及图商标异议案❶中，申请商标由法语单词 labrioche（意为奶油面包或奶油圆球蛋糕）和一个简约图形（见图 3-6）组成，指定商品为饼干、蛋糕、面包等。二审法院认为，申请商标中的文字即指奶油面包或奶油圆球蛋糕，其直接表示申请商标指定使用的蛋糕、面包等商品或其主要原料，不会使相关公众将其认为表示商品特定提供者的商标，不具有识别性。法院没有充分重视该案申请商标与 La brioche 这一单词之间的显著差别，尤其是申请的图形与文字的巧妙组合所产生的独特性。La brioche 一词所描述的产品的通常形状如图 3-7 所示，申请商标所用的图形元素与产品本身的写实形状差别明显，它是一个对于立体面包顶部形状的侧面写意简笔图；labrioche 单词中的字母 b 和字母 h 的竖写笔画分别在左侧和右侧以对称的方式与表示面包顶部形状的图形相结合，使得申请商标的整体构图成为一个写意的圆面包。这两方面的创意结合在一起，不仅使申请商标不是仅由描述性元素构成的标识，而且使其明显区别于对产品的一般描述或简单描述。在专利的创造性审查中，要求审查员不能以"事后诸葛亮"的方式看待发明，在作品及商标标识的独特性考察中也应当适用同一要求。该申请商标的上述创意及其表达形式使得申请商标足以具有区别于描述性或常见的标识，从而具有显著性。而另一方面，该商标的注册也不会损害同行业竞争者的利益，因为其商标权范围不及于 labrioche 这一单词而仅限于由上述特征所限定的独特表现形式。当然，直接描述性标志加上其他元素并不都能具有显著性，仍需增加的元素使得商标整体具有显著性。

---

❶ 见北京市高级人民法院（2012）高行终字第 1725 号行政判决书。

图 3-6　labrioche 商标

图 3-7　La brioche 一词所描述的商品

三、获得显著性的认定

不具有固有显著性的标志通过长期、广泛地市场使用会使相关公众将该标志就某种商品或服务与特定的提供者建立唯一的联系,从而获得区分该商品或服务来源的功能,该标识就具有了获得显著性(acquired distinctiveness, secondary meaning)。《商标法》第 11 条第 2 款规定,前款所列标志(通用标识、描述性标识和其他不具有固有显著性的标识)经过使用取得显著特征,并便于识别的,可以作为商标注册。TRIPs 第 15.1 条也规定,对于不具有固有显著性的标识,WTO 成员方可以将获得显著性作为注册的条件。

1. 获得显著性的解释

首先,获得显著性规则存在于商标注册取得制度中:某个标识的使用并不能直接引起商标权的产生,而是评判其是否满足商标注册条件的依据,只有取得了注册才能获得商标法的保护。其次,获得显著性规则仅适用于不具有固有显著性的标识,对于具有固有显著性的规则,无须也不应再评判其经使用获得显著性的情况。不具有固有显著性的标识,比如,描述性标识,通常都具有自身的与产品或服务相关的含义,而如果经过长期而广泛的使用,相关公众看到该标识就知晓使用该标识的产品或服务来自某个特定提供者,该标识也就具有了表征来源的含义,这就是英美法上所称的"第二含义"(secondary meaning),相对于该标识不具有固有显著性的本来含义而言。再次,从我国《商标法》的规定看，任何不具有固有显著性的标识都可以经使用产生获得显著性，包括通用标识。但实际上，同行业竞争者是无论如何都要通过通用标识来表示相关产品或服务的，因此，如果一个通用标识通过使用获得了显著性，它已经不再是通用标识了。另外，功能性标识不可能经过使用产生获得显著性。一方面，这是因为此类标识是竞争者所必需的标识，不能通过商标权予以保护。另一方面，非功能性的描述性标识等可以通过使用方式的不同来实现商标权人和其他经营者之间的利益平衡——商标权人有权禁止他人以商标的形式使用描述性标识，其他竞争者有权以描述性方式使用该标识，因此，两方的利益是可以通过这种方式来协调。但功能性标识，比如产品的形状，是不存在可以协调双方利益的不同使用方式的。最后，获得显著性产生于相关标识的商业使用行为，在使用中为相关公众所知，但使用行为本身还不符合获得显著性的认定条件，还需要标识使用行为使得相关公众将该标识与特定产品或服务提供者产生特定联系，这后一个条件因使用行为而引起的结果性条件。获得显著性规则就是在法律上承认"相关公众—产品或服务—不具有显著性的标识—特定提供者"这一事实状态可以受商标法保护的正当利益所在，核心的就在于认定这一事实状态，再根据当事人的申请对其提供保护。获得显著性的权益产生于相关标识与特定产品或服务提供者之间的对应关系这一事实状态，从民事权益产生的理论来看，这属于事件而非法律行为引起民事权益产生的情形，因此，标识使用者是否在标识的使用中存在意欲产生商标权的意思表示不是获得显著性规则下的权益产生条件。这与注册商标申请是当事人的意思表示行为不同。

2. 获得显著性的证明

获得显著性的认定中，证据是个重要方面。此类认定的核心就在于证明存在上述特定联系的事实状态。在商标驳回复审或无效程序中，商标申请人或注册人负有对获得显著性存在的举证责任。而显著性作为商标注册的绝对条件，以此为理由的无效申请是没有期限限制的，因此，商标注册人应妥善保存好关于获得显著性的证据。关于获得显著性的最直接的证据就是消费者调查问卷，具有多样性和代表性的相关公众调查问卷结果直接表明相关公众是否将某个标识认知为产品或服务提供者的指示标识。值得注意的是，这一事实状态的证明中，并不需要证明相关公众明确知晓相关标识所对应的产品或服务提供者是谁，只需要知晓该标识对应于某个产品提供者或能区分产品来源即可。间接证据包括相关标识的各种形式、各种载体、各种商业活动中对该标识的使用证据。值得注意的是，此类使用证据不仅要能证明存在标识使用行为，而且相关标识的使用是商标意义上的使用，即以能表征产品来源的方式来使用。这种使用方式并不好定义，但应是以某种不同于描述或说明产品的方式使用，并能引起相关公众的注意。另外，除了支持获得显著性认定的证据和事实外，还存在否定获得显著性的证据和事实，比如，竞争者对于该标识的使用行为。在雀巢方形瓶案❶中，不仅商标注册人雀巢公司提交了大量对于方形瓶的使用证据，无效申请人也提交了大量同行业竞争者使用方形瓶的证据。法院认为，由于同行业经营者对于涉案商标的使用使得争议商标的固有含义被强化，在此情况下，第三人如欲证明争议商标已经过使用获得显著性，则应满足更高的知名度举证要求。值得注意的是，不同经营者对于同一不具有固有显著性标识的使用，并不必然导致获得显著性被否定，甚至可能存在多个主体同时对同一标识建立不同的获得显著性的可能：比如，不同经营者以表现形式区别明显的不同方式使用同一描述性标识。

获得显著性的证明中还存在量化的问题。理论上，相关标识的使用行为应当使得全国范围内的相关公众都对该标识与特定产品或服务提供者之间的联系存在认知。实践中，商标评审委员会和法院在2010年之前对于获得显著性的证明要求比较低，2010年开始在一系列与立体商标相关案件中，法院提高了对获得显著性认定的证明标准要求。这里也存在利益衡量的问题。一方面，不具有固有显著性的标识基本都是同行业竞争者所必需的标识，比如直接描述性标识，不应由某个经营者享有独占权。另一方面，如果某个经营者对该标识的使用确实在一定范围的相关公众的认知中成为来源识别标识，则应当对其利益予以保护，因为商誉的保护是商标法和反不正当竞争法的价值目标所在。在 2014 年的 Oberbank AG, Banco Santander/Deutscher Sparkassen-und Giroverband eV (redcolour) 欧盟商标案❷中，一家德国银行在第 36 类金融服务上注册了红色颜色商标，另两家德国银行以缺乏显著性为由对该商标提起了无效申请。德国的司法实践要求，消费者调查报告必须证明 70% 以上的相关公众知晓涉案商标才能认定获得显著性的存在。欧盟法院认为，获得显著性的认定不能仅依

---

❶ 见北京市第一中级人民法院（2012）一中知行初字第 269 号判决书。
❷ Cour de justice UE, 19 juin 2014, C-217/13 et C-218/13.

据百分比这样的笼统、抽象的数据，而应对案件中的各方面因素进行综合考量，消费者调查报告只是这些因素之一，而且不应成为唯一的决定性因素。回到上述利益衡量的分析，对于其所使用的不具有固有显著性的标识仅在较小范围内存在知名度的经营者而言，如果就同行业经营者都必需的该标识赋予该使用者全国范围内的独占权，则对于同行业经营者的损害比对于该经营者较小范围内的正当利益保护为大，违反了比例原则。我国《反不正当竞争法》对于此种情形中的经营者提供了保护，《最高人民法院关于审理不正当竞争民事案件应用法律若干问题的解释》第2条借鉴了2001年《商标法》第11条的规定，允许通用标识、描述性标识和其他不具有固有显著性的标识通过使用成为知名商品特有的名称、包装装潢。这样，这些局部范围内的利益就可以得到与其知名度范围相适应的保护。

3. 获得显著性认定的时间点

获得显著性的认定还有个时间点问题。我国的商标驳回复审或无效宣告实践中，审查机关要求商标申请人或注册人要求获得显著性应当存在于商标的申请日。根据欧盟2008/95号《欧盟商标指令》第3条第3款，申请商标应当在注册申请日之前具有获得显著性；但欧盟成员国也可以规定获得显著性也可以产生于申请日之后或者注册日之后。❶从理论上说，获得显著性应在注册商标权的产生之日（注册商标的保护期起始日）已经存在，因为它是不具有固有显著性的标识受商标法保护的必要条件和正当性基础。欧盟、法国和德国的商标保护期都始于申请日，因此，要求获得显著性存在于商标申请日是合理的。我国的商标保护期始于核准注册日，因此，如果申请商标在该日期具有了获得显著性则也符合对其予以保护的条件。如果认为注册日之后产生的获得显著性也满足商标注册条件，则会存在不合理的情况：比如，某经营者将描述性标志获得注册，再通过该注册商标权禁止竞争者使用该标志，从而造成市场上只有它单独将该标志用作商标的情形。这是在不存在正当利益和不满足法律条件的情况下变相享受了法律保护再创造出所要保护的权益。

---

❶ 欧盟的条例都具有在欧盟和成员国内直接适用的效力，因此不需要也禁止成员国通过另行国内立法予以转化；但指令都是以协调各国国内法为目标，不具有直接适用的效力，都需要各国通过国内立法予以转化适用，因此，在不能达成一致的领域都给各国留下选择的余地。

第四章

立体商标的显著性认定

在比较法上，立体商标的审查主要存在三个方面的问题。一是适格性问题，即需要确定立体商标是否属于可以构成商标标识的元素；二是显著性认定问题，即如何认定立体商标是否具有识别不同经营主体的能力；三是功能限定问题，即如何认定立体标识属于为获得特定技术效果或实现特定功能所必需的形状或属于赋予商品实质性价值的形状。关于第一个问题，在判例法国家，英国和美国的法院最初出于保护自由竞争的公共政策目的而拒绝对任何产品自身的形状和商品包装的形状给予商标权保护。❶ 但《欧盟商标指令》和美国《兰哈姆法案》都将立体商标纳入了保护范围，❷ 继而法院改变了做法，因而是这些国家的立法解决了立体商标的适格性问题。在大陆法系国家，概念法学所要求的法律解释和适用中的体系化和周延性使得立体标识一直没有被从法律规则层面排除在商标法保护范围之外。❸ 在国际层

---

❶ See Jenny Bergquist and Duncan Curley, Shape Trade Marks and Fast-moving Consumer Goods, E. I. P. R. 2008, Vol. 30, No. 1, pp. 17-24；见李明德. 美国对颜色商标和立体商标的保护 [J]. 中华商标，2002 (4).

❷ 见《欧盟商标指令》第 2 条；See 15 U. S. C. 1052, 15 U. S. C. 1125.

❸ 见李顺德. 立体商标的来源和发展 [J]. 中华商标，2002 (4). 商品外形是否可以作为商标，法国立法最初对此没有做出特别规定，但历史上很早就有承认这一保护的判决，理论很快也承认了这一保护。见 [法] 卡特琳娜·吉约曼冈. 立体商标、颜色商标及法国的实践 [J]. 中华商标，2002 (4).

面，TRIPs 第 15 条也明确规定，任何可以通过视觉感知的并具有显著性的标识都应可以被注册为商标，这表明成员方有义务接受具有显著性的三维标识的商标注册。❶ 由于 WTO 成员方的广泛性，TRIPs 的上述规定使得立体标识的商标注册适格性不会再成为问题。关于功能限定的问题，尽管知识产权国际条约没有做出规定，但该规则的必要性和有效性也在比较法上得到广泛承认，❷ 只是对其解释方法和适用范围还存在争论。❸ 然而，纵观各国的相关理论和实践，立体商标审查中存在的最大问题就是对其固有显著性的认定。

一、我国立体商标显著性认定的实践及其问题

我国近年来关于立体商标显著性认定的重要案件包括金莎巧克力案、之宝打火机案❹、三叶草密封端钮案❺、芬达瓶案❻ 和雀巢方形瓶案❼。这些案件体现出我国立体商标的显著性认定规则的变迁及其存在的问题。

1. 我国立体商标显著性认定的实践

在金莎巧克力案中，商标局以缺乏显著性为由驳回了费列罗公司指定使用在巧克力上的第 G783985 号商标申请（见图 4-1）。申请人提起了复审，认为申请商标是由四种颜色组成的独特彩色包装形状，也非相关商品上的通用包装形状。商标评审委员会认为，申请商标仅

---

❶ 这也是中国于 2001 年即将加入 WTO 之际第二次修订《商标法》时明确将立体标识纳入商标注册体系的原因所在。

❷ 李顺德. 立体商标的来源和发展 [J]. 中华商标，2002 (4).

❸ See Apostolos Chronopoulos, Trade Dress Rights as Instruments of Monopolistics Competition: Towards a Rejuvenation of the Misappropriation Doctrine in Unfair Competition Law and a Property Thoery of Trademarks, 16 Marq. Intell. Prop. L. Rev., 2012, Vol. 16, pp. 119-178.

❹ 法院判定 Zippo 立体商标具商标显著性商委会败诉 [EB/OL]. [2014-4-20]. http://www.chinacourt.org/article/detail/2008/04/id/296307.shtml.

❺ 见 2005 年 12 月 15 日国家商标局《商标驳回通知书》（ZC3975565BH1 号）；2008 年 6 月 11 日商标评审委员会《关于第 3975565 号图形商标驳回复审决定书》（商评字〔2008〕第 5706 号）；北京市第一中级人民法院 (2009) 一中行初字第 71 号行政判决书；北京市高级人民法院 (2010) 高行终字第 131 号行政判决书。

❻ 见 2003 年 11 月 20 日国家商标局《商标驳回通知书》（ZC3330291BH1 号）；2010 年 3 月 8 日商标评审委员会《关于第 3330291 号"三维标志"商标驳回复审决定书》（商评字〔2010〕第 5155 号）；北京市第一中级人民法院 (2010) 一中知行初字第 2664 号行政判决书；北京市高级人民法院 (2011) 高行终字第 348 号行政判决书。

❼ 见北京市第一中级人民法院 (2012) 一中知行初字第 269 号行政判决书；北京市高级人民法院 (2012) 高行终字第 1750 号行政判决书。

有指定商品较常用的包装形式,不具有显著性。申请人起诉后,北京市第一中级人民法院认为,商标评审委员会未就其所认定的常用形状举证;申请商标对于色彩和包装形式的选择不在常规选择范围之内,其独特创意已经使之成为申请人的标识性设计,具有显著性。

图 4-1　费列罗公司金莎巧克力立体商标图案

在之宝打火机案中,商标局和商标评审委员会分别驳回了美国之宝公司第 3031816 号指定使用在打火机商品上的立体商标申请(见图 4-2),理由是申请商标为指定商品的通用形状,不具有显著性。在详细描述了申请立体商标的整体和局部形状特点后,北京市第一中级人民法院认为申请商标的整体设计具有独创性,不在本行业的常见选择范围之内,其整体独创性已经使其具有识别性。

图 4-2　之宝打火机立体商标图案

在三叶草密封端钮案中,商标局驳回了艾默生电气公司指定使用在密封端钮(机器部件)商品上的"三叶草"立体商标申请(见图 4-3),理由是申请商标为获得技术效果而需有的商品形状。商标评审委员会在复审裁定中认为,申请商标由具立体感的图形构成,指定使用在密封端钮(机器部件)商品上,消费者不易将其作为商标加以识别,无法起到区分商品来源的作用,因而不具有显著性。在诉讼中,北京市第一中级人民法院认为,申请商标给相关公众的整体视觉印象是其所指定使用的作为机器部件的密封端纽的常用形状，申请商标中包含的"三叶草"图案并未给相关公众带来超出产品形状之外的新的视觉印象，相关公众不会将申请商标认知为区分商品来源的标记，缺乏显著特征。二审中，北京市高级人民法院认为，由于商标与商品完全重合，因此原则上不具有可以作为商标注册的显著特征，除非能够证明该三维标志已经通过使用使消费者能够通过它来识别商品的提供者。申请人关于其申请商标中三维标志上的"三叶草"图案具有独特创意、能够与同行业经营者的同种商品区分开的上诉理由，仅能说明该三维标志本身可能会受到著作权法或专利法的保护，但不能作为其申请商标具有显著特征的理由，因为显著特征要求的并非是对商品的区分而是对商品的不同提供者的区分。

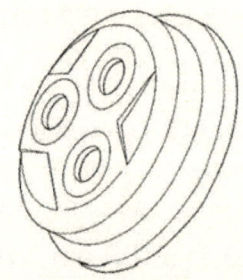

图4-3　三叶草立体商标图案

在芬达瓶案中，商标局以"申请商标为盛装饮料常用容器，用作商标缺乏显著特征"为由，驳回了可口可乐公司申请的指定在饮料等商品上的第3330291号"三维标志"商标（见图4-4）。商标评审委员会在复审裁定中认定，申请商标用于无酒精饮料等商品上，易被相关公众识别为指定商品的包装装潢，不具有区分商品来源的识别作用，缺乏商标应有的显著特征；且可口可乐公司提交的证据不足以证明该三维标志通过使用已起到商标的区别作用。申请人起诉后，北京市第一中级人民法院认为，虽然申请商标有若干设计，但是通过整体观察和综合判断，相关公众易将申请商标作为一种饮料的包装容器加以识别，而不易将其作为区分商品来源的立体标志加以识别。二审中，北京市高级人民法院认为，申请商标是其所指定使用的饮料类商品的容器外形，其设计的独特性不能证明该标识的显著性，独特的商品容器设计可以得到著作权法或专利法的保护，但不能作为申请商标具有显著性的理由。

图 4-4　芬达瓶立体商标图案

在雀巢方形瓶案中,雀巢公司指定使用在食用调味品商品上的第 G640537 号"方形瓶"立体商标(指定颜色为棕色和黄色,见图 4-5)申请被商标局驳回,理由是该三维标识通常会被消费者认为是商品的容器,其本身难以起到区分商品来源的作用。商标评审委员会在复审裁定中认定雀巢公司的使用证据证明了申请商标具有获得显著性,该商标从而获得注册。❶ 2009 年,味事达公司对该商标提起了撤销申请,其主要理由是,争议商标指定使用在习惯以棕色方形瓶作为常用包装、容器的"食品香料"上,缺乏显著特征。商标评审委员会认为,争议商标经过长期大量使用已经具有了获得显著性。申请人起诉后,北京市第一中级人民法院认为,从整体上看,与平面商标相比,三维标志具有相对较低的固有显著性;当申请商标是指定使用商品自身的形状或其包装的形状时,相关公众通常会将其认知为商品的包装或商品本身的形状,而并不会将其作为商标认知;与平面标志不同,三维标志的固有显著性判断不受其是否独创或是否系臆造所影响。二审法院维持了该判决并肯定了其理由。

图 4-5　雀巢公司方形瓶立体商标图案

---

❶ 见《法务通讯》2007 年第 3 期。转引自:汪泽. 立体商标的审查——《商标审查标准》解读之二 [J]. 中国专利与商标,2008 (2).

2. 我国立体商标显著性认定的规则及其问题

根据以往的商标审查和司法实践，在构成立体商标的三维标识中，以下类型标识的显著性认定通常不存在问题：一是与指定商品没有任何关系的立体形状；二是含有文字、图形等其他显著成分的立体标识；三是经过明显独特设计或具有独创性的三维标识；四是具有获得显著性的三维标识。理论和实践中最难认定的是商品自身形状和商品包装形状的固有显著性。根据早前金莎巧克力案和之宝打火机案所适用的显著性认定规则，如果产品自身的形状或其包装的形状具有独创性，则会被认定为具有固有显著性。但之后三叶草密封端钮案、芬达瓶案和雀巢方形瓶案的实践表明，法院正在尝试确立新的三维标识显著性认定规则，一是商品自身形状和包装形状的设计独特性与其作为三维标识的固有显著性之证明无关；二是商品自身形状和包装形状都不具有固有显著性，因为相关公众只会将其作为商品自身形状或包装形状认知，而不会将其作为商标认知。

上述规则如果确立，将彻底颠覆现行的三维标识显著性认定实践。但要确立这些规则，至少需要妥善解决以下问题，即商品自身形状或包装形状在设计上的独创性与三维标识显著性的证明是何种关系？如何能证成相关公众对于商品自身形状和包装形状固有属性的认知会阻止其通过这些形状来区分商品来源？

二、商品形状或包装形状的独创性之于立体商标的显著性

从金莎巧克力案和之宝打火机案以及商标局和商标评审委员会以往的审查实践可以看出，无论是申请人对于商标显著性的论证，还是法院及商标局和商标评审委员会的审查决定，均将商品自身形状或包装形状的设计独创性或独特性作为显著性认定的重要依据。这体现在：凡是具有明显独特设计的三维标识都被当然认定为具有固有显著性；在有关设计的独创性不明显时，显著性认定的核心就在于对独创性的查找和论证。如前所述，著作权法上的独创性标准中的创造性要素对于商标法上标识的显著性认定具有重要意义。在前述金莎巧克力案中，法院通过分析申请商标的颜色构成和形状设计与现有标识的不同来认定独创性的存在，进而依据该独创性认定了显著性，这是没有问题的。但是，独创性之于显著性的作用必须在上述层面上才有意

义。在之宝打火机案中，法官对于独创性的认定偏离了这一方向。在该案中，申请商标是一个造型非常简洁的打火机产品，法官在分析其形状、线条和比例之后，认为其具有独创性，不在该行业常见选择范围之内，因而具有显著性。实际上，如前所述，这一独创性认定依据的是独创性的内的方面，即表达之于思想的创造性，这种内的方面的独创性对于商标显著性的认定没有意义。在之宝打火机案中，法院的不当之处就在于其认定显著性的依据不是独创性的外的方面的认定结果，而是内的方面的认定结果，即法院其实是通过分析申请商标的立体形状如何表达了一种简洁抽象的美而认定其具有独创性。

实际上，商品或包装形状作为立体商标的申请被驳回的主要原因仍在于申请的形状是否与商品或包装的常用或惯用形状相同或不易区分。欧盟普通法院在 2016 年 2 月 24 日的判决❶中驳回了可口可乐公司不带槽纹的瓶子立体商标（见图 4-6）。其主要理由是：指定在容器、饮料商品上的该瓶子的形状与指定商品或商品包装的惯常形状差别不大，难以与后者区分，从而相关公众不易通过该形状识别提供者来源。

图 4-6　可口可乐公司的不带槽纹的瓶子立体商标图案

三、常用标识或惯用标识的显著性否定规则的适用

商标局在金莎巧克力案和雀巢方形瓶案中，北京市第一中级人民法院在三叶草密封端钮案和雀巢方形瓶案中，都曾将"申请商标是指定商品或其包装的常用或惯用形状"作为否定显著性的理由之一。但北京市高级人民法院在相关案件的终审判决中，则没有着重分析和

---

❶ CJEU T-411/14 of 24 February 2016, parag. 45-55.

适用商标审查机关和一审法院曾依据的这一理由，这并不是其疏忽该理由，而是主要在于回避举证责任的问题。

1. 常用标识或惯用标识认定中的举证责任

这里的举证责任问题就表现在，审查员或法官在没有证据的情况下如何得出了申请商标是指定商品上的常用或惯用形状的结论？或者说他们是否有义务就指定使用商品上的常用或惯用形状进行举证？在这一问题上，有学者认为审查员和法官不举证是借鉴了美国沃尔玛案❶的做法，在该案中法官认定应由商标申请人对申请商标的显著性承担举证责任。但实际上，该案的举证责任与常用或惯用形状的举证责任所针对的不是同一事项：在沃尔玛案中，法官是在一概否定商品自身形状的固有显著性之后，让申请人承担对获得显著性的举证责任；而上述中国的相关案件所涉及的是在固有显著性的判断中对常用和惯用形状认定的举证责任。按照正常的逻辑，商标局和法院应当对其所认定的常用或惯用形状承担举证责任。在金莎巧克力案中，北京市第一中级人民法院根据行政诉讼法认定，商标局应当对此承担举证责任，否则其对事实的认定就没有依据。❷ 根据《行政诉讼法》第32条规定，被告对做出的具体行政行为负有举证责任，应当提供做出该具体行政行为的证据和所依据的规范性文件。因此，商标局和商标评审委员会有义务对常用和惯用形状承担举证责任。但该案所确认的这一举证责任并没有在后来的商标局或商标评审委员会审查程序中被采用，也没有被法院严格贯彻。应当说，这一举证责任的规定对于保证商标审查的质量和防止行政权滥用具有重要意义，但实践中对常用或惯用形状进行举证很难。对该举证行为的严格实施，就意味着有关商品的审查员需要检索信息，这在实践中是很难实现的。一方面，与专利局在专利审查过程中检索在先技术不同，商标领域并不存在类似专利数据库的商品常用标识信息库；另一方面，中国商标申请量连续多年全球第一，审查工作量很大，难以顾及证据检索。其他国家的商标局也很少就商品或包装的常用或惯用形状对商标审查员设定严格的举证责任。比如，在 Standbeutel 案❸中，就瓶子或商品容器的基本形状和常用形状的认定，欧盟法院仅建议审查员对于市场上相关商品的瓶

---

❶ See Wal-Mart Stores, Inc. v. Samara Brothers, Inc., No. 99-150, 529 U.S. 205 (2000).
❷ 见佟姝."金莎"巧克力立体商标跨洋诉讼 [J]. 中国审判, 2008 (4).
❸ See Case C—174/04 Commission v Italy [2005] ECR 1-4933, [12].

子或容器使用情况进行检索。但对于通用标识，欧盟内部市场协调局的审查指南则要求审查员对此提供证据，尽管实践中该证据通常仅来自网上搜索。为保证商标审查的质量，同时也考虑到在先标识检索的技术可行性，可以要求审查员对于常用或惯用的商品或包装形状进行网络证据检索。但是，在北京法院即将确立的新的审查方法中，上述举证责任被认为不再重要。

2. 举证责任的规避

在芬达瓶案中，申请人仍然依据金莎巧克力案所确认的规则，认为商标局没有对申请商标是常用包装形状的事实认定提供证据，违反其作为具体行政行为做出机关的举证责任。但北京市高级人民法院认为，标志的显著特征应当根据该标志与其所标示的商品或服务的关系来判断，即该标志与商品或服务本身越不相关，其显著特征越强；该标志与商品或服务本身的联系越密切，则其显著特征越弱。显著特征的有无系商标审查机关和法院根据《商标法》的规定对申请注册的商标与其指定使用商品之间是否具有关联性、具有何种程度的关联性等问题所作的法律判断，实际使用该标志的证据虽对显著特征的判断起到一定作用，但并非没有此证据就不能做出判断，法院由此驳回了可口可乐公司的该上诉理由。这其实是在主张直接适用一个上位规则（由商标显著性的内涵推导得出：显著性判断就是对商标与所指定使用的商品或服务的关系远近的判断），而不必适用下位规则（常用或惯用标识排除规则就是用于判断该关系远近的规则之一）。这意味着该上位规则不再需要该下位规则的辅助了，即废弃了该下位规则在某些情形中的适用。但就下位规则与上位规则的关系而言，这是不可能的。因此，这意味着必须有替代性的规则来填补，否则上位规则难以得到适用。这就是法官随后所引入的新的认定方法，即相关公众对于商品形状或包装形状的认知习惯。这在表面上意味着商标局和法院将不必再依赖常用或惯用形状的排除规则来驳回有关立体商标的注册申请，因而举证责任的问题被规避了。但这一新的规则本身及其适用仍存在多个有待解决的问题，而且举证的问题仍然隐藏在背后。

四、相关公众对于商品形状或包装形状的认知习惯认定

自 2010 年以来，北京市高级人民法院和北京市第一中级人民法

院先后在三叶草密封端钮案、芬达瓶案和雀巢方形瓶案中使用了有关商品和包装形状立体商标显著性审查的前述新方法。以芬达瓶案为例,北京市第一中级人民法院认为,通过整体观察和综合判断,相关公众易将申请商标作为一种饮料的包装容器加以识别,而不易将其作为区分商品来源的立体标志加以识别。北京市高级人民法院则指出,以商品容器的外形作为三维标志申请注册立体商标的,其显著特征的有无并不是因为容器本身设计的独特,而是因为这种设计能够起到区分商品的不同来源的作用;如果商品的容器本身虽能够与其他同种商品的容器相区别,但是不能从其本身识别该商品的提供者,则只有在该容器经使用能够让相关公众识别其来源后才具有显著特征。在最新的雀巢方形瓶案一审判决中,法官尝试对该标准做出更详细的论证。北京市第一中级人民法院认为,如果某一标志无法使相关公众将其作为商标认知,则该标志原则上不具有固有显著性;通常而言,对商品或服务特点(如质量、功能、包装、颜色等)进行直接描述的标志,因会使相关公众将其认知为商品或服务的相关特点,无法起到区分商品或服务来源的作用,故不具有固有显著性;相关公众看到商品形状或包装形状的三维标志时,通常会将其认知为商品的包装或商品本身的形状,而并不会将其作为商标认知,因而没有显著性;对于三维标志,影响相关公众认知的因素为使用方式,而非标志本身,这一判断原则使得三维标志的固有显著性并不会受其是否独创或是否系臆造所影响。法院在上述判决中所推导出的商品形状和包装形状不具有固有显著性的结论性规则,存在法律依据缺失和政策考量不当的缺点;其就相关公众对于商品形状和包装形状的认知习惯的认定,则存在论证逻辑不成立和证据不足的问题。

1. 否定商品形状和包装形状固有显著性的法律依据问题

我国《商标法》中有关商标显著性的条款有四个。其中,第 8 条规定了可以构成商标标识的元素,其中明确包括三维标识;第 9 条对于申请注册商标的显著性做出了一般性的规定要求;第 11 条列出了不具有固有显著性的标识种类;第 12 条排除了功能限定性三维标识的固有显著性。因此,没有法律条文明确排除商品或包装形状这两类三维标识的固有显著性;而从法律解释的角度也不应得出此类商标应被否定固有显著性的结论。上述四个条款中有两个明确提到三维标识,这说明立法者对于立体商标给予了特别关注,而三维标识功能限定条款紧挨着固有显著性排除条款，因此，如果立法者认为三维标识没有固有显著性，必然会在第 11 条中将其列为与通用标识和描述性标识并列的标识类型。而这种立法条文的缺失本身就表明，排除此类标识的固有显著性既不符合立法者的意图，也不符合法律文本的解释方法。

2. 否定商品和包装形状固有显著性的竞争政策考量问题

在立体商标的显著性认定中，与竞争相关的政策考量体现在功能限定性条款上，而且仅应在该条款的范围内予以考量。❶ 因为被功能限定的三维标识之所以被从法律上否定可以获得商标保护的可能，就是因为这些标识是其他竞争者所必需的，如果赋予某个经营者以独占权，就会剥夺其他竞争者生产和销售相同和类似商品❷的权利，从而损害竞争。❸ 反过来讲，不属于功能限定的商品或包装形状就不是竞争者所必需的，因而也就没有理由剥夺某个经营者将其注册为商标的权利。如果说自由竞争是一项市场经济的基本政策和法律原则，那么工商业自由也是市场经济的一项基本政策和法律原则，经营者选择商标标识的自由也应当予以保护。

美国联邦最高法院的沃尔玛案经常被引用，因为法院在该案中对于商品包装形状的固有显著性认定所确立的限制性规则主要是以自由竞争为政策依据的。该案的做法对中国上述司法规则的确立并无借鉴意义，实际上法官在该案中的竞争政策考量是失当的。在该案中，系争的立体商标标识为儿童泡泡纱服装的款式形状，款式形状对于此类商品而言属于赋予产品实质性价值的形状，因为款式形状足以决定消费者的购买选择。因此，该案应当适用的是美国《兰哈姆法案》关于功能限定的条款❹。另外，法官在该案判决书的论证中所举的类比例子是企鹅造型的鸡尾酒调酒棒，这种产品形状对于该类产品而言也

---

❶ 见钟鸣. 用商品及其包装容器形状申请注册立体商标的审查 [J]. 人民司法，2012 (24).

❷ 在这种情况下，"商品"概念就不是一个属概念，而是某种特定类型的产品。

❸ 而且与描述性标识不同，功能限定的三维标识不能通过获得显著性得到商标注册。这是因为，对具有获得显著性的描述性标识享有商标权的经营者仅有权禁止他人将该标识用作商标，因此不影响其他经营者以描述方式使用该标识，因而个人利益和公共利益可以协调。但就三维标识而言，不存在这种使用方式的不同，因而也没有两种利益可以协调的余地。

❹ See 15 U.S.C. § 1052 (e).

是赋予其实质性价值的形状，因为也是该造型足以决定消费者的购买选择。❶ 此外，美国联邦最高法院还认为，对商品自身形状的固有显著性认定将对市场竞争造成障碍，不利于新产品形状的开发和产品多样化的发展，因为新进入市场的中小企业会面临商品形状商标权人的追诉。但问题在于，法院并没有对保护商品形状商标与新商品形状的开发及商品多样化的发展之间的关系给出有说服力的经济分析。从另一个角度看，如果市场上具有固有显著性的商品形状被注册商标专有权所保护，则其他竞争者将不得不开发新的商品形状，这却是有利于商品多样化的发展。此外，非功能限定的商品形状并不是其他竞争者所必需的，因而其他经营者对其也就不享有正当利益。相反，如果对具有固有显著性的商品形状要求证明第二含义才给予商标保护，则真的会损害工商自由并妨碍竞争，因为中小企业在成立之初无力建立第二含义，让其自己设计的非竞争所必需的形状为其他竞争者任意使用，这反而使它们的正当利益被没有正当理由地限制和剥夺。

因此，从保护自由竞争的政策考虑，也不应一概否定商品和包装形状的固有显著性。

3. 对相关公众认知习惯认定中的论证逻辑问题

如前所述，法院认为商品形状和包装形状会被相关公众认知为其商品形状和包装形状，因而不会将其认定为识别商品来源的标识；它们可以区分不同的商品，但不能区分不同的经营者。这一判断的大前提就是，如果一个标志具有甲功能，就不会具有乙功能。这一逻辑成立的条件是甲、乙两种功能之间是互相排斥的。那么怎么能证明表征商品或包装形状的功能或区分不同商品的功能与表征商品来源的功能是互相排斥的呢？法国反不正当竞争法上有关禁止"寄生行为（parasitisme，即搭便车行为）"的规则和德国反不正当竞争法上的禁止模仿规则，其主要目标和效果就是禁止对他人的独创性产品形状或包装形状进行复制性或模仿性使用，而该制度的主要理论依据就是混淆理论，而且混淆的认定并不以被模仿产品的知名度为条件，这表明，足够独特的产品形状或包装形状被认为起着标识来源的功能。美国联邦最高法院则对上述逻辑在商品包装形状上的适用有着完全相反的认识：其在沃尔玛案中明确指出，尽管商品自身的形状不会被相关公众

---

❶ Michael S. Mireles, Jr. Aesthetic Functionality, 21 Tex. Intell. Prop. L. J. 155; Post Kirkbi and Teresa Scassa, The Doctrine of Functionality in Trade-Mark Law, 21 I. P. J. 87.

作为识别商品来源的标识来认知，因而没有固有显著性，但商品包装的形状与文字商标一样可以具有固有显著性。这表明美国法院认为，商品形状和包装形状尽管被相关公众认知为商品包装，但不影响它们同时被作为识别商品来源的标识来认知，而且在构成商标的标识中，同时具有双重功能的标识种类本来就很多。比如，"307"商标同时是特殊的汽车型号，"伟哥"商标同时是特殊的产品名称，这些商标都不是我国《商标法》第11条所规定的通用名称或型号，因而具有固有显著性。再如，与商品没有关系的装饰性三维标识（如奔驰汽车的立体商标）同时起着装饰和识别作用。按照前述逻辑，这些标识都不具有固有显著性。

4. 对相关公众认知习惯认定中的证据问题

在法国，商品外形很早就被认为可以具有固有显著性从而得到商标保护，而包装的外形被认为是商品本身一个十分显著的部分，可以吸引消费者注意并指明商品的来源。在美国，法官在沃尔玛案中明确指出，商品自身的形状不会被认知为商标，商品包装的形状却和文字商标一样会被消费者认知为识别商品来源的标识。这背后的依据也是相关公众的认知习惯，而这一认知习惯来源于经营者的商标标识使用实践，即如果市场上经营者多会将包装作为区分其商品的标识，则相关公众就会有将其认知为商标的习惯。因此，从根本上而言，这是对于市场上将商品形状和包装形状用作区别性标识的经营者习惯的判断。在这方面，中国、法国、美国的市场不应有大的差别，而三个国家的法院却有着截然相反的判断，这里就必定存在主观认识与市场实践不符的问题。在法律论证层面，问题还在于，美国和中国这种"一刀切"的做法是难以成立的。

美国法院的这种"一刀切"的做法有其商标法发展演变中的大的背景原因和法院依据竞争政策拟定法律规则的需要。Two Pesos 案[1]和沃尔玛案是美国法上关于立体商标显著性认定的前后相接的两个著名案例。美国最高法院在 Two Pesos 案中确立了商业外观（包括产品形状和包装形状）可以具有固有显著性的规则，在之后的沃尔玛案中却将该规则的适用限于商品包装形状这一种外观，而不适用于商品自身形状构成的外观，即否定了后者具有固有显著性的可能性。但通

---

[1] See Two Pesos, Inc. v. Taco Cabana, Inc., No. 91-971, 505 U.S. 763 (1992).

过分析沃尔玛案中法官的论证和对该案的有关评论可以看到，法官之所以将 Two Pesos 案中的规则进行缩限，不是出于法律上的原因，而是出于以下考虑：一是整个美国商标法被认为对商标的保护过于广泛和优厚，因而需要予以限制；二是在 Two Pesos 案之后，很多法院对商业外观的显著性认定敞开大门；三是法院认为对商品自身形状的固有显著性认定将对市场竞争造成障碍，不利于新产品形状的开发和产品多样化的发展。在这种背景下，美国联邦最高法院一方面不想完全推翻 Two Pesos 案所确立的规则，但又需要限缩商业外观的保护范围，因而接受了沃尔玛公司所建议的区别对待商品包装和商品形状的做法。但在将这一政策需要纳入法律规则拟定的过程中，法官没有做出有说服力或合理的法律论证，而是武断地让法律服从于政策。因此，美国联邦最高法院在沃尔玛案中的做法对中国鲜有法律层面的借鉴意义。其一，该案政策性太强，而法律论证很弱。如果中国法院采纳其否定商品包装形状显著性的规则，则需要完成美国法院所没有完成的法律论证；其二，判例法国家的法官在法律规则的拟定和解释方面拥有很大的权力，但在作为沿袭大陆法系传统的中国，法官在案件审判中不应也没有规则拟定和解释的权力，因而不能够脱离法律条文的规定自行解释甚至拟定法律规则。

对于中国法院而言，就相关公众对不同种类商品的自身形状和包装形状的认知习惯认定，也不能采取没有依据的"一刀切"的做法，而应当根据对不同商品市场的三维标识使用情况分别做出判断。在这一方面，欧共体法院和欧盟内部市场统一协调局对于立体商标显著性认定规则的解释和适用颇具借鉴意义。欧盟对于立体商标的固有显著性认定遵循以下几个原则：立体商标不应被以与传统商标所不同的方式对待；没有特定类型的标识应被一律否定固有显著性；消费者对于商品形状和包装形状的认知习惯会与对传统商标的认知有所不同。基于这些原则，欧共体法院的判决和欧盟内部市场协调局确立了针对商品形状和包装形状商标的以下审查规则，即如果该形状是产品的基本几何形状或其组合，则不具有显著性；简单和普通的形状不具有显著性；越与商品很可能被意料的形状相近的形状，越可能没有显著性；申请的形状必须与该领域标准形状或通用形状显著不同；如果商品或包装的形状存在很大的多样性，普通形状的变种形状或一组形状的变种形状，不具有显著性；商品的功能性形状或特征不具有显著性（比如，肥皂被使用后的形状）。这些规则的指导原则就是要认定申请的三维标识是否与商品或包装的基本、常用或被意料的形状存在实质不同。在两个极端的情况下，对于此类商标的显著性认定没有困难：与基本或常用形状显著不同的，肯定具有显著性；与基本或常用形状没有明显差别的，肯定不具有显著性。而判例所确立的所有其他规则都是用于对处于这两者之间的情形下相关公众的商标认知习惯的认定。

这对中国的商标审查实践具有以下借鉴意义：（1）不能以相关公众对商品或包装的形状认知为由一概否定此类形状的固有显著性，因为一概否定的做法在法律理论上不成立；（2）有关商品或包装的基本或常用形状仍然是三维标识显著性判断的对比依据；（3）相关公众对有关商品或包装的商标认知习惯，要根据所涉商品上的立体标识在市场上的使用实践来认定。这就涉及不能回避的举证问题。在举证责任问题的处理上，欧盟法院的判例确立了根据不同商品的市场情况而适用的不同规则。一是在不常用三维标识作为商标的商品领域，应由申请者证明相关公众有将此类标识认知为商标的可能。❶ 比如，在戴姆斯勒汽车前脸网格形状商标案中，申请商标为汽车前脸网格的立体形状，欧盟内部市场协调局以相关公众不会将其认知为商品来源识别标志为由否定了申请商标的固有显著性。欧盟初审法院则在上诉程序中接受了申请人关于此类商品形状已经在市场上成为商品来源识别标志的证据，从而认可了其固有显著性。❷ 二是在常用三维标识作为商标的商品领域，申请人无须加以证明。❸ 那么，审查员应如何确定相关商品的立体商标市场使用情况，从而据以决定这两条规则的选择适用呢？方法就是，如前所述，欧盟法院建议审查员对于市场上相关商品的形状或容器使用情况进行检索，即给审查员设定有限的和可行的举证义务。

对中国近年相关实践的考察表明，法院正在建立立体商标显著性认定的新规则：一是不再依据商品或包装形状设计的独创性来认定三维标识的显著性，而且否认两者之间存在联系；二是认为此类标识不能被相关公众作为识别商品来源的标识来认知。但独创性有助于显著

---

❶ See Case T-194/01, Unilever v. OHIM (Ovoid tablet), [2003] E.C.R. II-383.

❷ See Case T-128/01, DaimlerChrysler Corporationv. Office for Harmonisation in the Internal Market, 2003 II-00701.

❸ See Jenny Bergquist and Duncan Curley, Shape Trade Marks and Fast-moving Consumer Goods, E.I.P.R. 2008, Vol. 30, No.1, pp.17-24.

性认定的隐含规则是，只有与指定使用商品上的常用或惯用标识不同的标识才具有显著性，因此，法院可以抛开独创性概念但不能抛弃这一规则，并且商标审查机关应对常用标识承担有限的和可行范围内的举证责任。而否定商品和包装形状的固有显著性的"一刀切"做法，既没有法律依据，也缺乏充分的法律论证，对工商业自由和自由竞争政策更不利，还缺乏对相关市场的实践证明。相对于政策性强而法律论证弱的美国判例规则，欧盟的立体商标审查规则的法律论证更为严密，对商标审查决定所依据的事实有一定的举证证明要求，规则更为可行，值得我国借鉴。

第五章

通用标志的认定

通用（generic）标志，就是在一类商品或服务上普遍使用的用于指称其名称、图形或型号的标识。一般认为，通用标志包括三种：通用名称（genericterms），比如"汽车"之于汽车；通用图形，比如 🍎 之于水果；通用型号，比如 4×4 之于四轮驱动汽车。由于通用标志是相关公众和同行业经营者都使用的用于指称一类商品或服务的标识，因此起不到识别商品或服务来源的功能，也是同行业经营者必需的标识而不能被一家经营者所独占。我国《商标法》第 11 条第 1 款第（1）项排除了通用标志的显著性。欧盟 207/2009 号《欧盟商标条例》❶ 将其涵盖在第 7 条第 1 款 d）项的惯用标志（costomary）中。通用标志不能被注册为商标，已经注册的商标如果变成了通用名称可以被撤销，后一规则是 2013 年修改《商标法》时引入的。❷ 通用名称的认定涉及"通用"的事实认定、地域范围、商品或服务的种类确定和认定的时间点等问题。

---

❶ 该条例被欧盟第 2015/2424 号条例所修改。
❷ 见我国《商标法》第 49 条第 2 款。

一、通用名称的事实认定

通用名称的认定首先是事实的认定，即相关公众普遍以某个名称、图形或型号来指称某类商品或服务。与法律上任何事实的认定一样，这取决于证据及证据的证明力，任何形式和种类的合法证据都可以用于事实的认定。法律实践中，根据所据以认定的常用证据的不同，将通用名称分为法定的通用名称和约定俗成的通用名称。《最高人民法院关于审理商标授权确权行政案件若干问题的意见》第7条规定，人民法院在判断诉争商标是否为通用名称时，应当审查其是否属于法定的或者约定俗成的商品名称。依据法律规定或者国家标准、行业标准属于商品通用名称的，应当认定为通用名称；相关公众普遍认为某一名称能够指代一类商品的，应当认定该名称为约定俗成的通用名称。被专业工具书、辞典列为商品名称的，可以作为认定约定俗成的通用名称的参考。值得注意的是，尽管国家标准和行业标准的证明力较强，它们也只是通用名称认定的证据之一，当事人仍然可以提供证据来反驳其证明力，比如，对于这些标准的制定依据和程序的质疑证据，也可以提供相反的证据证明涉案标识不是通用名称。也正因为这个原因，依据国家标准或行业标准认定的通用名称不能被称为法定的通用名称。另外，法定的通用名称和约定俗成的通用名称的分类并不严谨，国家标准或行业标准中的通用名称也可能是约定俗成的通用名称被纳入到了标准当中，因此，审查机关和法院应当结合各方面的证据认定相关公众对于涉案标识的认识。对于约定俗成的通用名称，"相关公众普遍认为某一名称能够指代一类商品"的事实难以被直接证明，因为相关公众不是个具体的主体，需要结合专业工具书、辞典、消费者调查报告等证据来认定。

二、通用名称所指称的商品或服务的类别

通用标志的认定要结合商品或服务的种类进行。棉花之于服装是原材料的描述而非通用名称。二锅头是采用白酒加工中的二锅头工

艺❶生产的白酒的通用名称，但它仅是此类白酒的通用名称，而不是白酒的通用名称。

在鲁锦案❷中，原告山东鲁锦公司于 1999 年申请注册了"鲁锦"文字商标。2007 年，原告发现鄄城鲁锦公司生产、销售的产品在显著位置标明了"鲁锦"字样，遂将其和销售商告上法庭。一审判决原告胜诉。鄄城鲁锦公司不服判决，提起上诉。二审期间，根据双方当事人的举证质证，法院经过讨论认定，自 20 世纪 80 年代中期后，经过媒体的大量宣传，"鲁锦"已成为以棉花为主要原料、手工织线、染色、织造的山东地区民间手工纺织品的通称，且已在山东地区纺织行业领域内通用，并被相关社会公众所接受，"鲁锦"织造技艺为非物质文化遗产。因此，"鲁锦"是山东地区特别是鲁西南地区民间纯棉手工纺织品的通用名称。该案原告主张"鲁锦"这一名称不具有广泛性，因为在我国其他地方也出产老粗布，但不叫"鲁锦"。对此法院认为，对于具有地域性特点的商品通用名称，判断其广泛性应以特定产区及相关公众为标准，而不应以全国为标准。我国其他省份的手工棉纺织品不叫"鲁锦"，并不影响"鲁锦"专指山东地区特有民间手工棉纺织品这一事实。本质上，该案中的通用名称认定涉及的不是名称使用的地域性问题，而是该通用名称所指称的产品类别的地域性问题。产品的类别，一方面可以根据产品的性质、用途、技术特征等做人为的纵向分类，比如，车辆、汽车、家用汽车、四轮驱动家用汽车等，另一方面也会在生活和商业实践中因为传统、文化等各种非技术原因形成由多个因素限定的独特类别，比如，鲁锦是由棉花为主要原料、手工织线、染色、织造、鲁西南地区、手工纺织品等多个因素限定的产品类别，其中包括地域性因素。

三、通用名称认定的地域范围

通用名称的认定也涉及名称的使用地域范围问题。这里主要有两种情况：一是有些种类的产品由于传统、文化等原因仅在或主要在某

---

❶ 清代中期，京师烧酒作坊为了提高烧酒质量，进行了工艺改革。由于蒸酒时第一锅和第三锅冷却的酒含有多种低沸点和沸点的物质成分，所以只摘取经第二次换入锡锅里的凉水冷却而流出的酒，称为"二锅头"。

❷ 见山东省高级人民法院（2009）鲁民三终字第 34 号判决书。该案被最高人民法院列为第 46 号指导案例。

个区域内流通，其他地域的公众没有消费该产品的习惯；二是有些种类的产品在全国都有流通和消费，但只有某个地域范围内的公众以某个名称指称该种类产品，其他地域内的公众并不使用该名称。

兰贵人案❶是第一种情况的典型例子。该案法院查明，兰贵人属于对添香加味乌龙茶这一拼配茶品的称谓。虽然兰贵人茶叶的市场流通范围并非全国，而是以福建、广东、广西、云南、海南五省为主，但法院认为对通用名称的认定不能离开具体的消费群体而抽象地进行认定，因此其广泛性并不能局限在全国范围这一标准之下。兰贵人茶品起源于福建，发扬于台湾，流行于南方沿海各省，并获得上述五省的经营者与消费者的广泛认可，无论是行业内部还是社会各界都将此类添香加味乌龙茶称为兰贵人，这一情况已经有近十年，说明了这一名称被市场及消费者所广泛地使用，已经进入到了公有领域。据此，应当认定南方五省茶叶行业使用兰贵人这一客观情况满足了其广泛性的事实构成，虽未及全国，但属于至少南方五省茶叶行业普遍共同使用的茶品名称，因此可以认定为通用名称。《最高人民法院关于审理商标授权确权行政案件若干问题的意见》第 7 条中规定，约定俗成的通用名称一般以全国范围内相关公众的通常认为为判断标准。对于由于历史传统、风土人情、地理环境等原因形成的相关市场较为固定的商品，在该相关市场内通用的称谓，可以认定为通用名称。在此种情形的案件中，通用名称的认定表面上表现为商品名称使用的地域范围问题，但本质上是相关公众的界定问题。如前所述，商标显著性的判断就是对商标与其所用于的产品或服务之间关系远近的判断，这种判断要依据相关公众这一拟制的主体对于这一关系的认识来进行，这意味着非相关公众的认识不必也不应纳入考量范围。相关公众对于商标显著性判断的作用同样适用于通用标志和描述性标识的判断，因为后者本质上也是对于显著性的判断，只不过是对显著性缺失这一认定所依据的事实的判断。就只在相关地域或相关族群内流通的商品或服务而言，这些相关地域内的相关公众或相关群族的公众就构成中国大陆商标法法域内的相关公众的全体。因此，就通用名称认定而言，兰贵人案中南方五省人口内的相关公众之于涉案茶品与中国大陆境内总人口内的相关公众之于饼干具有相同的法律意义。

---

❶ 见北京市第一中级人民法院（2008）一中行初字第 1411 号行政判决书。

第二种情况的案例包括水鸟被案❶、子弹头案❷和状元红❸案。在这些案件中，涉案产品在全国都有流通，相关公众也涉及中国大陆各地区的消费者，但涉案商标仅在局部地区被相关公众用作"通用名称"：水鸟被是广东地区相关公众对于轻柔纤维被的通用称呼，子弹头是河南和贵州地区的相关公众对果实形状像子弹头的辣椒的通用称呼，状元红是浙江地区的相关公众对于琥珀色黄酒的通用称呼。广东省高级人民法院认为，水鸟被是否属产品的通用名称，其认定不能局限于广东的市场情况；因为注册商标的效力是全国性的，而非地区性的，应当考虑全国范围的认同程度来判断。北京市高级人民法院认为，商品的通用名称应当具有广泛性和规范性的特征，即应当具有在

---

❶ 该案中，1995年9月21日，原告依法取得"水鸟"商标的注册，核定使用商品为第24类中的床罩及台罩、纺织品台布、枕套、垫子套、窗帘、被套、被子、座套、毛毯、床单、亚麻、围布（床、窗、门），注册有效期限为1995年9月21日至2005年9月20日。被告成立于1994年8月11日，经营范围为：生产经营床上用品、装饰布和衍缝制品（不含出口配额许可证管理产品）。1996年7月14日，被告取得第855400号商标注册证，注册商标为椭圆形花纹图案和文字组合，核定使用商品为第24类，即床单、床罩、被子、枕套、鸭绒被、帐帘、褥子。被告在其生产和销售的被子、被套及其外包装上标明了其注册商标。同时，被告还在其中部分被子、被芯的外包装袋上印上"水鸟被"字样，在招贴画上亦印有"水鸟被"字样，在产品的购物发票上标明"水鸟被"，在其产品的广告资料中亦使用了"水鸟被"字样。原告以被告侵犯商标权为由起诉至深圳市中级人民法院，请求法院判令被告立即停止侵权，销毁库存商品的所有侵权标记，赔礼道歉，并赔偿原告因此所受到的经济损失。被告辩称："水鸟被"已成为许多厂家生产的轻柔纤维被的通用名称，原告不应当拥有"水鸟"注册商标的专有使用权；被告在自己生产销售的部分被子、被芯的外包装等使用"水鸟被"的字样，并非作为商标加以使用，仅仅说明此类商品的成分，并不构成侵犯原告的商标专用权；原告的诉讼请求缺乏法律依据，请求法院予以驳回。深圳市中级人民法院经审理认为："水鸟"商标为原告的注册商标，该商标从核准注册之日起依法保护。其保护的范围以核准注册的商标和核定使用的商品为限。被告生产、销售的被子、被套与原告"水鸟"商标核定使用的商品属同一类商品。被告在其生产、销售的部分产品上虽然使用了自己的注册商标，但却又在产品的唛头及外包装上使用了原告注册的"水鸟"商标字样，将其作为商品的名称使用，该行为未经原告许可，且足以造成消费者误认，已构成对原告"水鸟"商标权的侵犯，遂做出责令被告停止侵权，赔礼道歉，赔偿损失的一审判决。被告不服，上诉至广东省高级人民法院，二审法院除对赔偿数额依法做出相应变更以外，维持了一审判决的其他内容。广东省高级人民法院则对商品通用名称的地域性问题重点作了阐述，认为在广东省范围内，近年来生产轻柔纤维棉被的商家较多，有些厂家将此类被子称为水鸟被，因而在广东地区一些消费者已产生认同，将此类被子称为水鸟被。但是还无证据显示消费者已普遍认为水鸟被是一类被子的名称。水鸟被究竟是何种被子，对大多数消费者而言，其所指并不明确。况且，水鸟被是否属产品的通用名称，在认定时还不能局限于广东的市场情况。因为注册商标的效力是全国性的，而非地区性的，应当考虑全国范围的认同程度来判断。目前，还无证据可显示其他省市的消费者也将某类被子统称为水鸟被。因此，上诉人（原审被告）主张"水鸟"是被子的通用名称依据不足。

❷ 见商评字〔2005〕第1374号《关于3118114号"子弹头 ZiDanTou 及图"商标争议裁定书》；（2005）京一中行初字第675号判决书；（2006）京高行终字第00188号判决书。

❸ 见北京市第一中级人民法院行政判决书（2006）一中行初字第195号。

国家区域范围内或者某一行业范围内的公用性，仅为国家部分区域或部分企业所使用的名称不具有通用名称的广泛性。法院所称的通用名称使用的"广泛性"问题本质上是相关公众这一主体的认定中的量化问题，即当只有某一区域范围内的相关公众将某一名称用作"通用名称"，能否或应否将该名称认定为在全国范围内的通用名称？通用名称的认定，与固有显著性的认定标准是一样：一方面要看涉案名称能否使相关公众据以识别商品来源，另一方面要看涉案名称是否是同行业经营者所必需的。在上述案件的情形中，大部分相关公众能够通过涉案标志识别来源，大部分同行业经营者对涉案标志并不必需，如果纯粹从量化的角度评价，涉案名称不应被认定为通用名称。

但此类案件涉及的利益平衡并不能单从量化的角度来评判，而更应从所涉不同利益的正当性角度和社会成本与效率的角度来评价。一方面，特定地域的同行业经营者有继续使用"通用名称"的正当利益；另一方面，商标申请人有选择商业标志的自由。如果允许前述地域性"通用名称"注册为商标，则该地域内的同行业经营者的利益都要受到损害；而如果将该名称留在公共领域，商标申请人虽然不能获得该商标的专有权，但他有选择其他标志的广泛自由。因此，相对于特定地域内同行业经营者所要付出的代价，商标申请人所付出的代价小得多；而且，特定地域内的同行业经营者对于本地域内的"通用名称"所享有的经过长期使用而产生的利益比商标申请人对于该标志的任意选择而产生的利益更具有正当性。因此，特定地域内的"通用名称"应当被认定为通用名称，前述判决中对于通用名称的"广泛性"特征要求仍需经过利益衡量的考量。

此外，即便核准特定区域内的"通用名称"注册为商标，经营者在该区域内对于该名称的使用也不构成商标侵权，因为该区域内的相关公众并不把该名称作为产品或服务的来源识别来认知，因此不属于商标意义上的使用，不存在就来源引起相关公众混淆的可能性。

在此类案件的法律适用中，《最高人民法院关于审理商标授权确权行政案件若干问题的意见》也将相关方的利益正当性纳入了考量，其第7条第3款规定，如果申请人明知或者应知其申请注册的商标为部分区域内约定俗成的商品名称的，应视其申请注册的商标为通用名称。此时的通用名称认定已经不是单纯的事实认定问题，而是对于申请人的利益正当性与特定区域同行业经营者的利益正当性的衡量。但是，如前所述，即便在申请人善意的情况下，利益衡量的天平也应向特定区域的同行业经营者倾斜。

四、通用名称认定的时间点

在商标注册取得制度下，原则上应根据申请日这一时间点上申请商标的事实状态来认定其是否符合注册的条件。但是，由于商标的审查期限可能较长（我国的法定审查期限为九个月），申请商标在审查日的状态可能与申请日不同；如果申请商标经历驳回复审及驳回复审的司法审查程序，或者异议及异议复审和异议复审的司法审查程序，则申请商标在法院审理案件的时间点和申请日及商标局的审查日的情况都可能不同。那么，应当按照哪个时间点判断申请商标是否符合注册条件呢？《最高人民法院关于审理商标授权确权行政案件若干问题的意见》第8条规定，人民法院审查判断诉争商标是否属于通用名称，一般以提出商标注册申请时的事实状态为准。如果申请时不属于通用名称，但在核准注册时诉争商标已经成为通用名称的，仍应认定其属于本商品的通用名称；虽在申请时属于本商品的通用名称，但在核准注册时已经不是通用名称的，则不妨碍其取得注册。该条规定的是以申请商标在核准注册时的事实状态为准。在金骏眉案中，2007年正山茶叶公司向商标局提出"金骏眉"商标的注册申请，指定使用商品为第30类茶等商品上。经商标局审查后获得初步审定并公告，在法定期限内，桐木茶叶公司提出异议，认为"金骏眉"是福建武夷山生产的一种红茶，属于"武夷红茶"中"奇红"品种之一，属于商品的通用名称。该异议申请被商标评审委员会驳回，也没有得到一审法院支持。二审中，北京市高级人民法院经审查认定，"金骏眉"商标在申请注册的时候，不是法定的通用名称，也不是约定俗成的通用名称，但该案二审时"金骏眉"已作为一种特点红茶的通用名称存在，基于这种事实，二审法院对商标评审委员会做出的认定给予纠正，认定"金骏眉"是特定种类的红茶通用名称。

值得注意的是，我国商标的保护期自注册日而非申请日起算，而注册日是初审公告之日三个月期满之日。从该日期到终身裁判之日期间，申请商标变成了通用名称的方式也应予以考虑。如果申请商标在申请提交日不是通用名称，而其后第三方经营者对申请商标的恶意或非诚信的使用行为使其变成了通用名称，而申请人在商标未被核准注册前又无法阻止此类使用，则不应仅依据终审判决时该名称被同行业经营者使用的事实来认定通用名称。此种情况下，申请人对于申请商标具有正当利益，而不诚信的第三方经营者没有正当利益。正因为这种利益正当性考量，欧盟 207/2009 号《欧盟商标条例》第 7 条第 1 款 d) 项要求惯用标志（含通用标志）应存在于当下的语言或诚信的确立的商业实践中（bona fide and established practice of trade）。

第六章

功能性标志的认定

《商标法》第 12 条规定，以三维标志申请注册商标的，仅由商品自身的性质产生的形状，为获得技术效果而需有的商品形状或者使商品具有实质性价值的形状，不得注册。欧盟第 207/2009 号《欧盟商标条例》第 7 条第 1 款 e）项规定："仅由商品自身的性质产生的形状、为获得技术效果而必需（necessary）的商品形状或者使商品具有实质性价值的形状"构成的商标，不具有显著性。值得注意的是，欧盟并未将前述条款中的形状限定在三维形状的范围内，二维形状、三维形状的二维表现形式都在该款的适用范围之内。[1] 欧盟第 2015/2424 号条例进而将该项的适用范围扩展到商品形状以外的其他商品特征。实际上，在此前的商标审查实践中，欧盟《商标局审查指南》已经指出，颜色可能是由商品的性质决定的（比如颜色对于染发剂），颜色也可能具有技术功能性（比如，红色对于灭火器，不同颜色对于电线接线）。

一、商标注册的"非功能性要求"

相比之下，美国法上的非功能性要求（nonfunctionality）要求所适用的客体范围理论上更广。美国州法和联邦法都拒绝保护任何具有

---

[1] Judgement of 08/05/2012, T-331/10, Surface covered with black dots, para. 24.

功能性的产品特征，这一理论来自判例法，美国联邦商标法之前就已经存在。在 1924 年的 WILLIAM R. WARNER & CO. V. ELI LILLY & CO. 案❶中，被告通过模仿原告药品的外观和口味来销售自己的廉价药。法院认定被告不正当竞争行为成立，但认为原告无权禁止被告在药品中使用巧克力作为成分，因为巧克力有改善药品口味和药品附着载体的技术作用，即具有功能性。在 1982 年的 Inwood Laboratories v. Ives Laboratories 案❷中，法院认定原告无权禁止被告使用与其药物胶囊相同的蓝色和蓝红色，因为患者和医生已经将不同的胶囊颜色与不同的疗效和给药方式建立了联系，因此胶囊的颜色具有了功能性。美国联邦最高法院在该案中第一次定义了产品的功能性："产品的一项特征是功能性的，不能起到商标的作用，如果该特征对于该产品的使用（use）或目的（purpose）是必需的（essnetial），或者影响到（affect）该产品的成本（cost）或质量（quality）。"在 1995 年的 Qualitex Co. v. Jacobson Products. Co. 案❸中，法院扩充了功能性的定义，即在 Inwood Laboratories 所做定义的基础上，增加了一项标准："如果对于产品的一项特征的独占权保护会将竞争者置于与商誉无关的（non-reputation-related）显著（significant）不利地位，则该特征具有功能性。"

对于商标保护的非功能性要求制度的目的，欧盟法院认为，对于技术功能性标识赋予独占权将限制竞争者提供具有该功能的产品的可能性或者至少限制他们就具有功能的产品选择技术方案的自由。❹ 美国判例法理论认为，商标权保护的非功能性要求有两个目的：一是保护自由竞争以保证所有竞争者自由使用有用的产品特征；二是避免商标法与专利法的价值目标发生冲突，即防止商标法对专利法所不保护（要留在公共领域）的客体提供无期限限制的保护。实际上，商标法与专利法之间的立法目标协调考量是其次的或者说是外因，最根本的还是商标法自身的原理禁止保护功能性标识，只有在依据这一商标法内部的原理对申请标识是否具有功能性做出认定后，才能将商标法与专利法的立法目的协调因素纳入补充性考量。商标法的目的是保护与产品之间存在任意性关系的识别性标识及其所承载的商誉，禁止对于

---

❶ 265 U. S. 526（1924）.
❷ 456 U. S. 844（1982）.
❸ Qualitex Co. v. Jacobson Products. Co., 514 U.S. 159, 165 (1995).
❹ preliminary ruling of 18/06/2002, C-299/99, 'Philips', para. 79.

他人识别性标识的使用及商誉的利用或侵害，但不禁止在产品上的竞争；而功能性标识与产品的关系过于密切，保护它们就等于保护了产品，从而阻止了其他经营者提供同样的产品参与竞争。因此，对于申请标识的保护应是对于就产品而言具有任意性的标识的保护，同时不阻止其他经营者参与到该产品的提供活动中的竞争，这是功能性标识认定中的重要指导原则。正是为了从反面阐释这一原理，美国法院在Qualitex案中增加了功能性标识的认定标准，即在对于某个标识赋予了商标专用权的情况下，如果其他竞争者将处于明显不利的地位，而这种不利竞争地位的产生与（未能利用申请商标或被请求保护的商标）商誉无关，则可以推定该明显不利的竞争地位的产生是源于商标专用权将某项功能性的产品特征赋予了商标权人，从而导致竞争对手不能就产品参与竞争。反之，如果这种明显不利的竞争地位的产生是因为没有能够利用商标申请人或请求保护人的商誉，则该商标权保护的是识别性标识及其所承载的商誉，不属于功能性标识，则不应留给公共领域。

二、性质功能性与技术功能性

仅由商品自身的性质产生的形状，包括天然产品和人工加工产品的形状，比如香蕉的形状。为获得技术效果而需有的商品形状（也被称为技术功能性），比如，欧盟法院 Philips 案[1]中的三头剃须刀头的形状（三个刀片的位置配合以使剃须效果更好），红色乐高拼块案[2]中的乐高拼块的形状（为保证互相拼插而设计的形状）。

在 Philips 案中，飞利浦公司于 1966 年推出了一种由 3 个呈等边三角形排列的旋转刀头组成的剃须刀，并获得了专利保护，在专利保护期届满前，飞利浦公司于 1985 年在英国提出商标注册申请，其申请注册的商标就是三头剃须刀外形，该申请在英国 1938 年商标法下基于使用而获得注册。1995 年雷明顿公司开始在英国大量生产和销售 DT55 型三头剃须刀，其外形与飞利浦公司的产品相似。飞利浦公司起诉雷明顿公司侵犯其注册商标权，同时雷明顿公司提起反诉，并

---

[1] 欧盟法院判决 18/06/2002，C-299/99，Philips（*Koninklijke Philips Electronics NV v. Remington Consumer Products Ltd* [2002] ECR 1-5490）.

[2] 欧盟法院判决 14/09/2010，C-48/09 P，'Red Lego brick'. *Lego Juris A/S v. OHIM* [2010] ECR 1-8432.

申请撤销飞利浦公司的注册商标。英格兰和威尔士高等法院大法官法庭（专利分庭）支持了雷明顿公司的反诉请求，裁定撤销飞利浦的注册商标。高等法院认为，飞利浦公司的标识缺乏显著特征（devoid of any distinctive features），无法与其他商品提供者的相关商品相区别，同时认为该商标仅仅由服务于指定商品特定目的（intended purpose of the goods）的标识以及为得到技术效果（technical result）、赋予商品实质性价值（substantial value）的形状组成。飞利浦公司对高等法院的判决提起上诉。该上诉案引起了对《欧共体理事会89/01号指令》的法律解释的问题，上诉法院裁定中止诉讼并将相关法律解释问题提交给欧洲法院先决裁决。欧洲法院做出了以下裁决：若商品形状的功能性特征是为获得技术效果而产生，那么仅由该形状构成的标识不能获得注册，尽管能证明其他的商品形状也能够获得相同的技术效果。最终，飞利浦公司的注册商标被撤销，雷明顿公司获得胜诉。

在 Lego 案中，乐高玩具公司有一款受到专利保护的玩具积木（见图6-1），专利到期后，Kirkbi（LEGO Group 的母公司）于1996年以这款积木的形状和颜色向欧洲内部市场协调局（OHIM）提出商标注册申请。OHIM 本要拒绝该申请，但在 Kirkbi 提交其他观察报告和证据之后，认为其申请注册的标识在欧盟市场上获得了显著性（distinctive character），并且不是仅由为获得技术效果而需有的形状构成，1999年10月19日，该标识获得了注册。1999年10月21日，Ritvik Holdings（Mega Bloks 前身）根据《欧洲共同体商标条例》（1993年12月20日 EC 40/94号令）（以下简称《欧共体商标指令》）第7条第（1）款（e）项（ii）、（iii）及（f）项提出申请宣告 Kirkbi 的注册商标无效。2004年7月30日，OHIM 宣告该商标在积木玩具类上的注册无效，理由是该标识仅由为获得技术效果而需有的商品形状构成。2004年9月20日，乐高对该裁决提起上诉，OHIM 上诉委员会驳回了该上诉请求，理由如下，首先，民意测验或调查不影响基于《欧共体商标指令》第7条第（1）款（e）项（ii）拒绝予以商标注册的决定，因为通过使用而获得显著性（distinctiveness）不意味着其能通过非功能性审查。其次，如果一个形状的本质特征（essential characteristics）在于实现技术功能，那么不能获得注册，即使该形状包含一个次要的任意性元素，比如，颜色。最后，一个标识曾经是或者仍然是专利的保护客体，这本身不会阻碍其被注册为商标,尤其是当发明物的形状并不全是功能性的,如包含一些装饰或任意性元素。但不可否认的是,在先专利确实能证明专利所披露或要求保护的特征是功能性的。

图 6-1　乐高积木

《欧共体商标指令》第 7 条第(1)款(e)项(ii)的正确适用要求有权机关合理划定一个三维标识的本质特征,本质特征应理解为一个标识最重要的元素。认定标识的本质特征后,有权机关应确认这些本质特征是否都是实现技术功能的,如果商品的形状包含非功能性元素并且该元素发挥重要作用,那么第 7 条第(1)款(e)项(ii)不再适用。

上诉委员会认为,乐高拼块的每一个元素以及其整体的形状都是为获得技术效果而需有的,该结论是基于对乐高拼块在先专利的分析,比如,受专利保护的拼块上表面有四个圆柱形的立柱呈两排对称排列,圆柱形的立柱是实现与其他拼块联结这一功能所必需的,并且这样的结构是该发明的最佳实施例(preferred form)。法院还指出,如果某种产品存在也能实现同样技术效果的替代性形状,那么这一事实不影响技术功能性的认定;❶ 但是,如果功能性形状上附有重要的非功能性元素,比如对于产品的形状其中重要作用的装饰或创意性元素,则该形状不属于功能性形状。❷

三、美学功能性

使商品具有实质性价值的形状(也称为美学功能性,aesthetic

---

❶ 'Red Lego brick', paras 53-58.

❷ 'Red Lego brick', para. 52.

functionality），比如首饰的形状，景泰蓝、花瓶等装饰性产品的形状等。但是，美观性是很多产品都具有的属性，也是很多商品的卖点之一，这使得美学功能性的判断并不容易。总的来说，可以从美学元素对于商品的竞争力的影响角度来判断，即是否构成了产品的实质性竞争力。在欧盟和美国的审查实践中，法院和商标审查机关对于具有美学功能性的标识的认定都持谨慎态度，不能因为某个产品形状可以成为或曾经是外观设计权利的客体就认定其具有美学功能性，依据美学功能性否定其显著性的产品形状仅存在于某些特别的个案中。到目前为止，欧盟法院确立的唯一具有指导性的案例就是一个关于立体音箱形状（见图6-2）的案例❶。

图6-2　音箱立体商标图案

该案中，指定商品为第9类的音箱、声音信号的接收、处理、复制、整理和发送装置和第20类的音乐家具。第一上诉庭认为申请商标会被相关公众认知为一种纯粹的、细长的雕塑；该形状使消费者的评价具有决定性因素，会认为该产品的实质性价值在于形状。欧盟法院维持了上诉机构的决定，这也是欧盟法院迄今为止做出的关于美学功能性认定的唯一判决。❷ 欧盟法院指出，禁止具有美学功能性标识注册的直接目的和禁止具有技术功能性标识的注册相同，即防止通过商标权延长了那些立法者给予有限期限保护的权利。法院认为，对于指定产品而言，申请商标对于消费者的购买选择是一个非常重要的因素，尽管他们也会考虑到产品的其他特征。申请注册的形状是一个非常独特的设计，它是申请商标的实质性元素，起到吸引消费者购买的作用。同时案件证据表明，销售商的网站、在线拍卖和二手网站都首

---

❶　decision of 10/09/2008, R 497/2005-1.

❷　06/10/2011, T-508/08, 'Representation of a loudspeaker'.

先强调了申请形状的美学特征,这是该产品的一个重要卖点。因此,申请商标中的产品形状赋予了产品实质性价值。欧盟商标局认为,在美学功能性认定中,应考察产品形状的美学价值本身是否在很大程度上(to a large extent)决定了产品的商业价值和消费者的购买选择;如果产品形状赋予产品的价值是实质性的(substantial),则产品的整体价值是否受其他因素影响就是个无关的要素。实践中,美学功能性多适用于那些形状是决定消费者购买选择的主要(main)(尽管不必然是唯一)因素的产品。但另一方面,并不能因为产品的形状好看或吸引人就认定其赋予了产品实质性价值,否则,审美方面的形状都不能被注册为商标了。❶ 欧盟法院的立体音箱案所建立的实践做法还表明,具有美学功能的标识认定,一方面,应根据个案的情况而不能一刀切;另一方面,应当有证据作为依据来分析而不是主观揣测。

　　上述案例适用了一项被较广泛认可的美学功能性认定标准,即如果商品所呈现的美学方面的因素足以影响消费者的购买选择,则可以认定该形状赋予了商品实质性价值。景泰蓝形状和项链挂坠形状的美学功能性判断都可以适用这一标准。这一标准应当从两个角度来理解和适用。一是从抽象的一类商品的功能及美学元素在各种功能中的重要程度角度。二是针对具体的一种("种"作为比"类"小的范畴)或一款商品的美学元素对该种商品的竞争力的重要性角度。就第一个角度而言,可以看看该标准是否和如何适用于家具的形状和汽车的形状。美观性是这两种产品的重要方面,但相对于实用功能,美学方面的因素明显处于次要位置,因此,美学方面的因素不能成为家具和汽车消费者购买选择的决定性因素。通过对比景泰蓝和项链挂坠与家具和汽车的情况,前述"产品的美学因素足以影响消费者的购买选择"标准应当理解为产品的美学因素是消费者选择该种商品的决定性因素。那么,如何知道美学因素是决定性因素呢?前述对比分析表明,可以从产品自身的功能种类以及美学因素在其中的重要性顺序来考察。比如,一般而言,服装具有保暖和美观的功能,这两项功能都对消费者具有实质性的价值,因此,美观方面的因素足以影响消费者的购买选择。但仍可以针对不同产品细分,在羽绒服产品上保暖功能居上,在裙子产品上美观功能居上。这种分析是就一类产品的一般性的考察。但就这个角度而言,可以抛开美学元素对于消费者购买选择的

---

❶ decision of 03/05/2000, R 395/1999-3—'Gancino quadrato singolo', paras 1-2 and 22-36.

决定作用标准来分析美学功能性，因为这一标准的适用借助的是对于美观是否构成相关产品的一项主要功能的考察。但该考察仍需以消费者为参照主体来进行。从第二个角度来看，就特定的某种或某款产品而言，也需要考察该特定种或款的商品的美学元素是否构成其较同类产品为非常突出的卖点或竞争力。由于涉及美学功能性分析的产品形状或其他特征往往是较独特的，这些独有的特征可能使得所要分析的具体产品脱离其所属的大类产品范畴的一般情况。这里有两种情形：第一种，美学元素使美观变成了某款产品的主要或首要功能，产品的性质或用途发生了改变。比如，有人培育出心形的迷你西瓜，此类西瓜的主要功能就从食用变成了美观，该形状就成为该种产品的核心卖点，如果对其赋予独占权，则就是阻碍了其他经营者提供该产品参与竞争，因此，不应注册。第二种，美学元素使得本来就具有美观功能的某款产品在美观方面具有突出的竞争力。比如，夹克类服装在市场上的款式都大同小异，某款夹克的外形设计异常独特和美观，该外形设计就可能成为其核心竞争力，足以影响消费者的购买选择，因而属于赋予产品实质性价值的形状。值得注意的是，产品的外形设计在商标注册方面需要面临一个两难困境：如果外形设计与市场上的惯常设计区别不大，则很可能不具有显著性；而如果外形设计非常独特，则又有可能赋予产品实质性价值。❶ 因此，理论上，容易获得注册的产品形状是那些既明显区别于惯常设计又不构成产品重要卖点的独特设计。但这一法律上的分寸把握在工商业实践中是难以被遵从的，毕竟，哪一个设计师不希望自己的设计成为产品的重要卖点呢？

---

❶ 孟宪鋆. 美学功能性标志的认定：欧盟的做法及其启示［J］. 中华商标，2016（5）.

第七章

违反公序良俗的商标

一、关于违反公序良俗商标的规则

我国《商标法》第 10 条规定了不得作为商标使用的标识，包括四类标识：官方标识、带有民族歧视性的标识、欺骗性标识、有害于社会主义道德风尚和有其他不良影响的标识。该条款被视为我国《商标法》上的公序良俗条款。在民法领域，公序良俗条款在《民法通则》第 7 条，《合同法》第 7 条和《物权法》第 7 条都有规定。从这些其他民事法律条款的表述可以看到，公序良俗条款保护的对象包括社会公德、社会公共利益、社会经济秩序。这些规定与商标法上的公序良俗条款体现的应是同一原则，但这些概念的内涵和外延在不同法律领域会因各法律的价值目标、调整对象等的不同而会存在差异。总的来说，"公序"是关于国家安全、政治秩序、经济秩序、国家政策等方面的公共利益，"良俗"涉及的是道德伦理和善良风俗方面的公共利益。

禁止将官方标识注册和使用为商标的规则源于《巴黎公约》第 6 条之三，公约的该条款禁止将政府和政府间国际组织的官方标识用作商标或用作商标的构成元素。我国《商标法》第 10 条第 1 款禁止注册官方标记包括：（1）同我国的国家名称、国旗、国徽、国歌、军旗、军徽、军歌、勋章等相同或者近似的，以及同中央国家机关的名称、标志、所在地特定地点的名称或者标志性建筑物的名称、图形相同的标识。(2) 同外国的国家名称、国旗、国徽、军旗等相同或者近似的标识，但经该国政府同意的除外；(3) 同政府间国际组织的名称、旗帜、徽记等相同或者近似的标识，但经该组织同意或者不易误导公众的除外；(4) 与表明实施控制、予以保证的官方标志、检验印记相同或者近似的，但经授权的除外；(5) 同"红十字""红新月"的名称、标志相同或者近似的标识。

外国政府同意的证明，可以是该国有关机关出具的同意函，也可以是申请标志在该国获得商标注册的证明。值得注意的是，我国《商标法》和《巴黎公约》一样，对于国家的官方标志保护程度比政府间国际组织的标志保护程度高，因为对前者的商标注册或使用禁止是绝对的，而对于后者的禁止是有条件的，即以是否误导公众为条件。

带有民族歧视性的标识也禁止注册和使用，这体现了种族平等的普世价值观。

带有欺骗性，容易使公众对商品的质量等特点或者产地产生误认的标识。2001年《商标法》第10条第1款第（7）项规定，夸大宣传并带有欺骗性的标识，不得作为商标使用。其条文表述的该条的适用条件包括夸大宣传和带有欺骗性，但要件就在于欺骗性，而欺骗性不仅存在于夸大宣传的情形中，因此，2013年的商标法修正案修改了对该条款的表述。该修正案也将欺骗的内容限定在产品的质量等特点或产地方面，这一限定应被理解为：欺骗性的情形不涵盖与他人在先标识之间可能产生混淆的情形，更何况禁止注册欺骗性标识属于商标注册的绝对条件而非相对条件。欺骗性标识的认定，要以相关公众对于申请标识的认知作为依据，而不是涉案标识的符号含义。为此，《最高人民法院关于审理商标授权确权行政案件若干问题的意见》第2条规定，实践中，有些标志或者其构成要素虽有夸大成分，但根据日常生活经验或者相关公众的通常认识等并不足以引人误解。对于这种情形，人民法院不宜将其认定为夸大宣传并带有欺骗性的标志。在"东北第一虎及图"商标驳回案中，李某提出第10028666号"天下第一虎及图"（指定颜色）商标的注册申请，指定使用在第39类"运输、游艇运输、停车场服务、货物贮存、潜水服出租、快递（信件或商品）、旅行陪伴、观光旅游、安排游览、旅行社（不包括预订旅馆）"服务上。商标局以申请商标中含有"天下第一"，使用在指定服务上"夸大宣传了指定服务项目"为由，驳回了申请商标的注册申请。李某提起复审申请后,商标评审委员会做出决定❶认为:申请商标用在指定服务上,易使消费者对其指定使用的服务的质量等级、内容、级别等产生误认,从而误导消费,造成不良的社会影响,已构成2001年修正的《商标法》第10条第1款第(8)项所规定的情形。李某提起了行政诉讼,其提交的上海大世界基尼斯总部颁发的编号为00989的"大世界基尼斯之最"证书载明:"最大的锻铜雕塑——'天下第一虎',身长:25米,身高:16米,重:30.4吨。该雕塑座(坐)落于黑龙江省虎林市虎头山顶峰,由虎林市人民政府创意并建造,1998年8月至1999年9月落成。"李某还提交了坐落于黑龙江省虎林市的"天下第一虎"铜雕照片及相关网页打印件,用以证明申请商标中的虎形雕塑客观存在,且"天下第一虎"铜雕已为相关公众所知晓。一审法院认为,李某并未提交该雕塑经过大量宣传和使用在全国范围内已获得较高知名度的证据,因此仅能认定该雕塑为一地方性人文景观,并不为相关公众广泛知晓。申请商标存在夸大宣传的情形,并具有一定的欺骗性,申请商标应属于2001年修正的《商标法》第10条第1款第(7)项所指不得作为商标使用的标志。❷李某上诉后,二审法院认为,申请商标属于具有"其他不良影响"而非"夸大宣传并带有欺骗性"的情形。我国的司法实践中形成了一种类型化的认定:含有最高级别形容词商标不能被注册,因为夸大宣传而带有欺骗性。值得注意的是,需要看所涉形容词是否与所指定的产品或服务的某个特征相关,本案中的最高级别形容词形容的是老虎而不是所指定的旅游服务,因此,不能机械的适用最高级别形容词排除的类型化做法。❸

二、"有不良影响"商标的认定

有害于社会主义道德风尚或者有其他不良影响的标识禁止注册和使用。"社会主义道德风尚"和"有不良影响"都不是严格的法律术语,因此,对于该条款应从民法上的"公序良俗"概念来解释和适用。美国商标法规定了对违反道德(immoral and scandalous)的商标

---

❶ 见商标评审委员会商评字〔2013〕第101016号《关于第10028666号"天下第一虎及图"商标驳回复审决定书》。
❷ 见北京市第一中级人民法院(2014)一中知行初字第2842号判决书。
❸ 见北京市高级人民法院(2014)高行(知)终字第2851号行政判决书。

申请的驳回，但没有概括性的规定对公共秩序或公共利益的保护，而是具体列举了在此意义上予以保护的客体（官方标志等）。《欧盟商标条例》中的公共秩序则解释为欧盟法所体现的对于某些基本原则和价值的共识（比如人权），这些欧盟法包括反恐怖主义法、禁用纳粹名称和标志法，禁止将欧盟授权的植物新品种名称注册为商标等。法国商标法上的公序良俗则被适用于涉及种族歧视、煽动仇恨、暗示毒品、官方标志等商标驳回案件。《最高人民法院关于审理商标授权确权行政案件若干问题的意见》第3条规定，人民法院在审查判断有关标志是否构成具有其他不良影响的情形时，应当考虑该标志或者其构成要素是否可能对我国政治、经济、文化、宗教、民族等社会公共利益和公共秩序产生消极、负面影响。如果有关标志的注册仅损害特定民事权益，由于商标法已经另行规定了救济方式和相应程序，不宜认定其属于具有其他不良影响的情形。该意见即主张从公序良俗的角度来解释和适用《商标法》第10条第1款第（8）项，并将其作为商标注册的绝对条件以排除其适用于在先权益保护的可能性。

在"微信"商标案中，该条款被援引适用。法院认为，"微信"作为腾讯公司的即时通信服务应用程序，在2013年7月就已拥有4亿用户，且有多地政府机关、银行、学校推出微信公共服务，广大用户已经将"微信"与腾讯公司的上述服务密切联系起来。如果核准诉争商标注册，将会给广大微信用户的工作和生活带来不便甚至损失，即对公共利益产生消极、负面的影响。因此，诉争商标属于《商标法》第10条第1款第（8）项所指的有其他不良影响的标志，不应予以核准注册。

就"公共利益"的解释而言，它包括国家的安全、政治、经济等方面的政策等一般性利益，也包括商标领域的公共利益。就后者而言，"公共利益"意味着商标领域的不特定的多数（公众）的利益。商标法调整的是竞争者之间就商标的注册和使用而产生的关系以及商标使用者与相关公众之间的关系。因此，商标法领域的公共利益之"公共"就是相关产品或服务的其他经营者和相关公众（主要是消费者），而也只有影响到非特定的多数其他经营者和/或相关消费者的利益才构成商标法上的公共利益。非特定性，要求公共利益所致力于保护的不能是某个特定竞争者的利益；多数可以是某个区域或范围内的多数。从《商标法》第10条所列举的其他违反公序良俗的条款来看，官方标志禁止条款保护的所有其他竞争者和相关产品所有相关消费者、地名标志禁止条款保护的是同地域所有其他竞争者和相关产品所有其他消费者；就质量、产地等带有欺骗性的标识保护的是相关产品的所有相关消费者。而该案所涉及的同行业竞争者仅是腾讯公司一个特定的经营者，这不符合对于"公共"一词的"不特定多数"解释。"利益"总是客观事物对主体的有价值性，而"公共利益"的这种价值需要还应和与公共利益发生冲突的个体利益的价值进行对比权衡，才能确定是否必须让个体利益做出让步。就该案而言，相关消费者的利益体现在，如果核准被异议商标注册，相关消费者有可能将"微信"的新的使用者（创博亚太）与目前的服务提供者（腾讯）发生混淆误认，也不能继续通过"微信"这一名称来识别目前的服务提供者，而不得不使用腾讯公司另行启用的标识来识别其服务提供者。首先，从利益的性质上说，《商标法》第10条其他条款所列举的相关消费者的公共"利益"包括不就官方授权、质量或产地、地名等被欺骗或误导，这些利益的性质显然与商标混淆意义上的对不同经营者的误认是不同的。因此，从性质上说，腾讯微信用户的前述利益不构成商标法上的公序良俗条款所保护的公共利益。其次，从利益衡量的角度来看，相关消费者的前述利益损失，不能与创博亚太公司的商标权利益损失相提并论。要知道，后者涉及的是对一项私权的否定，商标权作为一种私权，其产生与其行使一样的重要，都应得到保护。同样的原理可以在商标侵权的情形中得到印证：在唯冠诉苹果公司的IPAD商标案中，苹果公司作为在后的商标使用者的利益以及相关消费者对于苹果公司IPAD的识别利益，都没有被认定为公序良俗意义上的公共利益，否则，唯冠公司将不能对苹果公司行使其注册商标权，因为商标权的行使也不能违反公序良俗。二审法院在判决中认定，涉案商标不违反《商标法》第10条第1款第（8）项的规定，不属于具有不良影响的情形。❶

但不可否认的是，由于我国法上某些民事权益［比如形象权（right of publicity）］的保护制度缺失或不足，《商标法》上的公序良俗条款，尤其是第10条第1款第（8）项在实践中也经常承担着保护某些私权的功能。比如，在"郭晶晶"商标案❷中，郭某于2006年8月18日在第25类婚纱、服装、游泳衣、鞋（脚上的穿着物）、帽子（头戴）、游泳帽、手套（服装）、领带、游泳裤、皮带（服饰用）商

---

❶ 见北京市高级人民法院（2015）高行（知）终字第1538号判决书。
❷ 见北京市第一中级人民法院（2010）一中知行初字第382号行政判决书。

品上向商标局申请注册第 5550308 号"郭晶晶"商标（申请商标）。2009 年 5 月 21 日，商标局针对申请商标做出 ZC5550308BH1《商标驳回通知书》：郭晶晶是我国著名跳水运动员，在 2004 年雅典和 2008 年北京奥运会上都夺取过跳水项目的冠军，未经授权将其名字用做商标，易造成不良社会影响，根据 2001 年《商标法》第 10 条第 1 款第（8）项的规定，驳回了商标注册申请。商标评审委员会、北京市第一中级人民法院均维持了商标局的决定。

在涉及虚拟角色名称的"哈利波特"系列商标异议案件中，商标评审委员会、北京市第一中级人民法院和北京市高级人民法院都认为，鉴于哈利波特小说和电影的知名度，他人未经权利人允许注册被异议商标违反了诚实信用的公序良俗，从而属于"有其他不良影响"的情形。❶ 该系列案件中，法院查明，"Harry Potter"系列小说由英国作家 J. K. 罗琳创作。第一集 *Harry Potter and the Philosopher'Stone* 于 1997 年在英国出版发行，已成为全球畅销书之一。2000 年 7 月 14 日，人民网（www.people.com.cn）转载了环球时报的一篇文章《图书危机和"哈利·波特"现象》，其中对"哈利·波特"系列小说在全球的畅销情况进行了介绍。2000 年 9 月，"Harry Potter"系列小说中文版《哈利·波特与魔法石》《哈利·波特与密室》《哈利·波特与阿兹卡班的囚徒》由人民文学出版社出版发行，并取得较好的销售成绩，如其中《哈利·波特与魔法石》2001 年 4 月第四次印刷时显示印数为331 501—471 500。人民网、新浪网、卓越网等媒体都对"哈利·波特"系列小说在中国的宣传、畅销状况进行了报道。华纳公司还在全球推出了"Harry Potter"系列电影并在中国上映，取得了较好的票房成绩。华纳公司还在中国市场推出了多种"哈利·波特"的形象产品。J. K. 罗琳于 2004 年 9 月 24 日做出《关于商标权转让的声明》，称：1998 年 6 月，J. K. 罗琳与华纳兄弟（现隶属于华纳兄弟娱乐公司，即前时代华纳娱乐公司）约定，将与《哈利·波特与魔法石》《哈利·波特与密室》相关的所有商标权卖断并转让于华纳兄弟，包括但不限于作品名称、人物和其他内容，但已经被保留的出版、广播和上演权除外。2000 年 3 月及 2004 年 5 月，华纳兄弟分别对《哈利·波特与阿兹卡班的囚徒》《哈利·波特与火焰杯》《哈利·波特与凤凰社》三部作品相关的前述权利行使了优先购买权。

---

❶ 见北京市高级人民法院（2011）高行终字第 529、539、541 号行政判决书。

蓝泰公司于 2000 年在第 3、5、32、29、33 等多个类别上广泛申请注册了几十枚"哈里·波特 HaLiBoTe""哈里·波特""哈利·波特""Harry Potter"等商标。申请商标被初审公告后，华纳兄弟公司提出异议。商标评审委员会在相关裁定中认为："哈利·波特"图书及人物形象具有较强的独创性和显著性，在被异议商标申请日前，"哈利·波特"已在公众中具有广泛的影响力和较高的知名度。被异议人在应知"哈利·波特""Harry Potter"为他人所创作的知名图书及人物名称的情况下，将其作为商标申请注册，明显具有不正当地借用他人知名作品声誉的故意，其行为违背了诚实信用的社会主义公共道德准则，不仅损害了华纳公司的合法权益，而且破坏了社会公序良俗，并易使消费者对被异议商标标示商品的来源产生误认而产生不良社会影响。故被异议商标的申请注册已经违反《商标法》第 10 条第 1 款第（8）项的规定。一审法院维持了才裁定。被异议人上诉后，二审法院认为：2001 年《商标法》第 10 条第 1 款第（8）项规定，具有其他不良影响的标志不得作为商标使用。这里的"不良影响"应当理解为商标的构成要素或将商标的构成要素与所指定的商品或服务相结合对我国政治、经济、文化、宗教、民族等社会公共利益和公共秩序产生消极、负面的影响。被异议商标由汉字"哈里·波特"和对应拼音"HaLiBoTe"构成，而"哈里·波特"并非汉语固有词汇，上诉人也未对其申请注册被异议商标做出合理解释。现有证据表明在被异议商标申请注册之前，人民网已经对"哈利·波特"系列小说在全球的畅销情况进行了介绍，时代华纳娱乐公司亦在多个商品类别上在中国申请注册了"Harry Potter"商标，"哈利·波特"作为畅销小说中的角色名称，已为相关公众所了解。鉴此，可以认定上诉人明知"哈利·波特"人物角色名称的知名度而申请注册被异议商标，违反了诚实信用的公序良俗，商标评审委员会认定被异议商标的申请注册属于 2001 年《商标法》第 10 条第 1 款第（8）项所规定的"有其他不良影响的标志"，并无不当，原审判决应予维持。

尽管这些案件的判决中所体现的规则与商标法理论存在不协调之处，但其在实践中所起到的保护正当权益、维护实质公平的效果是值得肯定的。近年的商标法、立法和实践的发展已经推动了相关规则的解释和适用更符合理论上的定性和商标法的体系化，不良影响条款主要适用于对我国政治、经济、文化、宗教、民族等社会公共利益和公共秩序产生消极、负面影响的情形。

第八章

混淆理论：商标之间的冲突认定

　　申请商标不能侵犯他人在先权益，这是商标注册的相对条件。一项权益是否被侵犯要依据该权益的本位法来判断，比如，申请商标是否构成对在先著作权或姓名权的侵犯，应依据著作权法或民法的规则来认定，商标标识对这些权益的侵犯仅是这些权益本位法中的侵权认定规则的一种适用情形。明确了这点，在判断申请商标是否侵犯在先权益的案件中就不会以商标法作为本位法来适用。原则上，法律所承认的任何与标识相关的合法权益都应受到保护，因此，在先权益的范围是开放的和发展的。目前的商标法理论和实践中所常见的在先权益包括：在先申请商标，在先注册商标，他人在先使用并有一定影响的商标，被代理人或被代表人的商标，与商标申请人之间存在合同或其他业务关系的主体的商标、字号（商号），自然人的姓名，地理标识，未注册驰名商标，不相同也不类似商品或服务上的注册驰名商标等。

　　在商标审查实践中，对于在先商标与申请商标之间的冲突认定是最主要的工作内容，在先商标包括在先申请商标与在先注册商标。《商标法》第30条规定："申请注册的商标，凡不符合本法有关规定或者同他人在同一种商品或者类似商品上已经注册的或者初步审定的商标相同或者近似的，由商标局驳回申请，不予公告。"申请商标不能与他人的在先申请商标或注册商标发生冲突，该冲突的认定与商标侵权的认定适用同一原理和规则：混淆理论，即不能与在先商标构成相同或类似商品或服务上的相同或近似商标，如果这种相同或近似性容易导致相关公众的混淆。尽管混淆理论没有在该法条的字面表述中被体现，但却是融入在相同或类似商品及相同或近似商标的认定中的。这里涉及在先商标的认定和冲突的判断。

在先商标的认定以申请日为准，即便因为意外因素某个申请日在后的商标早于申请日在先的商标被商标局初步审定公告，后者仍然构成前者的在先商标。因此，尽管前述条款仅规定了初步审定的商标作为驳回申请的依据，但还是要以申请日为准。《商标法》第 31 条规定：两个或者两个以上的商标注册申请人，在同一种商品或者类似商品上，以相同或者近似的商标申请注册的，初步审定并公告申请在先的商标。该条还规定，同一天申请的，初步审定并公告使用在先的商标，驳回其他人的申请，不予公告。也即，在商标注册取得制度下，也对商标的使用所产生的权益予以考虑，在先使用者较同日申请者更具有获得商标权的正当利益。如果存在冲突的多个同日申请人均未使用或均有使用申请商标，《商标法实施条例》第 19 条规定了解决方案：各申请人可以自收到商标局通知之日起 30 日内自行协商，并将书面协议报送商标局；不愿协商或者协商不成的，商标局通知各申请人以抽签的方式确定一个申请人，驳回其他人的注册申请。商标局已经通知但申请人未参加抽签的，视为放弃申请，商标局应当书面通知未参加抽签的申请人。在这种情况下，协商解决的方案包括：获得注册的一方给予放弃的一方以经济补偿；获得注册的一方将来许可放弃的一方有条件或无条件使用该商标；获得注册的一方同意将申请商标或注册商标部分转让给放弃的一方以成为共有商标；获得注册的一方承诺不对放弃注册一方的使用行为追究商标侵权责任等。

一、混淆理论与规则

申请商标与在先商标之间冲突的判断，与商标侵权行为的认定一样，适用混淆理论。其基本规则是一致的，只是与侵权判断相比，在注册环节的商标冲突认定中，对于相关商标的实际使用因素考虑较少，而实际上这些因素对于商标之间冲突的认定起着不可忽视的作用。在混淆理论的适用中，商标侵权的认定有三个条件：商标之间相同或近似、产品或服务之间相同或类似、相关公众对于两个商标所标示的产品或服务的来源存在混淆误认的可能。前两个条件是彼此独立的，但第三个条件是否是一个单独的条件存在争论。我国《商标法》关于商标审查中申请商标与在先商标之间冲突的第 30 条没有关于"混淆可能"的表述；2001 年《商标法》关于商标侵权认定的第 52 条第（1）项规定：未经商标注册人的许可，在同一种商品或者类似商品上使用与其注册商标相同或者近似的商标的构成商标侵权。这两处的立法条文似乎表明"混淆可能"不是商标侵权的认定条件。但实际上，商标审查和商标保护实践中，对相同或类似商品或服务和对相同或近似商标的判断都是以是否存在混淆可能为标准，只有认定相关公众会存在混淆可能的情况下才能认定"相同或类似商品或服务"和"相同或近似商标"这两个条件。《最高人民法院关于审理商标民事纠纷案件适用法律若干问题的解释》第 9 条规定，《商标法》第 52 条第（1）项规定的商标近似，是指被控侵权的商标与原告的注册商标相比较，其文字的字形、读音、含义或者图形的构图及颜色，或者其各要素组合后的整体结构相似，或者其立体形状、颜色组合近似，易使相关公众对商品的来源产生误认或者认为其来源与原告注册商标的商品有特定联系。第 11 条规定，《商标法》第 52 条第（1）项规定的类似商品，是指在功能、用途、生产部门、销售渠道、消费对象等方面相同，或者相关公众一般认为其存在特定联系、容易造成混淆的商品。类似服务，是指在服务的目的、内容、方式、对象等方面相同，或者相关公众一般认为存在特定联系、容易造成混淆的服务。商品与服务类似，是指商品和服务之间存在特定联系，容易使相关公众混淆。上述规定表明，"混淆可能"这个条件是融入到了商品或服务类似和商标近似的认定之中的。混淆理论与商标的基本功能——识别功能的保护相对应，是商标侵权判定的基本规则，是比较法和国际公约上的公认规则。《欧盟商标条例》第 9.1 条规定，欧盟商标应赋予其所有人以独占权。（商标）所有人应有权禁止任何未经其同意的第三方在商业活动中使用……任何标志，如果，由于该标志与欧盟商标之间的相同或近似性以及该标志所指示的商品或服务与欧盟商标之间的类似性，公众存在混淆的可能……❶TRIPs 第 16.1 条规定，注册商标所有人应有独占权以禁止任何未经其同意的第三方在商业活动中在相同或类似商品或服务上使用相同或近似标志，如果该使用会导致混淆的可能（likelihood of confusion）。TRIPs 对于"混淆可能"的规定

---

❶ 207/2009《欧盟商标条例》第 9.1 条（b）项。

是国际层面广泛达成一致的表述方式,代表了商标法理论和比较法的一致性。我国 2013 年修订《商标法》时,按照 TRIPs 的要求,参照《欧盟商标条例》第 9 条的规定,将"混淆的可能性"引入了《商标法》第 57 条关于商标侵权行为认定的规定:未经商标注册人的许可,在同一种商品上使用与其注册商标近似的商标,或者在类似商品上使用与其注册商标相同或者近似的商标,容易导致混淆的,构成注册商标权侵权行为。

在混淆理论适用的这三个条件中,核心的条件是认定混淆的可能。只要第三人所申请或使用的商标与注册商标之间存在在相关公众中引起混淆的可能,就侵害了注册商标的识别功能,应当予以禁止:驳回申请或宣告无效或停止侵权。在这三个条件中,混淆的可能性不仅是核心条件,而且是可以做定性认定的绝对性条件,而商品或服务之间的类似性与商标之间的近似性都是只能做定量认定的相对性条件。这表现在,除完全相同的商品或服务之外,任何类似的商品或服务都是在一个或一些方面(功能、用途、生产部门、销售渠道、消费对象等)有相同点而在另外一些方面有不同点,因此,难以绝对地定性说某些情形下的类似就构成商品或服务类似,而另外一些情形不构成商标类似;除完全相同的商标之外,任何近似的商标之间也都是在一个或一些方面(发音、外形、含义、整体结构等)有相同点而在另外一些方面有不同点,难以绝对地定性说某些情形下的近似就构成商标近似,而另外一些情形不构成商标近似。商标审查机关、法院、商标律师都是以混淆的可能性为目标或依据来认定类似商品或服务与近似商标,当综合各方面的情况认为相关公众存在混淆的可能时,就认定商品或服务类似并且商标也近似;反之,就认定商品或服务不类似和/或商标不近似。这也解释了为什么前述司法解释将混淆可能性条件分别分解融入到了类似商品或服务的认定与近似商标的认定。尽管如此,商品或服务相同或类似性与商标之间的相同或近似性,都是混淆可能性认定的依据性。混淆可能性条件,难以在规则和适用层面做进一步具体化,但作为其认定依据的商品或服务类似性与商标近似性却可以落实到更具体的规则和更客观的事实认定上,同时,司法实践也不断积累、不断形成越来越多的类型化适用经验,这有助于在混淆可能性的认定中尽可能地提供法律所追求的稳定性和可预见性。

混淆理论作为商标之间冲突或商标侵权行为的认定依据,其强调的是混淆的可能性（likeliehood of confusion），而不是以实际发生的混淆作为认定的条件。因此，在相关认定中，应从商品或服务之间的相同或类似性，商标之间的相同或近似性以及商标的知名度等因素来认定是否存在混淆的可能，而不需要当事人证明已经实际发生了混淆。但是，实际混淆的发生可以作为混淆可能性的有力证据。没有发生实际混淆的事实，不能证明没有混淆的可能性。比如，甲公司在餐饮服务上注册了"金山酒家"商标，乙在一个偏远小镇开了一家"金山酒家"餐馆，而当地居民没有人知晓甲公司的商标，因此，没有实际混淆的发生。但是，在这种情况下仍存在混淆的可能性，构成商标侵权。TRIPs 第 16.1 条规定，如果未经许可在相同商品或服务上使用相同的标识（sign），则推定存在混淆可能性。欧盟 207/2009 号《欧盟商标条例》第 9.1 条（a）项和 2013 年修改后的《商标法》第 57 条第（1）项也做了类似的规定：未经许可在相同商品或服务商使用相同的标识（欧盟）或商标（我国）构成商标侵权。该条款没有把混淆可能性作为条件，就是因为根据条约推定了这种情形下存在混淆可能性。

混淆包括两种情形：将甲商标误认为乙商标或者误认为甲商标与乙商标存在关联（association）。有学者将前者称为直接混淆，将后者称为间接混淆，但对这一用语的准确性和必要性存在不同看法。关联指的是，认为甲商标和乙商标之间存在赞助、保证、控制等关系。

二、商标相同或近似的认定

就商标相同或近似的认定，《最高人民法院关于审理商标民事纠纷案件适用法律若干问题的解释》第 9 条规定，商标相同，是指被控侵权的商标与原告的注册商标相比较，二者在视觉上基本无差别。商标近似，是指被控侵权的商标与原告的注册商标相比较，其文字的字形、读音、含义或者图形的构图及颜色，或者其各要素组合后的整体结构相似，或者其立体形状、颜色组合近似，易使相关公众对商品的来源产生误认或者认为其来源与原告注册商标的商品有特定的联系。需要注意的是，商标近似的认定并不需要被对比的商标在上述各个方面都近似或相同。在不同的情形下，两个商标在某一个方面的相同或近似性就可以成为两者近似的充分依据，两个商标在某一个方面的差

异也有可能成为两者不近似的充分依据。❶

仅发音近似而含义不同或无含义并且外形不近似的商标不近似，除非在先商标是驰名商标的情形，《商标法》第 13 条中禁止复制、摹仿、翻译，其中的摹仿包括发音方面的摹仿，因此驰名商标保护范围大于普通商标在商标近似的认定中也体现在这里，当然，从另一个角度说，这是已经考虑了在先商标的知名度导致的规则修正。

《最高人民法院关于审理商标民事纠纷案件适用法律若干问题的解释》第 10 条还就相同或近似商标认定的方法做出了规定。一是对商标的比对要以相关公众的一般注意力为标准，因为就大众日常消费的商品或服务而言，消费者一般都不会在购买产品之前特别仔细地对商标的细节进行观察，而是凭视觉印象认知商标。但对于某些种类的贵重商品（比如飞机、汽车）或相关公众仅限于高度专业人员的 B to B 商品（比如汽车发动机），则相关公众会以高度的注意力对商标进行识别。对于存在些许差别的两个商标，以相关公众的一般注意力为评判依据可能认定为近似，而以较高注意义务为评判标准则可能认定为不近似，显然后者更能接受差异不大的商标之间的共存。比如，在汽车领域，存在多个以字母 H 为核心元素的商标，

二是既要进行对商标的整体比对，又要进行对商标主要部分的比对，比对应当在对对象隔离的状态下分别进行。相关公众购买商品的场景通常不会将两个品牌放在一起比对，而是在看到甲商标的时候将其与头脑中的乙商标的印象进行对比，因此，要隔离对比。在隔离对比的情况下，相关公众头脑中对商标的印象就成为对比的依据，对这种印象起主要作用的就是对商标整体的印象和对其主要部分的印象。因此，有的商标构成元素不同，但组合起来的整体印象是近似的；有的商标整体存在差异，但各自的主要部分近似，消费者会对其发生误认。就图形和文字组合商标而言，国内外的审查实践中，一般都认为文字总是主要部分，不管其在商标整体中所占比例或位置；商标左起的部分、上面的部分、与周边元素相隔离的中心部分都是主要部分；一个商标也可以有两个主要部分，如果都很显著。

三是在商标近似的判断中要考虑商标的显著性和知名度。尽管《最高人民法院关于审理商标民事纠纷案件适用法律若干问题的解释》第 9 条针对商标侵权认定中的商标近似性判断，要求考虑请求保

---

❶ 另见《最高人民法院关于审理商标授权确权行政案件若干问题的意见》（法发〔2012〕12 号）第 15 条、第 16 条。

护的商标的显著性和知名度，商标注册审查中的商标近似性判断中也同样要考虑在先商标的知名度。另外，在两种程序中，对于需要对比的两个商标的知名度都要考虑。在先商标的显著性和知名度越高，其在相关公众的头脑中的印象就越深，他们在看到近似商标的时候就越容易想到它们所熟悉的商标，就越容易发生混淆误认。但另一方面，商标注册程序中的申请商标或侵权程序中的被告的商标如果经过使用也在相关公众中具有知名度，则可能形成在后申请商标与在先注册商标，或者被告的商标与原告的商标已经在市场上形成了互不混淆的共存状态，即相关公众已经对两者都熟悉并能区分。这种情形下，可以综合考虑案件的各种因素认定两个商标在相关公众中不存在混淆的可能。比如，在靳某、袁记公司与张某侵犯注册商标专用权纠纷案❶中，2004年1月28日，原告靳某经国家工商行政管理总局商标局核准，获得第3258099号袁记腊汁肉夹馍注册商标，核定服务项目为第43类的"备办宴席；餐馆；餐厅；饭店；快餐馆；自助餐厅；住所（旅馆、供膳寄宿处）；提供野营场地设施（商品截止）。"该商标注册有效期限自2004年1月28日至2014年1月27日止，后该商标经核准续展注册有效期自2014年1月28日至2024年1月27日。2014年1月29日原告靳某与原告袁记公司签订商标使用许可合同，许可袁记公司使用袁记腊汁肉夹馍商标，许可使用的期限自2014年1月28日至2024年1月27日，许可使用的形式为普通使用许可。2013年袁记腊汁肉夹馍被评定为陕西省著名商标。2014年9月13日，原告靳某授权袁记公司作为原告与其共同参加该案诉讼。原告袁记公司于2012年11月12日经陕西省工商局登记成立，该公司企业法人营业执照登记的经营范围为餐饮管理（经营除外）；企业形象、企业营销的策划；室内外装饰装修。该公司在全国有上百家连锁店。成都市袁缘实业有限公司于1999年9月7日登记成立，该公司企业法人营业执照登记的经营范围为餐饮、批发零售汽车配件、五金交电、办公用品等。其法定代表人袁某于1996年以个体饮食户的形式开设了第一家串串香火锅店，店名"袁记串串香"。成都市袁缘实业有限公司历年来在全国有袁记串串香自营店及加盟店数百家。2007年9月20日，成都市袁缘实业有限公司申请注册袁记串串香商标，商标局于2009年12月10日以该商标与靳某在类似服务项目上已注册的第

---

❶ 见西安市中级人民法院（2014）西民四初字第00458号民事判决书，陕西省高级人民法院（2015）陕民三终字第00028号民事判决书。

3258099号"袁记"商标近似为由,驳回成都市袁缘实业有限公司在"备办宴席、饭店、餐厅、快餐馆、汽车旅馆、咖啡馆、自助餐馆、酒吧、茶馆"上使用该商标的注册申请,后该公司申请复审,国家工商行政管理总局商标评审委员会做出决定:申请商标予以初步审定,在公告过程中,原告向商标评审委员会提出异议。被告于2011年5月5日经西安市工商行政管理局雁塔分局登记成立西安市雁塔区建翔风味小吃店,经营范围为餐饮服务,住××××。

上述事实有营业执照、商标注册证、核准续展注册证明、袁记腊汁肉夹馍商标使用许可合同、授权书、咸阳市人民政府办公室关于表彰奖励驰名著名知名商标企业的通报、情况说明、证明函、商标部分驳回通知书、商评字〔2013〕第124279号驳回复审决定书、个体工商户登记基本情况、商标使用授权书、照片及庭审笔录等在卷为证。

一审法院认为,原告靳某系涉案袁记腊汁肉夹馍商标的商标注册人,该商标尚处在合法有效状态,靳某有权对侵犯其商标权的行为提起诉讼,而原告袁记公司为该商标普通许可合同的被许可人,《最高人民法院关于审理商标民事纠纷案件适用法律若干问题的解释》第4条规定,普通使用许可合同的被许可人经商标注册人明确授权,可以提起诉讼。原告袁记公司已获得靳某的授权,故原告靳某、袁记公司作为该案原告主体适格。被告所提原告靳某未在起诉状上签字的问题,因原告靳某已向本院予以明确,被告对于原告主体资格所提异议不能成立。围绕原、被告的诉辩主张,该案争议的焦点问题为:被告使用"袁记串串香"的行为是否构成对原告第3258099号袁记腊汁肉夹馍注册商标专用权的侵犯。原告是袁记腊汁肉夹馍注册商标的权利人,其袁记腊汁肉夹馍注册商标专用权受法律保护。商标最基本的功能在于使相关公众通过商标识别商品和服务的来源,避免对不同来源的商品或服务产生混淆、误认。袁记腊汁肉夹馍商标与被控侵权的"袁记串串香"相比较,视觉上有差别,两者不相同。《最高人民法院关于审理商标民事纠纷案件适用法律若干问题的解释》第9条第2款规定:商标近似是指被控侵权的商标与原告的注册商标相比较,其文字的字形、读音、含义或者图形的构图及颜色,或者其各要素组合后的整体结构相似,或者其立体形状、颜色组合近似,易使相关公众对商品的来源产生误认或者认为其来源与原告注册商标的商品有特定的联系。第10条规定:认定商标相同或者近似按照以下原则进行:(1)以相关公众的一般注意力为标准;(2)既要进行对商标的整体比对，又要进行对商标主要部分的比对，比对应当在比对对象隔离的状态下分别进行；(3) 判断商标是否近似，应当考虑请求保护注册商标的显著性和知名度。袁记腊汁肉夹馍商标与被控侵权的"袁记串串香"相比较，其文字的字形、读音、含义及其各要素组合后的整体结构均不近似。腊汁肉夹馍是陕西特色小吃之一，串串香是四川地区小吃之一，是火锅的另一种形式，两者虽然是商品的名称，但两者所指向的商品的来源有各自的地域性，袁记腊汁肉夹馍商标中的"腊汁肉夹馍"与"袁记串串香"中的"串串香"具有一定的标识作用，具有显著性，故不能将"腊汁肉夹馍"与"串串香"从两商标中剥离来比对两商标，判断两者是否近似。且袁记腊汁肉夹馍商标在全国范围内的知名度有限，不易使一般消费者对"袁记串串香"商品的来源产生误认或者认为其来源与原告注册商标的商品有特定的联系。鉴此，综合考虑"袁记串串香"与袁记腊汁肉夹馍注册商标的字形、读音、含义及其各要素组合后的整体结构，以及二者的显著性程度和知名度、商标实际使用情况等相关因素，法院认定二者不构成近似，被告使用"袁记串串香"的行为不构成对原告第3258099号袁记腊汁肉夹馍注册商标专用权的侵犯。

综上，实践中，通常都要将需要对比的商标从形、音、意三个方面进行分析，对其整体进行对比，对其主要部分进行对比，并考虑到商标的显著性和知名度，做出商标之间近似或不近似的认定。

三、商品或服务相同或类似的认定

《最高人民法院关于审理商标民事纠纷案件适用法律若干问题的解释》第11条规定，类似商品，是指在功能、用途、生产部门、销售渠道、消费对象等方面相同，或者相关公众一般认为其存在特定联系、容易造成混淆的商品；类似服务，是指在服务的目的、内容、方式、对象等方面相同，或者相关公众一般认为存在特定联系、容易造成混淆的服务；商品与服务类似，是指商品和服务之间存在特定联系，容易使相关公众混淆。这些规定表现的是商标法原理和比较法上对于商品类似、服务类似或商品与服务类似认定的公认规则。这些规则使类似商品或类似服务的认定得以客观化，商标审查人员、法官和律师都要从这些方面举证和论证商品或服务是否类似。上述规则的解释和适用应注意以下方面：一是认定两种商品或服务构成类似并不需要两者在上述所有方面都相同或类似。在具体情形下，某一方面的相同或近似性可以成为两者构成近似的充分依据，而某一方面的差异性也可以成为两者构成不近似的充分依据。二是上述考量因素的列举不是穷尽性的，在具体的案件中还需要考虑个案可能所涉及的有关商品或服务的其他因素。三是上述商品或服务的功能、用途、销售渠道、消费对象等概念在具体案件中仍是较抽象的概念，往往需要进行细分界定，而不能停留在抽象的概念上进行比对。四是商品或服务的生产部门、销售渠道、消费群体等都可能随着社会经济、技术、文化的发展而演变。另外，在我国的商标审查实践中，商标局要求申请人以《类似商品和服务区分表》中的所谓"规范"名称来描述指定的商品和服务，申请人往往只能以抽象笼统的名称来表述其产品或服务，这增加了细分市场上不同的商品或服务被在抽象概念层面认定为相同或近似的可能。比如，甲公司只提供3D动画制作软件，乙公司只提供机床操控软件，但它们都只能以"软件"指定其商品，从而被认定为近似。这就要求，在相同或类似商品或服务的认定中，应当考虑相关商标所实际用于的产品或服务，而不能仅在抽象概念层面得出相同或近似的结论。

《最高人民法院关于审理商标民事纠纷案件适用法律若干问题的解释》第12条规定，人民法院认定商品或者服务是否类似，应当以相关公众对商品或者服务的一般认识综合判断；《商标注册用商品和服务国际分类表》《类似商品和服务区分表》可以作为判断类似商品或者服务的参考。与《商标注册用商品和服务国际分类表》相比，我国的分类表有两点不同：一是增加了我国特有的一些商品或服务，二是将每个类别里的商品或服务进一步根据功能、用途等方面的关联度分成若干类似群组，同一个类似群组里的商品或服务一般认为彼此类似，不同类似群组的商品或服务一般认为彼此不类似（不同类似群组之间交叉检索的情况除外）。因此，该分类表在我国具有一项在其他国家所不具有的功能：它是商标局和商标评审委员会判断商品或服务类似的基本依据，并且是法院认定类似商品或服务的参考。对于商标审查机关而言，通过制定明确的审查标准，有利于提高审查工作的效率，并减少审查中个人裁量因素，但这样的做法也具有明显的僵化性，因为商品或服务之间的类似性判断应当根据上述规则从功能、用途、销售渠道、消费对象角度针对个案情况做出认定，而且商品或服务的上述方面也都随着市场和社会的变化而变化。在目前的商标审查和审理程序中,由于商标局和商标评审委员会直接以《类似商品和服务区分表》这一"下位"标准为类似商品与服务的判断依据,当事人通常很难通过举证和论证来使《最高人民法院关于审理商标民事纠纷案件适用法律若干问题的解释》中的"上位"规则被审查机关直接适用。但近些年的情况有所发展,比如,在第25类的服装、鞋、帽等商品上,该类别存在13个类似群组,成人服装、婴儿服装、鞋、帽子、袜子、手套、领带、腰带分别属于不同的类似群组,而实际上,不同类似群组中的很多商品构成类似,审查机关也在不少案件中对该类别的类似群组做了突破。对于法院而言,毫无疑问是适用《最高人民法院关于审理商标民事纠纷案件适用法律若干问题的解释》的类似商品与服务认定规则,根据证据对事实做出认定和定性。但是,尽管《类似商品与服务区分表》被表述为类似商品与服务认定的参考,但其现实作用比"参考"一次的字面表述要大得多,法院原则上推定以类似群组作为认定依据的正确性,仅在当事人提供了充分证据的情况下才对区分表的类似群组进行突破。与行政机关不同,法院应当把公正作为比效率更重要的价值追求,因此,应在更大程度上摆脱区分表带来的僵化性。

在友宝商标侵权案❶中,就智能快件箱与自动售货机是否构成类似商品的问题,法院认为,被告友宝公司生产的智能快件箱一般被安放在学校、社区等人员较密集且较为固定的居住、生活等场所,其操作方法是快递员将快递放置在智能快件箱中后,将取件密码发送给客户,客户在快件箱上输入快递员发送的密码,即可将快递自行取出。智能快件箱的功能主要是用于临时性的物品储存,客户与快件之间存在特定的对应关系,提供智能快件箱的一方并不是快递商品的销售方,其与快递公司合作,只是起到了为他人暂时保管并传递商品的作用。自动售货机一般被安放在办公场所、学校、商场、地铁站等公共场所,内有饮用水、饮料、袋装食品等,消费者投币后,即可以进行自助购买。自动售货机的功能是方便消费者自行购买自动售货机内的商品(多为饮料等食品),商品与消费者之间一般没有特定的对应关系。虽然原、被告产品均为向公众提供自助取件的服务,但两者安放场所并不完全重合,针对的是不同需求的服务对象,功能、用途也不

---

❶ 北京友宝科斯科贸有限公司、在线宝科技有限公司与福州友宝电子科技有限公司、上海鑫源物业经营管理有限公司侵害商标权及不正当竞争纠纷案,见上海市浦东新区人民法院(2014)浦民三(知)初字第554号民事判决书。

相同，因此被告友宝公司的智能快件箱与原告注册商标核定使用的"自动售货机"不属于类似商品。

就智能快件箱与投币启动装置是否构成近似，法院认为，被告友宝公司的智能快件箱采用输入密码自主取件的使用方式，为客户提供自助提取快件的服务。虽然并不一定需要投币，但原理与投币启动的装置相似，从被告的产品图片上看也有投币口，因此智能快件箱与投币启动的机械装置、投币启动设备用机械装置属于类似商品，且被告友宝公司同样也在第9类投币启动设备用机械装置等商品上申请了商标注册。被告友宝公司认为智能快件箱应属于第6类金属箱，根据《类似商品和服务区分表》的注释，第6类主要包括未加工的和半加工的普通金属，以及这些金属的简单制品。被告友宝公司的智能快件箱并不是一种简单的储物柜，其将传统的储物柜与互联网相结合，有主机、显示屏、读卡器、键盘、扫描器等，区别于普通的金属箱。且类似商品的判断应在被控侵权商品与注册商标核定使用的商品之间进行。故被告友宝公司的上述意见法院不予采纳。

在前项认定中，法院根据商品之间的功能、用途等进行了分析，但在后一项认定中，原被告以及法院对分类表的作用过于重视，而没有能够从一般规则层面展开论证和证明。这里还涉及一个重要的问题：对于分类表中的产品如何解释。投币启动装置是终端产品还是产品部件？如果它是类似芯片、发动机这样的部件，则就是任何投币启动终端设备的部件，不能认为它与所有使用了该部件的产品都类似。

四、商标查询与商标共处协议

在商标法律实务中，为评估注册成功率，可以对申请商标做在先查询或检索，即通过商标数据库查询是否存在相同或类似商品或服务上存在与申请商标相同或类似从而有导致混淆可能的在先商标。对于检索结果的分析评价要由商标律师来做，因为这需要对法律规则适用的理解和实践经验的运用。但检索这一步工作，存在一些专门的国际性公司，可以提供对很多国家的商标检索。

如果检索到可能构成注册障碍的在先商标，申请人可以有针对性地修改或放弃其商标标识；也可以对在先商标提起撤销申请，如果该商标已经注册满3年并且没有被使用的迹象；也可以与在先商标的所有人谈判商标共处协议以获得其对申请商标注册的同意，如果共处的商标不构成相同或高度类似商品或服务上的相同或高度近似商标，我国商标局目前一般会接受这种共处安排。在这方面，欧美国家的审查机关的要求比我们国家低，只要当事人双方达成商标共处安排即可，因为它们在理念上认为商标权是一种私权，经营者是最直接的利害关系人，因此它们自己会做好利益安排，因为混淆的发生会直接侵害到它们的切身利益。我国商标局对于商品与服务名称的"规范化"要求也使得相同产品或服务的情形更容易出现，在这种情况下，如果两个商标的申请人或注册人实际上经营的商品不相同，也不高度类似，则应按实际经营的商品或服务来审查共处协议。近年的司法实践表明，法院对于商标共处协议的尊重程度越来越高。

在 TEGRA 商标驳回复审案❶中，3M 公司于 2008 年 9 月 11 日申请注册第 6948790 号 TECRA 商标并 2010 年 7 月 21 日获得注册，核定使用在国际分类第 1 类的非医用和非兽医用诊断制剂、非医用或非兽医用化学试剂、工业用化学品等商品上。伊维亚公司于 2012 年 11 月 5 日申请注册第 11693689 号 TEGRA 号商标，由向商标局申请注册，指定使用的商品为国际分类第 1 类制路面涂层材料用的化学品、制路面涂层材料用的化学聚合物添加剂。商标局于 2013 年 10 月 22 日驳回了申请商标在指定商品上的注册申请，理由是申请商标与引证商标构成使用在类似商品上的近似商标。伊维亚公司提起驳回复审后，商标评审委员认为❷：申请商标与引证商标首尾字母相同，且"G"与"C"字母字形相近，整体呼叫无明显区别，申请商标指定的制路面涂层材料用的化学品等商品与引证商标核定使用的工业用化学品等商品在功能、用途等方面相同，已构成类似商品；两商标同时使用在上述商品上易引起消费者混淆误认，已构成近似商标；申请商标应予驳回。

伊维亚公司不服，向北京市第一中级人民法院提起诉讼，并提交了引证商标权利人签署同意申请商标与引证商标共存的《同意书》。一审法院认为：申请商标指定使用的商品与引证商标核定使用的商品构成相同或类似，申请商标与引证商标构成使用在类似商品上的近似商标，伊维亚公司的相关诉讼主张缺乏事实及法律依据，不予支持。商标评审委员会做出第 57750 号决定之前并未收到涉案《同意书》，

---

❶ 见北京市高级人民法院（2015）高行（知）终字第 3563 号行政判决书。
❷ 见商标评审委员会商评字〔2014〕第 57750 号《关于第 11693689 号"TEGRA"商标驳回复审决定书》。

商标评审委员会依据评审时的事实状态做出第57750号决定，并未违反法律法规的强制性规定，因此，第57750号决定的做出程序合法，并未损害伊维亚公司的程序性利益。另外，即使伊维亚公司已经与引证商标权利人签订《同意书》，且约定申请商标与引证商标在市场上共存，但是，共存协议的存在并非申请商标应予获准注册的当然理由，仅是商标注册过程中是否会产生混淆可能性的考量因素之一，在混淆可能性判断时，不能假定相关公众必然知晓共存协议的存在及其内容，客观上作为普通消费者的相关公众也很难获知商标权利人之间签订的共存协议，更为重要的是，如果需附加共存协议等内容才能通过商标准确判断商品的来源，这无疑增加了消费者的负担，亦使商标偏离了其基本功能。申请商标的获准注册不仅可能会损害引证商标的权利人利益，亦会对相关公众产生影响，商标评审委员会作为商标授权程序的管理者，不仅要维护引证商标权利人的利益，更为重要的是，其应该站在相关公众的角度进行考量，避免因商标授权程序审核不当而对市场产生负面影响，进而破坏相关公众已经建立起来的稳定、清晰的判断。具体到本案，申请商标与引证商标高度近似，二者使用在类似商品上，相关公众很难判断商品的来源。尽管伊维亚公司与引证商标权利人已签订《同意书》，且约定申请商标与引证商标共存于市场，但上述共存协议仅是引证商标权利人自身民事权利的让与或放弃，相关公众对于上述共存协议的内容缺乏了解，相关公众施以一般注意力仍然无法有效区分申请商标与引证商标，同时，申请商标指定使用的商品与引证商标核定使用的商品均涉及医药、化学领域，有一定的危险性，商标评审委员会作为商标授权程序的管理者、审核者，更应维护商标授权程序中的公共利益。因此，伊维亚公司虽与引证商标权利人签订《同意书》，但申请商标与引证商标仍然构成使用在相同或类似商品上的近似商标，申请商标的申请注册违反了2001年《商标法》第28条的规定，伊维亚公司的相关诉讼主张，缺乏事实及法律依据，对此不予支持。

伊维亚公司上诉后，北京市高级人民法院认为："商标权是权利人依法享有的一种民事权利。虽然商标法不仅保护商标权人的合法权利，而且也顾及消费者的合法权益，但是，商标法主要以商标法律关系为调整对象，在我国现有的法律框架下，消费者权益保护已有专门的法律予以规范调整，在商标法的适用过程中，亦应以商标法律关系为主要的考察对象。在判定商标是否近似、商品是否类似时，应当充分考虑和尊重在先商标权人的意见。除在相同商品或者服务上申请注册完全相同的商标，为避免当事人通过共存协议的形式规避商标法规定的商标权共有制度，因而不考虑商标共存协议外，对于在相同或者类似商品或者服务上，申请注册近似的商标，应当将共存协议作为判断商标近似与否的重要依据。在先商标权人认为在后申请注册的商标标志不会造成混淆误认，或者允许在后近似的商标在相同或者类似商品或服务上申请注册的，通常不宜再认定两商标构成近似商标。本案中，申请商标由字母 TEGRA 构成，引证商标由字母 TECRA 构成，虽然二者的字母组成较为接近，但仍存在一定的区别，而且两商标指定或者核定使用的工业用化学品与制路面涂层材料用的化学品、制路面涂层材料用的化学聚合物添加剂在功能、用途、生产部门、销售渠道、消费群体方面仅具有一定的类似性，而非完全相同，因此，在引证商标权利人已出具《同意书》的情况下，应当认定申请商标与引证商标未构成 2001 年《商标法》第 28 条所指的近似商标。"

共处协议的谈判难度本质上取决于双方之间利益冲突程度和比较优势。如果实际上两个经营者各有自己的细分市场，没有此消彼长的利益关系，则比较容易达成共处。如果双方都是跨国公司并在不同的国家和地区各有商标注册的优势和劣势，则会考虑在全球范围内达成共处协议。共处协议的内容一般包括：双方同意相关商品或服务上的商品在某地域范围内共存；同意对方商标的注册和使用；同意在对方商标被审查机关驳回时出具同意注册函；彼此不对相关商标提异议或无效申请；彼此不进入对方的细分市场；彼此通过一定方式实现商标标识的区分等。

第九章

在先著作权、商号权、外观设计权与在后商标

一、在先著作权与在后商标的冲突

著作权保护作者在科学技术和文学艺术领域的独创性表达。著作权人对其作品拥有发表、署名、修改和保护作品完整权等人身权（精神权利）和复制、发行、展览、改编等财产权。因此，未经许可将他人的作品申请注册和使用为商标构成著作权侵权行为。根据我国《著作权法》的规定，作者的署名权、修改权、保护作品完整权的保护期不受限制。公民的作品，其发表权和财产权的保护期为作者终生及其死亡后50年，截止于作者死亡后第50年的12月31日；如果是合作作品，截止于最后死亡的作者死亡后第50年的12月31日。法人作品和职务作品，其发表权和财产权的保护期为50年，截止于作品首次发表后第50年的12月31日，但作品自创作完成后50年内未发表的，不再保护。

与注册商标权的保护范围受限于核准的商品或服务不同，著作权的范围不因作品的使用方式或产品与服务范围受影响，因此，依据著作权可以阻止一个商标在任何产品或服务上的注册。对于图形商标和艺术化了的文字商标，著作权被经常援引以阻止他人的注册使用，尤

其是在由于商品或服务不类似而导致在先商标权难以奏效的情况下。著作权的主张者必须证明：客体符合作品的认定条件（具有独创性），其是著作权人（所有人或被许可人），作品的创作时间或首次发表时间（以确保著作权仍在保护期之内），被告或被申请人使用了与作品相同或实质近似的表达，被告或被申请人有接触作品的可能。由于作品的认定和著作权侵权判断涉及著作权法规则的解释和适用，有些国家将此类争议直接交由法院解决，认为商标审查机关不具有这方面的职能。我国的商标审查机关对于著作权作为异议或无效程序中的依据也是予以审查的。在上述著作权侵权认定所要证明和认定的事实与条件中，独创性的认定经常对各国司法机关构成挑战，而著作权权属和作品创作时间的证明往往是很多案件中当事人的软肋。

就独创性而言，我国的法律实践中仅要求最低程度的创造性即可，但作品的保护范围仅限于独创性的元素或成分。而最低程度的创造性在很多案件中不容易把握。在独创性的认定中，一方面要将认定客体与常见的表达相对比以确定其是否存在独特性的元素；另一方面要考察著作权主张者对于独创性元素的说明和论证。前者通常依赖被告或被申请人对于常见表达的举证和法官对于常见表达的认知，后者则完全取决于权利主张者的论证。前者是"CAMEL SAHARASAM"商标异议案❶中独创性认定的要点，如图9-1所示。

图9-1　CAMEL及图商标

后者是"建丰JIANFENG及图"商标无效案❷中独创性认定的要点，要求在法律的论证中得到艺术创作与审美领域的支持，如图9-2所示。

---

❶ 见北京市高级人民法院（2012）高行终字第1782号行政判决书。
❷ 见北京市第一中级人民法院（2012）一中知行初字第598号行政判决书。

图 9-2　建丰 JIANFENG 及图商标

　　就著作权的权属证明而言，我国《著作权法》第 11 条第 1~3 款规定："著作权属于作者，本法另有规定的除外。创作作品的公民是作者。由法人或者其他组织主持，代表法人或者其他组织意志创作，并由法人或者其他组织承担责任的作品，法人或者其他组织视为作者。"因此，在著作权原始取得情况下，自然人著作权人需要提供证据证明其创作了作品；法人著作权人需要证明是法人作品；在继受取得情况下，自然人或法人著作权人都需要提供著作权转让协议或继承（法人承继）的证据，并要提供原始权利归属的证据。《著作权法》第 11 条第 4 款还规定，如无相反证明，在作品上署名的公民、法人或者其他组织为作者。在"老人城 LAORENCHENG 及图"商标无效案中，原告提供了 Logo 商标在国外较早获得注册的授权公告，上面有商标图形和注册人的名称。法院认为，商标注册公告不属于可以适用前述"署名推定权属"的规则，《著作权法》第 11 条第 4 款中的"署名"是表明作者身份的署名，向公众传达的意思是署名者系作品创作者；而商标注册公告中载明的商标注册人的信息仅表明注册商标权的归属，不属于著作权法意义上在作品中表明作者身份的署名行为。因此，这一有关推定著作权权属的条款有着特定的事实情景作为适用背景，它适用于典型的文学作品和美术作品的发表情形，但对其他的作品和作品公开的情形不一定适用。但尽管不能适用上述"署名推定权属"的规则，但商标注册和公告的证据仍对商标注册人是著作权所有人或被许可人的事实具有很强的证明力。

　　在商标法实践中，经常会有国外 Logo 商标的注册人援引对 Logo 作品的著作权对他人的商标申请提起异议或无效宣告程序的案件。此类案件中，Logo 注册人往往提供该 Logo 在国外最早的商标注册证作为著作权的证据。商标注册证本身可以证明 Logo 的注册人和使用人很可能是该作品的著作权人或被许可人，尤其是对于历史较长的 Logo 标识而言，毕竟以侵犯他人著作权的方式取得 Logo 的商标注册或使用 Logo 是特殊情况。因此，根据高度盖然性的证明标准，可以结合案件情况依据较早的商标注册证认定 Logo 的著作权归属，除非对方提供相反的证据。但商标注册证本身无法证明著作权的产生时间，因此，还需要有关作品创作、发表、权属约定等某些方面的证据以证明著作权保护期的起算点。此外，著作权登记证书也是实践中经常被使用的有关著作权存在和权属的证据，但由于我国著作权登记机关并不对著作权登记的事项进行审查，因此，著作权登记证书的证明力较低。

二、在先企业名称/商号权

企业名称权及商号权的法律渊源包括《民法通则》《企业名称登记管理规定》和《反不正当竞争法》。《民法通则》第 99 条第 1 款规定公民有姓名权。第 2 款规定法人、个体工商户、个人合伙享有名称权，有权使用、依法转让自己的名称。第 2 款构成法人名称权的原则性规定，而没有对权利的内容做出规定。《企业名称登记管理规定》第 23 条第 1 款规定，企业名称可以随企业或者企业的一部分一并转让。这其实是对企业名称的转让设置了条件，即不能与企业经营分离转让。

《企业名称登记管理规定》以及《企业名称登记管理实施办法》对于企业名称的登记注册程序与条件以及在该程序中的保护做了规定。《企业名称登记管理规定》第 3 条规定，企业名称经核准登记注册后方可使用，在规定的范围内享有专用权。《企业名称登记管理实施办法》第 9 条规定："企业名称应当由行政区划、字号、行业、组织形式依次组成，法律、行政法规和本办法另有规定的除外。"因此，常见的标准企业名称，如北京联想信息技术有限公司，其中的"联想"为字号。《企业名称登记管理实施办法》第 13 条规定：经国家工商行政管理总局核准，符合下列条件之一的企业法人，可以使用不含行政区划的企业名称：国务院批准的；国家工商行政管理总局登记注册的；注册资本（或注册资金）不少于 5 000 万元人民币的；国家工商行政管理总局另有规定的。第 18 条规定，企业名称中不使用国民经济行业类别用语表述企业所从事行业的，应当符合以下条件：企业经济活动性质分别属于国民经济行业五个以上大类；企业注册资本（或注册资金）一亿元以上或者是企业集团的母公司；与同一工商行政管理机关核准或者登记注册的企业名称中字号不相同。企业名称中的字号（商号）是其与其他企业相区分的识别部分。第 14 条规定，企业名称中的字号应当由两个以上的字组成。行政区划不得用作字号，但县以上行政区划的地名具有其他含义的除外。第 15 条规定，企业名称可以使用自然人投资人的姓名作字号。与其他国家相比，我国法律对于企业名称的构成要求很多，欧美国家的公司名称可以就是 Abc，企业名称实行预先核准制度。根据《企业名称登记管理实施办法》第 31 条第（2）项规定，与同一工商行政管理机关核准或者登记注册的同行业企业名称字号相同的企业名称，不予核准，有投资关系的除外。《企业名称登记管理规定》主要规定了企业名称及字号的构成和注册条件，登记机关通过拒绝同一辖区内的同行业相同字号企业的登记来保护在先的企业名称。但对于他人未经许可而使用登记的企业名称或字号的行为，主要通过《反不正当竞争法》予以保护。

《反不正当竞争法》第 5 条第（3）项规定，经营者不得擅自使用他人的企业名称，引人误认为是他人的商品。《最高人民法院关于审理不正当竞争民事案件应用法律若干问题的解释》第 6 条规定，企业登记主管机关依法登记注册的企业名称，以及在中国境内进行商业使用的外国（地区）企业名称，应当认定为《反不正当竞争法》第 5 条第（3）项规定的"企业名称"。具有一定的市场知名度、为相关公众所知悉的企业名称中的字号，可以认定为《反不正当竞争法》第 5 条第（3）项规定的"企业名称"。从这一规定可以看出，《反不正当竞争法》所保护的企业名称权有三类客体，每类客体的受保护条件不同。第一类是登记注册的企业名称，受保护的条件是经过企业登记主管机关的登记注册。这通常就是指工商行政管理机关根据《企业名称登记管理规定》核准登记的"标准"中国企业名称，即根据中国法律成立的企业（含三资企业）的名称。第二类是在中国境内进行商业使用的外国（地区）企业名称，此类企业名称以在中国大陆境内使用为受保护条件，而不要求登记注册。这一规定考虑了《巴黎公约》第 8 条的要求。根据该条，商号（trade name）应在所有《巴黎公约》缔约方受保护，无须申请或注册，也不论其是否是商标的组成部分。但是，《巴黎公约》没有对商号受保护的条件和保护内容做出规定，因此，缔约方仍有权自行规定。第三类是字号，受保护的条件是在中国大陆境内"具有一定的市场知名度、为相关公众所知悉"。《最高人民法院关于审理不正当竞争民事案件应用法律若干问题的解释》本身没有对前述第二类企业名称的保护提出知名度要求，但实践中外国企业名称往往很简单，一般仅由字号构成。在这种情况下，法院往往将其定性为字号，从而要求具有一定知名度。此外，司法实践中还对具有一定知名度并与有关企业存在唯一对应关系的企业名称中的简称也予以保护。比如在"潍柴 WEICHAI"商标异议复审案❶中，在被异议商标申请日之前，"潍柴"就已经是潍坊柴油机厂的简称，并具有较高的市场知名，而受到保护。

《反不正当竞争法》第 5 条保护企业名称的目的在于制止混淆误认及对其他经营者商誉的搭便车行为，因此，混淆理论是认定此类不正当竞争行为的依据。在具体案件中，请求保护的企业名称应在被异议商标申请日前就已经登记注册或投入使用，商号并应具有一定知名度，被异议商标所指定的商品或服务应与企业名称或商号所实际用于的产品或服务类似。这些适用条件在"派克汉尼汾 PARKER HANNIFIN"商标案❷中有充分的体现。

戴某于 2004 年 9 月 8 日申请注册第 4259661 号"派克汉尼汾 PARKER HANNIFIN"商标（以下简称"被异议商标"），指定使用商品为第 17 类：密封环、PVC 软管、农用塑料膜、排水软管等产品上。帕克公司以该商标侵犯了"派克汉尼汾"和"PARKER HANNIFIN"两个商号权为由提出异议。商标局、商标评审委员会和两审法院都以帕克公司的证据不足为由，裁定被异议商标予以核准注册。在提审程序中，最高人民法院认为：根据当事人再审申请理由及答辩意见，该案争议焦点是："派克汉尼汾"中英文名称是否是派克汉尼汾公司及其子公司在先使用并且具有一定知名度的字号，被异议商标的注册是否违反了 2001 年《商标法》第 31 条的规定。"Parker Hannifin"是两个名称的组合，其中 Parker 是派克公司的创始人的名字，Hannifin 是其合并公司的名称，这种因为公司并购后以两家公司名称组合的字号有其特别的历史背景，作为商业标记具有较强的显著性。"派克汉尼汾"是其惯用音译，通过派克汉尼汾公司及其关联公司的使用及相关宣传报道，已成为"Parker Hannifin"对应音译。"PARKER HANNIFIN""派克汉尼汾"作为派克汉尼汾公司及其子公司或关联公司的字号，在被异议商标申请日之前在中国已经使用多年，且在相关新闻报道及报纸杂志文章中，亦清晰地显示了派克汉尼汾公司及其关联公司的企业名称及其相关排名、销售额及相关市场情

---

❶ 见北京市高级人民法院（2011）高行终字第 137 号判决书。
❷ 见最高人民法院（2014）行提字第 9 号判决书。

况。鉴此，最高人民法院认为，在被异议商标申请日即2004年9月8日前，通过派克汉尼汾公司及其关联公司的使用，"派克汉尼汾"已经成为在中国大陆地区具有一定市场知名度的字号，可以作为2001年《商标法》第31条所称的"在先权利"予以保护。

此外，帕克公司提交的证据证明，派克汉尼汾公司及其关联公司所生产经营的商品包括各种流体连接件、橡胶和热塑软管、O形密封圈、密封件、液压和气动接头等60个大类的产品，其在评审程序中提交的证据7销售合同及增值税发票可以证明派克汉尼汾流体传动产品（上海）有限公司在液压元件、气动元件、流体连接件、密封件、仪表等商品上出售过产品。由于被异议商标指定使用商品为分类表第17类中的"密封环、PVC软管、农用塑料膜、排水软管、非金属软管、消防水龙带、液压软管、橡胶软管、石棉石板、绝缘材料"商品，其指定使用商品中的密封环、PVC软管、排水软管、非金属软管、消防水龙带、液压软管、橡胶软管、绝缘材料，与派克汉尼汾公司及其关联公司在中国生产和经营的部分产品明显具有类似性，或者有较强的关联性。

被异议商标"派克汉尼汾PARKER HANNIFIN"，与派克汉尼汾公司及其关联公司中英文字号完全相同，指定使用在与派克汉尼汾公司及其关联公司生产的产品类似产品上。由于戴某所从事的行业与派克汉尼汾公司及其关联公司生产经营的产品有密切关系，其应当知道派克汉尼汾字号的知名度情况，仍将与该中英文字号完全相同的文字申请注册为商标，难以认定巧合，具有明显的攀附派克汉尼汾公司及其关联公司字号商誉的恶意，侵犯了该公司的在先字号权，不应予以核准注册。综上，最高人民法院认为，被异议商标侵犯了派克汉尼汾公司及其关联公司对"派克汉尼汾""PARKER HANNIFIN"享有的在先商号权，违反了2001年《商标法》第31条的规定，不应予以核准注册。

知名度不仅是商号受反不正当竞争法保护的条件，也是其保护范围的限定条件，即商号仅在其知名度所涵盖的地域或行业范围受保护。而商号的保护范围往往是通过对于在后商标申请人对于在先商号的知晓与否来落实的：如果在后商标申请人处于在先商号的知名度地域或行业范围之内，则可以推定其知晓。因此，对于商号知名度的证明程度要求，只需能够据此认定在后商标申请人知晓商号。

三、在先外观设计权

根据《专利法》第 2 条,外观设计,是指对产品的形状、图案或者其结合以及色彩与形状、图案的结合所做出的富有美感并适于工业应用的新设计。法律要求外观设计属于美学方面的创作,目的在于明确此类客体的范围限于对于产品而言具有创意性的设计,而不是技术方面的设计,但法律并不能对客体的美学价值予以评价和调整。外观设计对产品不仅起着美化的作用以吸引消费者购买,也起着识别的作用。《专利法》第 23 条规定,授予专利权的外观设计,不应属于申请日以前在国内外为公众所知的设计;其与现有设计或者现有设计特征的组合相比,应当具有明显区别。外观设计在我国是作为专利的一种予以保护,但在法国和欧盟等国家和地区是作为与专利无关的一种权利予以保护;由于其不涉及技术内容,更多的与商标具有相同的功能,因此,处理外观设计案件的不是专利代理人,而是商标代理人。

商标的注册和使用如何构成对外观设计专利权的侵犯,这取决于外观设计侵权认定的规则。根据《专利法》第 11 条规定,外观设计专利权被授予后,任何单位或者个人未经专利权人许可,都不得实施其专利,即不得为生产经营目的制造、许诺销售、销售、进口其外观设计专利产品。该条规定了侵犯外观专利权的行为方式,但侵权判断的另一个方面就是对比被告的设计或标识与受专利权保护的外观设计,以确定被告所使用的设计或标识是否落入了外观设计专利的保护范围。外观设计专利权的保护范围以表示在图片或者照片中的产品的外观设计为准,简要说明可以用于解释图片或者照片所表示的该产品的外观设计。《最高人民法院关于审理侵犯专利权纠纷案件应用法律若干问题的解释》第 8 条规定,在与外观设计专利产品相同或者相近种类产品上,采用与授权外观设计相同或者近似的外观设计的,人民法院应当认定被诉侵权设计落入专利法外观设计专利权的保护范围。因此,外观设计专利侵权判断与商标的侵权认定具有相似之处:都需要对比标识与产品两个方面。该司法解释进而对产品的相同和近似认定与外观设计的相同和近似认定做出了规定。在产品的认定方面,人民法院应当根据外观设计产品的用途,认定产品种类是否相同或者相近。确定产品的用途,可以参考外观设计的简要说明、国际外观设计分类表、产品的功能以及产品销售、实际使用的情况等因素。在外观设计的相同或近似认定中，人民法院应当以外观设计专利产品的一般消费者的知识水平和认知能力，判断外观设计是否相同或者近似。人民法院认定外观设计是否相同或者近似时，应当根据授权外观设计、被诉侵权设计的设计特征，以外观设计的整体视觉效果进行综合判断；对于主要由技术功能决定的设计特征以及对整体视觉效果不产生影响的产品的材料、内部结构等特征，应当不予考虑。下列情形，通常对外观设计的整体视觉效果更具有影响：产品正常使用时容易被直接观察到的部位相对于其他部位；授权外观设计区别于现有设计的设计特征相对于授权外观设计的其他设计特征。被诉侵权设计与授权外观设计在整体视觉效果上无差异的，人民法院应当认定两者相同；在整体视觉效果上无实质性差异的，应当认定两者近似。因此，在外观设计的图样对比中，整体视觉效果上的相同和近似性是认定的标准，而设计特征是主要认定依据。

　　实践中，依据外观设计专利权对商标申请提出异议或对注册商标提起无效的案件较少。❶ 实际上，从上述外观设计侵权认定规则中难以推出文字不在外观设计保护范围的结论，文字的艺术字体、排列位置、颜色等美学设计方面是可以构成外观设计的设计特征并对整体视觉效果产生重要影响的。在外观设计侵权案件中，被告也可以援引现有设计抗辩，《专利法》第62条规定，在专利侵权纠纷中，被控侵权人有证据证明其实施的技术或者设计属于现有技术或者现有设计的，不构成侵犯专利权。《最高人民法院关于审理侵犯专利权纠纷案件应用法律若干问题的解释》第14条规定，被诉侵权设计与一个现有设计相同或者无实质性差异的，人民法院应当认定被诉侵权人实施的设计属于现有设计。这又涉及被告商标与现有设计的比对问题。由于外观设计专利侵权判定涉及商标法之外的法律规则的解释和适用，有的国家认为商标审查机关不具有这种职能，因此将此类纠纷直接交由法院解决。

---

❶ 如万花筒商标无效宣告案，见北京市高级人民法院（2006）高行终字第445号行政判决书。

第十章

在先姓名权与商品化权

一、在先姓名权

姓名权的保护也有两个法律渊源：《民法通则》和《反不正当竞争法》。《民法通则》第 99 条第 1 款规定，公民享有姓名权，有权决定、使用和依照规定改变自己的姓名，禁止他人干涉、盗用、假冒。根据《最高人民法院关于贯彻执行〈中华人民共和国民法通则〉若干问题的意见（试行）》第 141 条，盗用、假冒他人姓名造成损害的，应当认定为侵犯姓名权的行为。《反不正当竞争法》第 5 条规定，经营者不得擅自使用他人的姓名，引人误认为是他人的商品。在民法的框架内，姓名权侵权的认定就以对姓名的"盗用"和"冒用"行为的解释为基础；而在反不正当竞争法的框架内，假冒他人姓名的行为针对的是对他人在商业经营中使用的姓名的误导性使用，姓名假冒行为往往通过混淆误认来利用他人姓名所承载的商誉。

根据《最高人民法院关于审理不正当竞争民事案件应用法律若干问题的解释》第 6 条，在商品经营中使用的自然人的姓名，应当认定为《反不正当竞争法》第 5 条第（3）项规定的"姓名"。具有一定的市场知名度、为相关公众所知悉的自然人的笔名、艺名等，可以认定为《反不正当竞争法》第 5 条第（3）项规定的"姓名"。民法理论和反不正当竞争法都认可将姓名的客体范围扩展到官方登记的姓名之外的笔名、艺名、外文姓名的中文译名等名称上。从民法的角度看，姓名是自然人的身份识别符号，将一个主体与其他主体区分开，这种身份识别符号包括官方登记的姓名和实际使用的名字，他们都起着识别自然人主体的作用。对于这些名称的侵犯，都将侵害到其所对应主体的权益。从反不正当竞争法的角度看，任何在经营活动中使用的名称都可以成为经营者的识别标志和商业承载标志，对这些名称的假冒行为都将误导公众并侵害经营者商誉。与民法的保护条件不同，反不正当竞争法保护的是在经营活动中使用的姓名。这与英国法上的反假冒制度的客体保护条件相同。

因此，民法上的盗用或冒用行为或反不正当竞争法上的姓名假冒行为的认定都应满足两个条件：有关姓名类名称与特定主体之间存在特定联系（竞争法并要求姓名在经营活动中被使用），未经许可对该名称的使用行为会侵害到该名称所对应主体的权益。在商标法和反不正当竞争法的框架内，相关公众对这种特定联系的认知情况是对这两个条件进行认定的事实基础，因为，只有而且只要相关公众知晓某名称对应某主体，他人对该名称的使用才能而且就会被认为与该主体存在关联，也才能而且就会侵害到该主体的利益。❶ 相关公众对于某个姓名类名称的知晓往往与该名称所指向的主体在某领域的知名度相关，因此，该名称权受保护的领域范围也与该知名度的领域范围存在对应关系。而最基本的则是要求中国大陆的相关公众能将该译名与特定主体之间的联系存在一定程度和范围的认知。在"布兰妮 Britney"商标异议案❷中，益盛公司于 2000 年 11 月 20 日在第 25 类服装、衬衫、套服、裙子等商品上申请注册"布兰妮 Britney"商标。美国歌手布兰妮·斯比尔斯❸（Britney Spears）以该商标侵犯其姓名权为由提起异议。商标局认定异议成立，但商标评审委员会及两审法院均认为被异议商标没有侵犯异议人的姓名权。

法院认为：姓名权作为一项法定权利，应属于"在先权利"的一种。未经许可，将他人的姓名申请注册商标，给他人姓名权造成或者可能造成损害的，该商标不予核准注册或者予以撤销。通常情

---

❶ 外文姓名的中文译名的保护也遵从这一法理。参见"乔治阿玛尼"商标无效宣告案，北京市高级法院（2010）高行终字第 1387 号判决书。"乔丹"商标无效宣告案，北京市高级人民法院（2015）高行（知）终字第 2167 号判决书。

❷ 见北京市第一中级人民法院（2010）一中知行初字第 1861 号判决书，北京市高级人民法院（2011）高行终字第 1640 号判决书。

❸ 该案在诉讼中，原告 Britney Spears 自己所用的中文译名为布兰妮·斯比尔斯。

下,当相关公众在看到某一商标时会自然联想到某人的姓名,并认为该商标或该商标所使用商品的提供者与该人有关联时,才有可能给该人的姓名权造成损害,故在判断某一商标是否会损害他人在先姓名权时,应当考虑该姓名权人的知名度,且应以被异议商标申请注册日为准。该案中,根据各方当事人的诉辩主张,焦点问题在于被异议商标申请注册日之前,原告布兰尼·斯比尔斯(Britney Spears)在中国大陆地区的相关公众中是否具有一定的知名度。原告在商标评审阶段以及诉讼阶段提交的证据中,大部分或为其自行制作,或来源于中国大陆地区以外,或形成于被异议商标申请注册日以后。现有证据不足以证明原告姓名"Britney Spears"或其中文翻译"布兰尼·斯比尔斯"于被异议商标申请注册日前在中国大陆地区已为中国相关公众所广为知晓,在中国相关公众的认知中已将"Britney"或"布兰妮"与原告姓名建立起了唯一对应关系,被异议商标使用在指定商品上容易使相关公众认为上述商品来源于原告或者与原告具有一定的联系,从而损害原告基于其姓名权可能产生的相关利益。因此,被异议商标不属于《商标法》第 31 条所指的"损害他人现有的在先权利"之情形,原告的诉讼主张不能成立,法院不予支持。

尽管知名度是姓名权在商标法和反不正当竞争法上受保护的一般条件,但对于知名度的要求不宜过高,尤其是对中国公众而言独特性很强的外文姓名及其翻译。另外,对于知名度存在的时间点一般以被异议商标或争议商标的申请日为准,但对于申请日之后的知名度也应当予以充分考虑,尤其是独特性较强的姓名,僵化的时间点条件的适用将导致姓名权益被侵害、公众被误导,而商标注册人不仅并没有任何正当利益,却存在着不正当使用他人姓名的恶意。

在保护自然人姓名不被抢注的商标法实践中,有观点认为应引入美国法上的"形象权"(right of publicity)。但该权利的引入需要慎重考虑其与我国民法及反不正当竞争法的体系兼容问题。美国法上形象权是指自然人对自己的身份特征进行商业使用的权利,这些身份特征包括姓名、肖像等。未经许可对他人的姓名等身份特征进行使用就构成形象权侵权行为,属于不正当竞争行为。美国法上形象权的产生是多种因素共同作用的结果。(1)美国法之所以创制"形象权"是因为其既有的权利法和侵权法都不能实现对于自然人身份特征商业使用的保护,这是法律体制的原因。(2)形象权在隐私权的基础上发展而来是因为一系列有关隐私权保护的案件为此提供了事实上的联系基础，这是历史的原因。（3）美国法院注重实质推理，对于应保护的利益力争予以保护，在规则、解释和构件上具有更大的灵活性，这是司法体制的原因。（4）有关形象权的理论研究成果显著，而美国法院与学术界互动活跃，因此习惯于采纳新的理论成果以形成新的规则制度。此外，对于"权利"一词的性质与内涵，美国法与大陆法的理解存在差异。反观其他国家，却少有引入形象权的。对于自然人身份特征的商业使用，英国是从反假冒（passing off）制度出发尝试解决人格财产利益保护的，但英国法院在法律适用中重视形式推理，不肯突破反假冒制度的传统适用范围，主要是不愿意将其适用于没有经营商誉的主体，即自然人如果没有经营活动，即便出名也不符合受保护的条件。同样采用普通法制度的澳大利亚法院在这一方面采用了较为灵活的做法：即便没有经营商誉，自然人也可以对其身份特征获得反假冒制度的保护。法国法拒绝引入形象权，因为只有成熟的、被清晰界定的利益保护制度才能成为一项权利。但法国民法典第1382条对于侵权行为的规定使得该条款有着广泛而灵活的使用范围：任何人因过错给他人造成损害都应予以补救。这使得法国法上的侵权行为认定不需要总是以被侵害的权利为依据，而可以仅通过对引起损害的行为的正当性进行分析，以确定行为主体是否存在过错。这与反不正当竞争法的适用思路一致。德国法则承认人格权保护人的尊严利益和财产利益，这使得自然人身份特征的商业价值得以被纳入到人格权的保护范围。我国的侵权法以被侵害的权益的存在为认定侵权行为的依据，这不仅体现在《侵权责任法》第2条将被侵权客体规定为人身和财产权益，也体现在司法解释和实践中将《商标法》第32条所保护的在先权利解释为在先权益。因此，从侵权法的角度看，我国宜借鉴德国法将财产性权益纳入到姓名权的内涵和外延中予以保护。而《反不正当竞争法》对于经营活动中所使用姓名的保护，则可以借鉴法国法从行为正当性角度认定违反行为的做法和英国的反假冒制度保护经营者商誉的做法继续予以适用。这种做法将使得民法和反不正当竞争法之间具有较为清晰的分工：在姓名权的主体从事的经营活动与被告的经营活动（包括注册商标所指定的产品或服务的领域）相同或类似，从而可能引起相关公众混淆误认并导致商誉被侵害的情形下，适用反不正当竞争法。在姓名权的主体未从事经营活动或所从事的经营活动与被告的经营活动不相同也不类似的情况下，如果被告对于姓名的使用可能引起相关公众的误认从而会利用姓名的知名度的，则应适用侵权法。这意味着,当民法上的姓名权和反不正当竞争法上的经营者姓名保护制度发生竞合适用的情形,反不正当竞争法作为民法的特别法优先适用。另一个做法,也可以是在竞合的情况下由当事人在二者间做出选择。

二、商品化权

商品化权不是实证法上的一项权利,而是理论上的一个概念,指的是对某些客体做商业化使用的权利。从客体的范围角度看,广义的商品化权可以包括对真实人物、虚拟角色(人或动物)、动物、植物、建筑体等任何客体做商业化使用的权利;而狭义的商品化权指对虚拟角色作商业化使用(charactermer chandising)的"权利"。商标法实践中发生较多的是将影视作品、文学作品中的角色名称或形象抢注为商标的案件。由于著作权、邻接权等既有权利类型不能够保护利害关系人对于虚拟角色相关的权益,因此,商品化权的概念被用来指称角色相关标识上应当予以保护的正当利益。商品化权所指称的正当利益能够得到法律的认可和保护:首先,需要对这种利益的正当性及保护的必要性予以认可和证成;其次,需要在实证法中找到对这种利益的保护模式或适用规则(从我国《商标法》第 10 条第 1 款第(8)项的"不良影响"条款到"民事权益");再次,还需要对这种利益受保护的条件、保护范围和保护方式等做出合理的界定。在立法没有规定的情况下,这些就都成为律师和法官们在法律理论和既有法律实践的基础上来完成的工作。从我国相关案件的审理过程可以看到,法院经历了从承认该权益的正当性到探索其保护模式再到界定其保护条件和范围的过程。

在邦德 007 Bond 案中,谢某于 2002 年 3 月 22 日在第 10 类子宫帽、避孕套、非化学避孕用具商品上申请注册了第 3121466 号"邦德 007 BOND"商标。丹乔公司提出商标异议申请。商标局于 2007 年 10 月 8 日做出(2007)商标异字第 05075 号《"邦德 007 BOND"商标异议裁定书》,认定著作权保护的是作品的形式及内容,而非作品名称本身,丹乔公司并未在相关类别在先申请或注册被异议商标,丹乔公司称谢某恶意抄袭其商标及侵犯其著作权的异议理由不能成立。

丹乔公司向商标评审委员会提出异议复审请求,认为:007 与 JAMES BOND 是丹乔公司发行的系列电影主角的代号和名字,具有独创性,丹乔公司对其享有版权、商标权及角色商品化权。007、AMES BOND 以及相关的电影在中国公众中产生了巨大的知名度和影响力。被异议商标是对引证商标的恶意抄袭和摹仿,侵犯了丹乔公司的在先权利。被异议商标与引证商标构成近似商标。被异议商标的申请注册违反了我国 2001 年《商标法》第 10 条第 1 款第 (8) 项、第 41 条第 1 款 "以欺骗手段或者其他不正当手段取得商标注册" 的规定。丹乔公司向商标评审委员会提交了以下主要证据材料以证明引证商标的使用及知名度情况:

证据 1:标有 "007""JAMES BOND" 的 007 系列电影海报和标有 "007""JAMES BOND" 商标的邦德消费品简单介绍、各类商品的照片复印件。

证据 2:Lee Pfeiffer 所著书中的部分扫描件,包含了对丹乔公司或其许可人标有 "007" 商标的各类商品,以及 007 电影宣传海报、杂志封面等照片。

证据 3:"007/BOND" 商品购物指南手册和亚马逊网站、卓越亚马逊网站等互联网上 "007" 和 "007 JAMES BOND" 商品的销售页面,其中多数是电影制品。

证据 4:"007" 系列电影的电子游戏和 "SONY PLAY STATION" 游戏机专用游戏卡的封面照片及相关网站的介绍页面。

证据 5:标有 "007" 商标的书籍封面和其他形式上的相关广告宣传材料。

证据 6:1965 年 2 月 26 日 TIME(《时代》)杂志的文章:THE BOND MARKET(《邦德市场》)和丹乔公司许可他人使用 "007" 商标的部分被许可人名单。

证据 7:丹乔公司 "007" 系列电影票房、家庭录影带销售收入等部分收入统计数据和 "007/JAMES BOND" 部分电影放映、票房统计数据、票房排名。

证据 8:"007" 电影迷、角色迷的统计和美国、英国电影协会所进行的世界范围内的最佳电影、电影角色评选结果。

证据 9:网易娱乐频道 2002 年对 "007" 电影 40 周年的专题报道,及 2007 年相关网站、报纸对 "007" 电影首次登陆中国影院的报道,报道中对 "007" 电影在世界范围内的流行度和受欢迎度进行了介绍。

证据 10:世界知识产权组织仲裁与调解中心的域名争议裁定书

复印件和欧共体内部市场协调局异议裁定书复印件。

证据 11：丹乔公司的"007""JAMES BOND"商标在中国的注册证复印件、在全球的注册清单和注册证复印件。

证据 12：商标局（2001）商标异字第 1970 号、（1999）商标异字第 2855 号异议裁定书复印件，商标局裁定对他人申请注册"007"和"JAMES BOND"商标不予核准。

上述证据 1-2、证据 4-8、证据 10 及证据 3 的一部分均系外文证据，且未提交中文译文。

2010 年 3 月 1 日，商标评审委员会做出商评字〔2010〕第 04817 号《关于第 3121466 号"邦德 007BOND"商标异议复审裁定书》。该裁定认定：该案的焦点问题可以归纳为：第一，被异议商标与丹乔公司的"007 及图""JAMES BOND"商标（以下简称"引证商标"）是否构成近似商标；第二，被异议商标是否侵犯丹乔公司的在先著作权；第三，引证商标是否属于驰名商标，被异议商标是否构成对引证商标的恶意抄袭和摹仿；第四，谢某的行为是否构成以欺骗手段或其他不正当手段取得商标注册的行为，被异议商标的注册是否有害于社会主义道德风尚或者有其他不良影响。

关于焦点问题一：被异议商标指定使用的商品与引证商标核定使用的商品及服务分属不同的商品类别，其在商品或服务的内容、对象等方面相差甚远，故被异议商标与引证商标不构成我国《商标法》第 28 条所指的使用在同一种或类似商品或服务上的近似商标。

关于焦点问题二：作为著作权的客体，应当具备我国《著作权法》所规定的条件，即文学、艺术和科学领域内具备独创性并能以某种法定形式表达、具有可复制性的智力成果。被异议商标虽然可能使人联想到丹乔公司 007 系列电影名称和主角名字及代号，但该名称和虚拟人物称呼无法体现完整的文学艺术作品内容，不属于《著作权法》所指的作品客体，被异议商标未构成对丹乔公司著作权的侵犯。丹乔公司主张对"007"及"JAMES BOND"享有角色商品化权并无法律依据，商标评审委员会不予支持。被异议商标的注册申请并未构成我国《商标法》第 31 条所述"损害他人现有的在先权利"的情形。

关于焦点问题三：商标评审委员会认为，丹乔公司提交的证据仅能证明"007"系列电影在中国大陆的相关宣传情况，不能证明引证商标在被异议商标指定使用的第 10 类避孕套等相关商品上的使用情况，故在案证据不足以证明引证商标在被异议商标申请注册前已在第10类避孕套等相关商品上经过使用在中国大陆地区产生了一定的影响，亦难以认定在被异议商标申请注册前其已为中国消费者所熟知，成为核定使用在玩具等商品及教育等服务上的驰名商标。被异议商标指定使用的避孕套等商品与引证商标核定使用的商品及服务在功能、用途等方面存在较大差别，被异议商标在避孕套等商品上注册使用不会导致消费者误认并对丹乔公司的利益造成损害。综上，被异议商标的申请注册未构成我国2001年《商标法》第13条所规定的情形。

关于焦点问题四：被异议商标指定使用的商品与丹乔公司所从事的电影行业相差甚远，丹乔公司认为被异议商标的注册申请违反诚实信用原则，系以不正当手段取得注册的主张证据不足，被异议商标的注册未违反我国2001年《商标法》第41条第1款"以欺骗手段或者其他不正当手段取得商标注册"的规定。我国2001年《商标法》第10条第1款第（8）项主要指商标自身的构成要素对社会上良好风气、习惯、社会公共利益、公共秩序产生负面、消极影响，主要是基于维护社会公共秩序和利益的立法目的。该案当中并无充分证据认定被异议商标在指定商品上的注册使用会构成我国2001年《商标法》第10条第1款第（8）项所指的不良影响的情形。丹乔公司认为被异议商标的注册和使用易使人误认为使用该商标的商品来源于丹乔公司或与之有关联，造成混淆的理由实质上仍属于维护丹乔公司在先注册商标权、在先著作权等私权利的范畴，不属于我国2001年《商标法》第10条第1款第（8）项规定的范畴。商标评审委员会裁定被异议商标予以核准注册。

丹乔公司起诉后，一审法院认为：我国2001年《商标法》第10条第1款第（8）项规定，有害于社会主义道德风尚或者有其他不良影响的标志，不得作为商标使用。对违反社会公序良俗申请注册商标的，因其对社会公共秩序可能产生消极、负面的影响，故相关标志可以视为该项所规定的"有其他不良影响的标志"。该案中，一方面，现有证据表明在被异议商标申请注册之前，相关媒体对"007"电影在世界范围内的流行度和受欢迎度已进行了宣传介绍，"007""JAMES BOND"作为知名电影的人物角色名称已被相关公众了解甚至熟知。另一方面，被异议商标由汉字"邦德"、数字"007"、英文"BOND"构成，而"邦德"并非汉语固有词汇，第三人亦并未对其申请注册被异议商标的创意来源做出合理解释。鉴于"007"

"JAMES BOND"作为电影人物角色名称的较高知名度,以及被异议商标与"007""JAMES BOND"之间的近似程度,法院合理认定第三人系明知"007""JAMES BOND"人物角色名称的知名度和该知名度可能在商业上产生的较高价值而申请注册被异议商标,但上述知名度的取得系他人投入大量劳动和资本获得,由此带来的商业价值和商业机会亦应由他人享有。第三人申请注册被异议商标的行为违反了诚实信用的公序良俗,被异议商标属于我国2001年《商标法》第10条第1款第(8)项所规定的"有其他不良影响的标志"。商标评审委员会对被异议商标申请注册是否违反我国2001年《商标法》第10条第1款第(8)项规定的认定有误,一审法院院予以纠正。❶

谢某上诉后,二审法院认为:根据我国2001年《商标法》第10条第1款第(8)项规定,有害于社会主义道德风尚或者有其他不良影响的标志,不得作为商标使用。该条款中规定的"其他不良影响"是指标志或者其构成要素对我国政治、经济、文化、宗教、民族等社会公共利益和公共秩序产生消极、负面的影响,不涉及私权的事项。"007""JAMES BOND"作为电影人物角色名称的知名度及谢某是否借用该知名度所产生的商业价值,并非我国2001年《商标法》第10条第1款第(8)项所调整的内容。现有证据亦不足以证明该案被异议商标在指定商品上的注册使用会构成我国2001年《商标法》第10条第1款第(8)项所指的不良影响。因此,商标评审委员会就此所作认定正确,应予维持。原审法院基于谢某明知"007""JAMES BOND"作为电影人物角色名称的知名度和该知名度可能在商业上产生的较高价值而申请注册被异议商标而认定谢某申请注册被异议商标的行为违反诚实信用的公序良俗,被异议商标属于我国2001年《商标法》第10条第1款第(8)项所规定的"有其他不良影响的标志"有误,二审法院对此予以纠正。

行政诉讼是对被诉具体行政行为的合法性进行的审查,虽然丹乔公司在原审诉讼中明确表示放弃我国2001年《商标法》第31条的主张,但《商标法》第31条是商标评审委员会做出第4817号裁定时丹乔公司所提的异议复审理由,因此该案仍可对商标评审委员会第4817号裁定有关我国2001年《商标法》第31条认定是否合法进行审理。根据丹乔公司提交的证据可以认定在被异议商标申请注册之

---

❶ 见北京市第一中级人民法院(2010)一中知行初字第2808号行政判决书。

前,"007""JAMES BOND"作为丹乔公司"007"系列电影人物的角色名称已经具有较高知名度,"007""JAMES BOND"作为"007"系列电影中的角色名称已为相关公众所了解,其知名度的取得是丹乔公司创造性劳动的结晶,由此知名的角色名称所带来的商业价值和商业机会也是丹乔公司投入大量劳动和资本所获得。因此,作为在先知名的电影人物角色名称应当作为在先权利得到保护。商标评审委员会在第4817号裁定中有关丹乔公司主张对"007"与"JAMES BOND"享有角色商品化权并无法律依据的认定有误,二审法院对此予以纠正。

就谢某在二审诉讼中补充提交的三份证据,因谢某并未提交证据原件,该三份证据并非商标评审委员会做出第4817号裁定的依据,且被异议商标的使用情况不影响对其是否属于我国2001年《商标法》第10条第1款第(8)项规定情形的认定,故二审法院对该三份证据不予采信。

二审判决:商标评审委员会和谢某的上诉理由成立,原审法院有关我国2001年《商标法》第10条第1款第(8)项的认定有误,但由于商标评审委员会关于我国2001年《商标法》第31条的认定有误,故二审法院对原审判决的结论仍予维持,对商标评审委员会和谢某的上诉请求不予支持。原审判决适用法律有误,但审理结果正确,依法予以维持。依照我国1989年《行政诉讼法》第61条第(1)项之规定,驳回上诉,维持原判。❶

在披头士乐队案中,连某在第18类的钱包、书包等商品上申请注册了TEAMBEATLES 添·甲虫及图商标,苹果公司作为披头士乐队的权益受让人提起异议,其引证商标一是第1283797号"BEATLES"商标,引证商标二是第3827483号"甲壳虫"商标。商标局做出(2010)商标异字第28011号裁定书,驳回了异议。商标评审委员会于2012年10月8日做出商评字〔2012〕第40110号《关于第4375006号"TEAMBEATLES 添·甲虫"商标异议复审裁定书》维持了商标局的裁定。

苹果公司起诉后,一审法院审理认为:

(1)知名乐队名称作为一种拟制的称谓,与该乐队的表演者、作品、个性化表演、公众认可程度联系紧密,从而产生了清晰明确的

---

❶ 见北京市高级人民法院(2011)高行终字第374号行政判决书。

指向，具有较强的号召力。并且这种号召力的大小与乐队及其成员的个性化言行风格、作品传播、媒体报道、粉丝数量等因素所承载的知名度强弱密切相关。知名乐队名称作为商标使用在衍生商品上，其附随的号召力能够直接吸引潜在的商业消费群体，增加销量，产生更多的商业机会，本身就蕴含了较高的商业价值。上述潜在的商业机会和商业利益就是该乐队名称的"商品化权"，应当得到法律的保护。因此，苹果公司主张的 BEATLES 知名乐队商品化权虽非法定权利，但存在着实质的权益内容，称为商品化权益更为贴切。

（2）乐队名称知名度带来的商业价值和商业机会并非凭空产生，而是来源于乐队长期音乐创作的智慧投入以及广告宣传等财产投入，理应得到尊重。他人耕种，不得已收。未经权利人允许，擅自将知名乐队名称作为商标使用的行为既损害了权利人的商业机会和商业价值，也违反了诚实信用原则，应当被法律禁止。因此，知名乐队的名称所附随的"商品化权益"既有实质权益内容，又属劳动所得。如果仅因不落入现行法定权利类型就逐于法外之地不加保护，放任他人滥用，显属与立法本意相悖。

（3）在案证据表明，The BEATLES 乐队是在全球享有盛名的乐队，在中国大陆地区也具有极高知名度，相关公众能够将"BEATLES"与该乐队建立唯一的、直接的联系。因此，BEATLES 作为商标使用蕴含了商业价值，带来商业机会，已经衍生出"商品化权益"，属于应受中国法律保护的民事权益。在案证据亦表明 The BEATLES 乐队成员于 1980 年将 Beatles 商品化权转让给了苹果公司，苹果公司系 BEATLES 商品化权益的合法权利人。被异议商标完整包含了该乐队的英文名称 BEATLES，其指定使用的"钱包、书包、背包"等商品属于日常消费品，应当纳入商品化权益所覆盖的衍生商品范围。被异议商标还包括与乐队中文名称主要识别部分"甲壳虫"相近的"甲虫"，容易导致相关公众认为其指定使用的钱包等商品与苹果公司或甲壳虫乐队存在特定联系，从而对商品来源产生混淆和误认。因此，被异议商标注册使用在钱包、背包等商品上挤占了苹果公司对 BEATLES 在衍生商品上享有的商业机会，稀释了其商业价值，损害了苹果公司依法享有的商品化权益。因此，被异议商标的申请注册违反了 2001 年《商标法》第 31 条有关"申请商标不得损害他人

现有的在先权利"的规定。❶

连某上诉后，二审法院审理认为：

（1）我国2001年《商标法》并无商品化权的规定。《民法通则》也无商品化权的规定，但文学艺术作品、作品名称、角色名称、某种标识性的名称、姓名等确实会使上述作品或名称的拥有者通过上述作品、姓名等取得声誉、信誉、知名度等，拥有者通过将上述声誉、信誉、知名度等与商品或服务的结合进行商业性的使用而实现经济利益，因此，上述作品或名称通过商业化使用，能够给拥有者带来相应的利益，可以作为在先权利获得保护。商品化权无明确规定，称为商品化权益并无不可。苹果公司所主张的"The BEATLES"乐队名称可以作为商品化权益的载体。

（2）根据苹果公司在一审诉讼程序中提交的证据，可以认定 The BEATLES 乐队成员于1980年将 BEATLES 商品化权（权益）转让给了苹果公司，苹果公司是 BEATLES、商品化权益的拥有者。根据苹果公司在一审诉讼程序中提交的证据1，并结合苹果公司在商标异议复审程序中提交的证据，可以认定 The BEATLES 乐队是在中国享有盛名的乐队，在中国大陆地区具有极高知名度，相关公众能够将 BEATLES 与该乐队建立唯一的、直接的联系。根据苹果公司提交的证据，可以证明 The BEATLES 乐队在中国大陆地区的中文名称是"甲壳虫乐队"。

（3）被异议商标完整包含了 The BEATLES 乐队的英文名称 BEATLES。以相关公众的认知水平，被异议商标的中文部分"添·甲虫"中的甲虫与 The BEATLES 乐队中文名称的甲壳虫乐队中的甲壳虫相近似，甚至可以理解为同一种类的昆虫。

（4）被异议商标指定使用的商品"钱包、书包、背包"等属于日常消费品，如知名乐队等一般会在上述商品上标注其名称，作为纪念品等进行销售，因此，该案苹果公司所主张的商品化权益可以延及上述商品。在被异议商标与 The BEATLES 乐队名称十分近似的情况下，将被异议商标使用在其指定使用的"钱包、书包、背包"等商品上，相关公众易误认为上述商品来源于 The BEATLES 乐队或者与 The BEATLES 乐队有特定联系，从而使苹果公司对 The BEATLES 乐队名称享有的商品化权益受到损害。❷

---

❶ 见北京市第一中级人民法院（2013）一中知行初字第1493号行政判决书。
❷ 见北京市高级人民法院（2015）高行（知）终字第752号判决书。

在功夫熊猫案中，动画电影 KUNGFU PANDA （《功夫熊猫》）拍摄于 2005 年 9 月，出品公司为梦工场公司，2008 年 6 月 20 日在中国大陆上映，在中国大陆上映前，《北京晨报》、网易娱乐频道、腾讯网等数十家媒体对该片进行了宣传报道。目前，该片已获得"安妮奖"最佳动画片、中国"美猴奖"外国动画长篇金奖等十个奖项，同时获得"奥斯卡""金球奖"最佳动画片提名。胡某于 2008 年 12 月 22 日在第 12 类的"方向盘罩"等商品上申请注册了第 6806482 号"KUNGFU PANDA"商标。梦工厂公司提起的异议被商标局驳回后提起了异议复审。商标评审委员会 2013 年 11 月 11 日做出商评字〔2013〕第 105133 号《关于第 6806482 号"KUNGFU PANDA"商标异议复审裁定书》，认定：商品化权在我国并非法定权利或者法定权益类型，且梦工厂公司并未指出其请求保护的商品化权的权利内容和权利边界，亦不能意味着其对 KUNGFU PANDA 名称在商标领域享有绝对的、排他的权利空间。KUNGFU PANDA 作为梦工厂公司美术作品的名称，其不属于著作权法关于美术作品的保护范畴，故梦工场公司有关被异议商标的注册损害其在先著作权的理由不成立。在案证据尚不足以证明在被异议商标申请注册前，梦工厂公司已将功夫熊猫/KUNGFU PANDA 作为商标在与被异议商标指定使用的方向盘罩等商品相同或类似的商品上在先使用，并已具有一定影响；故被异议商标的注册未构成我国 2001 年《商标法》第 31 条所指的以不正当手段抢先注册他人已经使用并有一定影响商标的情形，裁定对被异议商标予以核准。

梦工场公司提起诉讼。一审法院审理认为：鉴于现有的法律中并未将所谓商品化权设定为一种法定权利，故其并不属于我国 2001 年《商标法》第 31 条中所规定的在先权利中的法定权利。此外，商品化权亦非法律所保护的民事权益，其权益内容和权益边界均不明确，亦难以认定梦工场公司对 KUNGFU PANDA 名称在商标领域享有绝对、排他的权利空间。因此，被异议商标的申请注册并未违反 2001 年《商标法》第 31 条的规定。在梦工场公司未能举证证明被异议商标的注册损害了社会公众利益的情况下，其所提被异议商标违反了 2001 年《商标法》第 10 条第 1 款第（8）项规定的主张缺乏事实依据，一审法院对此不予支持。❶

梦工厂公司上诉后，二审法院审理认为：2001 年《商标法》第

---

❶ 见北京市第一中级人民法院（2014）一中行（知）初字第 4257 号行政判决书。

31条规定，申请商标注册不得损害他人现有的在先权利。该条款所指的"在先权利"不仅包括现行法律已有明确规定的在先法定权利，也包括根据《民法通则》和其他法律的规定应予保护的合法权益。梦工场公司主张的其对 KUNGFU PANDA（《功夫熊猫》）影片名称享有的商品化权确非我国现行法律所明确规定的民事权利或法定民事权益类型，但当电影名称或电影人物形象及其名称因具有一定知名度而不再单纯局限于电影作品本身，与特定商品或服务的商业主体或商业行为相结合，电影相关公众将其对于电影作品的认知与情感投射于电影名称或电影人物名称之上，并对与其结合的商品或服务产生移情作用，使权利人据此获得电影发行以外的商业价值与交易机会时，则该电影名称或电影人物形象及其名称可构成适用2001年《商标法》第31条在先权利予以保护的在先商品化权。如将上述知名电影名称或知名电影人物形象及其名称排斥在受法律保护的民事权益之外，允许其他经营者随意将他人知名电影名称作品、知名电影人物形象及其名称等作为自己商品或服务的标识注册为商标，藉此快速占领市场，获取消费者认同，不仅助长其他经营者搭便车抢注商标的行为，而且会损害正常的市场竞争秩序。这显然与商标法的立法目的相违背。因此，将知名电影作品名称、知名电影人物形象及其名称作为民事权益予以保护，将鼓励智慧成果的创作激情与财产投入，促进文化和科学事业的发展与繁荣，亦符合相关法律规定及知识产权司法保护的本意。综上，商标评审委员会和原审法院有关商品化权并非法定权利或法定权益类型，故不构成2001年《商标法》第31条规定的在先权利的认定有误，二审法院对此予以纠正。同时，根据梦工场公司提交的证据可以认定其是动画电影 KUNGFU PANDA（《功夫熊猫》）的出品单位，且在被异议商标申请日前该影片已经在中国大陆地区进行了广泛的宣传，并已公映，KUNGFU PANDA（功夫熊猫）作为梦工场公司知名影片及其中人物形象的名称已为相关公众所了解，具有较高知名度。而且，该知名度的取得是梦工场公司创造性劳动的结晶，其所带来的商业价值和商业机会也是梦工场公司投入大量劳动和资本所获得。因此，功夫熊猫 KUNGFU PANDA 作为在先知名的电影名称及其中的人物形象名称应当作为在先商品化权得到保护。

同时，需要指出，虽然 KUNGFU PANDA（功夫熊猫）作为梦工场公司知名电影名称及知名电影人物形象名称的商品化权应受到保护，但其保护范围仍需明确。在判断他人申请注册与该商品化权所指向的名称相同或近似的商标是否侵害该商品化权益时，需要综合考虑如下因素：一是知名度高低和影响力强弱。知名电影名称及知名电影人物形象名称的商品化权范围，与其知名度及影响力相关。该商品化权的保护范围与知名度、影响力成正比，知名度越高、影响力越强，保护范围越宽，且随着知名度增高、影响力增强，该商品化权的保护范围亦随之扩大，反之亦然。二是混淆误认的可能性。商标的主要功能在于标识商品或服务的来源，尽可能消除商业标志混淆误认的可能性。在目前的商业环境下，电影作品衍生品已涵盖了多类商品，但商品化权的保护范围并不当然及于全部商品和服务类别，仍应根据诉争商标指定使用的商品或服务与电影衍生商品或服务是否密切相关，是否彼此交叉或者存在交叉可能，容易使诉争商标的权利人利用电影的知名度及影响力获取商业信誉及交易机会，从而挤占了知名电影权利人基于该电影名称及其人物形象名称而享有的市场优势地位和交易机会等因素综合判断。❶

通过以上系列案例可知，知名虚拟角色的商业化使用利益得到我国法院的认可，成为民法通则和侵权责任法所保护的权益，其受保护条件、保护范围等也将逐步被界定。

---

❶ 见北京市高级人民法院（2015）高行（知）终字第 1969 号行政判决书。

第十一章

地名商标与地理标志

一、地名商标

1. 地名商标注册的禁止性条件

地名商标指的是仅由地名构成的商标或包含地名的商标。我国《商标法》第 10 条第 2 款规定，县级以上行政区划的地名和公众知晓的外国地名不能注册为商标。我国法律禁止地名商标的注册有两个原因：一是防止消费者就产品或服务的产地来源发生误认；二是防止地名被某一产品或服务提供者通过商标权所独占，从而妨碍相关地区的同行业竞争者使用该地名。就第一个方面而言，其实存在既允许地名商标注册又防止消费者误认的方法，即在产品或服务的描述中特别注明指定的产品或服务来源于商标所包含的地名所指称的地区。这就如同为了防止消费者就使用 鲜橙C恋 商标的果汁产品的成分发生误认，从而在指定的产品"果汁"后面注明"（含橙汁）"的做法一样。另外，地名作为商标并不是使所有产品或服务都会误导消费者，尤其是在任何公众的认知中地名与相关产品或服务不存在任何关系的情形。就第二个方面而言，地名商标注册人确实会取得对地名的独占权，但该权利的范围仅限于将该地名以商标的方式使用的权利，即地名所指称地区的其他竞争者仍可以正当使用该地名，只是不能以商标的方式使用。这表明，允许地名商标的注册不会剥夺相关地区的其他竞争者使用该地名的权利，只是限制了其他竞争者对地名的使用方式。那么，这种限制是否侵害到其他竞争者的利益呢？对于产品或服务都来源于地名商标所标示的地区的其他提供者们而言，不能以商标的方式来标明产品或服务的真实产地并不总是被侵害到什么权益，因为以商标的方式来标明产品或服务的产地也并不给商标权人带来什么利益。也正因为如此，有的国家并不一概禁止地名商标注册，禁止注册的只是那些就相关产品或服务享有一定知名度的地名，包括但不限于地理标志性质的地名，比如巴黎之于香水、服装、化妆品，杭州之于丝绸。这是因为如果某家公司对此类地名享有了以商标方式使用的独占权，那么其他公司的利益就会受到损害。

2. 具有多重含义的地名的商标注册条件

消费者对于地名的性质认知是认定地名的基础因素，也即只有相关公众将某个标志认知为地名，其注册才可能存在前述两方面的问题，也才能将其按照地名商标的注册条件予以审查。这在我国的立法上有两点体现。一是对于外国地名而言，我国《商标法》第 10 条第 2 款规定，（中国）公众知晓的外国地名不得注册为商标。因此，如果某个外国地名并不为中国公众所知晓就不会被作为地名认知。这里的中国公众指的不是泛泛的一般公众，而应当是特定产品或服务的相关公众。二是《商标法》第 10 条第 2 款在禁止注册地名商标的规定之后有个但书条款：地名具有其他含义的除外。有的地名具有双重或多重含义，如果非地名的含义在相关公众的认知中要强于地名的含义，则其注册就不应受到前述地名商标的注册限制。比如，"黄山"作为山的含义要强于其作为县级行政区划的含义。含有地名的商标，如，上海滩、杭州湾、LONDON FOG（伦敦雾），其含义已经不是地名，因此也不在禁止注册的地名标志之列。

在"红河"商标无效案❶中，济南红河经营部是第 32 类啤酒、

---

❶ 见北京市高级人民法院（2003）高行终字第 65 号行政判决书，北京市第一中级人民法院（2002）一中行初字第 508 号行政判决。

饮料制剂产品上的第 1022719 号"红河"注册商标的所有人。云南红河公司向商标评审委员会申请宣告该商标无效，主要理由是："红河"是云南省红河州及红河县两级行政区划的名称，是县级以上行政区划的地名且不具有其他含义。商标评审委员会经审查认为，"红河"虽然为县级以上行政区划的地名，但按其字面含义和构词习惯已经能够使人理解为是一条河流的名称，且确为自然地理中已存在的河流名称，具有县级以上行政区划地名以外的其他含义。据此，商标评审委员会做出了维持该注册商标的裁定。红河公司不服商标评审委员会裁定，提起诉讼。

一审法院认为，我国《商标法》第 12 条第 2 款中的"其他含义"应理解为除作为地名使用外，还有具体明确、公知的其他含义或是已是公众中约定俗成的其他用语。商标评审委员会提交的《辞海》《世界地图册》及《中国地图册》均为我国权威出版物，可以证明在越南境内有名为"红河"的河流。故"红河"具有地名以外的其他含义，可以作为商标注册。

原告上诉后，二审法院认为，"地名具有其他含义"应结合地名一般不得作为商标注册使用的原因来理解，地名的主要功能在于标识产品或服务的地理来源，而不能起到商标的区别不同生产者和经营者的作用；地名具有其他含义应理解为：该地名具有明显有别于地名的、明确的、易于为公众所接受的含义，从而足以使该地名起到商标所应具有的标识性作用。该案中，商标评审委员会和一审法院在对于"地名具有其他含义"的但书条款的解释中，均指出地名的其他含义应当是明确的和公知的，但没有对地名含义和其他含义之间的关系做出说明。如前所述，公众是将涉案商标作为地名认知还是以其他含义认知，这是地名商标审查规则适用的事实依据。因此，"地名具有其他含义"的解释中还应当包含其他含义在相关公众的认知中强于地名含义的条件。这两种含义之间的高下关系需要综合结合个案的事实来认定，尤其是涉案产品的有关特征。如，该案中的产品为啤酒，相关公众一般不会认为红河表征啤酒的产地来源，啤酒由于酿造、运输、成本等方面的特点，一般都是本地生产和销售。而如果涉案产品为红酒，此种产品与葡萄、葡萄产地、气候、水土等方面的联系非常紧密，则相关公众从地名含义角度对商标予以认知的可能性就较大。但即便如此，红河作为河流的含义可能在相关公众的认知中是主要的，而它又表示河流的名称，相关公众完全可能将其理解为与红酒产地存在关联的红河流域。此外，二审法院还认为，显著性的缺失也是地名被禁止注册为商标的原因，理由是"地名的主要功能在于标识产品或服务的地理来源，而不能起到商标的区别不同生产者和经营者的作用"，而"其他含义"使得地名具有了显著性，从而可以获得注册。该观点值得商榷。其一，地名并不总具有标示产品或服务的地理来源的功能，而即便具有标识地理来源的功能，并不一定排除其具有识别产品或服务来源的第二功能。特定产品或服务的相关公众就该产品或服务对于该地名的含义认知是这一判断的事实依据。其二，在立法体现上，禁止注册地名商标的条款规定在《商标法》第10条，属于商标注册的绝对条件，性质上属于公序良俗条款。

"其他含义"也包括"第二含义"的情形，即某个地名被某个经营者以商标的形式大量使用，相关公众将其就特定产品或服务与特定经营者建立起稳定联系，则该地名可以被注册为商标。这种情况下，禁止地名注册为商标的两个理由都不存在了，而且该经营者就该标志所享有的商誉是可以与该地区同行业竞争者的利益相平衡的。啤酒上的"青岛"商标就属于这种情形。

我国存在村、镇、县、市、省五级行政区划，《商标法》第10条第2款规定，县级以上行政区划的地名不能注册为商标。这意味着村和镇级的地名可以被注册为商标。虽然这种一刀切的做法值得商榷，但县级以上的行政区划名称确实在中国比村镇级的地名要更为公众所知。此外，如果某个村或镇级的地名就某种产品或服务享有知名度（比如茅台镇之于白酒），则也不应被注册为商标。无论是此类村镇地名还是（中国）公众知晓的外国地名，都存在举证证明的问题。在针对地名商标的异议或无效申请程序中，申请人都要承担证明责任；而在对公众知晓的外国地名予以驳回的案件中，则商标局要承担一定的举证责任。

实践中，我国商标法上前述规则的适用范围被不当地扩大，这主要体现在：由地名和其他显著性成分构成的商标有时也会被驳回。比如，在"上海故事"商标案❶中，上海故事公司于2011年11月20日申请注册第10087133号"上海故事"商标，指定使用于国际分类第25类的服装、领带等商品上。2012年7月16日，商标局依据2001年《商标法》第10条第2款等条款驳回了该商标申请，认为

---

❶ 见北京市第一中级人民法院（2014）一中知行初字第1972号行政判决，北京市高级人民法院（2014）高行（知）终字第2946号行政判决书。

"上海"作为县级以上行政区划名称,不得作为商标注册,故驳回了申请商标的注册申请。一审法院认为:申请商标"上海故事"中"上海"为县级以上行政区划名称,虽然其后附加有其他文字,但申请商标整体含义仍然会使相关公众认为其指定使用的商品与上海有关,即其整体并未使得"上海"在其中不再具有地名含义或者不以其为主要含义。因此维持了驳回决定。申请人上诉之后,二审法院认为:商标由地名和其他要素组成,如果商标因有其他要素的加入,在整体上具有显著特征,而不再具有地名含义或者不以地名为主要含义的,不宜因其含有县级以上行政区划的地名而不认定其属于不得注册的商标。该案申请商标中虽包含"上海"二字,但在其后增加"故事"二字后,则传递出一种具有历史情怀和地域特色的文化含义,形成了不同于"上海"地名的含义,整体上并不会使相关公众将其当作行政区划名称"上海"进行识别,而是能够起到区分商品来源的功能,具有商标的标识意义。同时,申请商标经使用进一步增强了其与所标识商品及上海故事公司之间的对应关系。因此,含有"上海"的申请商标已经超出了仅表示其标识的商品来自上海这一行政区划的地域来源作用,并不会使相关公众产生对于产地的认知,并非上述法律所规定的不得作为商标注册的地名标志。商标评审委员会和一审法院仅以申请商标中包含我国县级以上行政区划的地名"上海"即认定申请商标违反2001年《商标法》第10条第2款规定属于适用法律错误,二审法院对此予以纠正。二审法院正确地指出:含有地名的商标,如果整体不再具有地名含义或具有不以地名为主的其他含义,则不在禁止注册之列,这符合前述对于"具有其他含义"的但书条款的解释,即如果含有地名的商标的整体,对于指定产品的相关公众而言,其地名之外的含义强于地名含义,则符合但书条款的解释。该案二审法院也认为地名商标经过使用获得的第二含义也属于但书条款中的"其他含义",这符合对于商标使用者的正当商誉保护,并且对于同行业竞争者的利益的限制是符合比例原则的。这与允许获得第二含义的描述性标志的注册具有同一法理,而且地名商标所涉及的同行业竞争者的范围通常远小于描述性标志。

在杭州绫绝顶公司的"上海故事"商标案❶中,申请商标也是"上海故事",也是指定在第25类的服装等产品上。但该案的二审法

---

❶ 见北京市第一中级人民法院(2014)一中知行初字第535号行政判决书,北京市高级人民法院(2014)高行终字第1620号行政判决书。

院认为，申请商标由中文"上海故事"构成，虽然在作为县级以上行政区划的地名"上海"之外，申请商标还包含有"故事"二字，但作为我国特大城市和直辖市的"上海"，其地名含义为社会公众广为知晓并易于识别，申请商标作为整体仍与"上海"这一地名紧密联系。即使如绫绝顶公司所称，"上海故事"的含义在于"演绎老上海的经典风情"，申请商标作为整体所强调和突出的仍然是"上海"的地理属性，地名要素仍是申请商标的主要含义，因此，申请商标的使用和申请注册违反了《商标法》第 10 条第 2 款的规定，依法不应予以核准。第 72166 号决定的相关认定并无不当，二审法院予以维持。在此基础上，申请商标是否投入实际使用，对其是否应予核准注册并无影响。与上海故事公司的案件不同，该案二审法院认定上海仍是"上海故事"商标的主要含义，并且否认含有地名的商标可以因获得显著性被核准注册。后者涉及法律的解释问题，前者涉及事实的认定问题。该事实就是所指定产品的相关公众对于申请商标的含义认知情况。就该案的服装等产品而言，相关公众就是一般大众，当然，根据服装的风格、品味、价位等因素可以进一步细化相关公众的年龄、收入等参数条件。在没有可靠的调查问卷作为证据的情况下，此类事实的认定就取决于法官对于中国相关公众的认知的推断。但这一推断应结合中国社会的文化因素进行，法官的个人经验在这一认定中发挥着重要作用。对于一般中国公众而言，服装产品上的"上海故事"容易引发对于 19 世纪末和 20 世纪初这一特定历史阶段，在半封建半殖民地的社会背景下，发生在上海这一高度国际化的东方大都市所发生的故事，涉及的与服装有关的元素可能包括在好莱坞上映一周后就能在上海上映的美国电影，洋货和国货在国际化背景下的竞争和对比，邵氏公司等本土电影制作产业的起步和阮玲玉、胡蝶、周璇、上官云珠等著名演员，东西文化杂糅的夜总会，现代国际化商业的发展，租界，黑社会，张爱玲的这一时期的小说等。这些元素通过历史课本、小说等书籍，电影（《色戒》），电视剧（周润发和赵雅芝版及黄晓明和孙俪版的《上海滩》）等方式进入到了中国公众的认知之中。如果申请商标所用于的服装产品也是以中式传统服装为主旋律，则相关公众对于"上海故事"的认知更会被引导和强化到这一方向。这就同理于暗示性商标通过与指定产品之间的间接联系使得相关公众对其所表达的含义予以认知的现象。

值得注意的是，商标审查中对于"上海故事"这样的商标究竟表达了什么具体内容的含义,其实都不必认定或证明,这与描述性或暗示性商标的认定中需要确定商标的具体含义的做法不同。在与地名相关的商标审查规则的适用中,只需要认定"上海故事"表达的是与"上海"这一地名不同的事物就可以了,就像可以认定"雪"和"雪狼"两个商标不同一样。如果认为上海仍是"上海故事"的主要含义,则任何含有地名的商标都不能被注册了,包括被普遍认为可以注册的"上海滩""杭州湾""LONDON FOG",因为含义地名的商标不可能不传递与该地名有关的信息。

3. 申请人的地址与含有地名的商标的注册

商标局的《商标审查标准》还对地名商标的禁止注册规定设置了例外:如果商标所含地名与其他具备显著特征的标志相互独立,而地名仅起真实表示申请人所在地作用,则此类商标不在禁止注册之列,如图11-1与图11-2所示。

申请人:杨洪来
地址:天津市武清区汉沽港镇一街

申请人:凤凰股份有限公司
地址:上海市浦东新区塘南路20号

图11-1 红旗谱与东风商标

(GENEVE 译为日内瓦)
申请人:QUINTING S. A.
地址:瑞士日内瓦

(PARIS 译为巴黎)
申请人:SYLVIE JESSUA
地址:11, quai de la Gironde, F-75019 PARIS

图11-2 含日内瓦与巴黎字样商标

而如果商标中的地名与申请人的地址不一致，则被认为会误导公众，禁止注册。如图 11-3 所示。

（PARIS 译为巴黎）
申请人：M. SERGE LOUIS ALVAREZ
申请人地址：18 RUE ROBIN, BP 148 F-26905 VALENCE CEDEX 9（FRANCE）

（GENEVE 译为日内瓦）
申请人：弗雷德瑞克康士丹顿控股有限公司
申请人地址：荷兰安德烈斯群岛

图 11-3　含巴黎与日内瓦字样商标

要求申请人的地址应当与商标中的地名一致，这个条件很值得商榷。商标申请人的地址与商标中的地址不一致，会就产品或服务的产地误导公众吗？跨国公司兼并重组之后，将被收购的公司名下的商标转让到母公司或母公司指定的关联公司名下是常见的商业操作，而被收购的公司仍一如既往地使用该商标按原来的经营提供产品或服务。比如，纽约公司收购了巴黎的化妆品公司，巴黎公司的商标转让到纽约公司名下，而巴黎公司继续从巴黎提供产品。这会误导公众吗？《商标审查标准》中的这一要求其实是将商标申请人的地址与产品或服务的来源地之间画上了等号，但这是脱离实际的。这不仅表现在上述跨国公司收购兼并的实践中，也表现在：地址在巴黎的公司如果在巴黎做设计，从普罗旺斯采购原料，在中国加工产品，这是否会因为商标中含有巴黎而误导公众呢？因此，对于申请人的地址与商标中含有地名相一致的要求是不合理的。对于在某些与产地有紧密关系的产品上享有知名度的地名，可以要求商标所指定的产品以产于该地区为限制条件，但对于其他类型的地名和产品，要求申请人的地址与商标中的地名相一致并没有意义。作为对策，含有地名的商标的申请人其实可以只申请注册不含地名的商标元素，而在商标的使用中加上地名。这种使用并不改变商标的显著部分，在商标不使用撤销程序中，此种使用可以作为有效的商标使用证据。

二、地理标志

1. 地理标志国际保护制度

根据《商标法》第 16 条，地理标志（geographical indications），是指标示某商品来源于某地区，该商品的特定质量、信誉或者其他特征，主要由该地区的自然因素或者人文因素所决定的标志。如，葡萄酒上的波尔多，苹果上的烟台，陶瓷上的景德镇等。简单地说，地理标志就是知名土特产的特定产地名称或者实践中形成的与产地名称紧密相关的其他标志。它是产业实践中已经形成的某些特色农副产品的产地标志，相关公众通过地理标志识别这些特色产品并认知其所承载的特色商誉。地理标志是 TRIPs 所涵盖的知识产权类型之一。

我国《商标法》对地理标志的定义与 TRIPs 第 22.1 条的规定一致。实际上，地理标志的国际保护可以追溯到 1883 年《巴黎公约》。以 1883 年《巴黎公约》为表现的一般理论认为，地理标志包括原产地名称（appellations of origin）和来源地标志（indications of source）两种类型。欧盟的地理标志立法仍沿袭了这两种类型的划分："原产地名称（PDO）"是用来指称农产品或食品的地区名称、确定的地方名称或者在特殊情况下一个国家的名称，而这种农产品或食品来源于该地理区域，并且其质量或特征在本质上或全部的归因于这一地理来源，包括自然因素和人文因素，其生产、改造和制作也在该地理区域进行；"来源地标志（PGI）"也是用来指称农产品或食品的地区名称、确定的地方名称或者在特殊情况下一个国家的名称，而这种农产品或食品来源于该地理区域，并且它的一种质量、声誉或某种其他的特点可以归因于这一地理来源，其生产和/或改造和/或制作也在该地理区域进行。从这两个定义可以看出，原产地名称和来源地标志的不同点在于，与来源地标志相比，原产地名称要求该产品的质量或特征与该地理来源有全面和更紧密的联系。法国的葡萄酒传统上就是标注原产地名称（appelation d'origine contrôlée, AOC），只有较新的产区才用欧盟的 PDO 或 PGI 来标注。TRIPs 的地理标志定义涵盖了这两种地理标志，但未作区分定义，我国的立法也采用了这一做法。

在地理标志的国际保护体制层面，由于该领域各国立法差异很大，《巴黎公约》的规定极为简略。《巴黎公约》之后，地理标志的国际保护也仅在少数国家范围内得以发展❶。TRIPs 的出台将地理标志的国际保护推进到一个新的阶段，这不仅体现在 WTO 成员方的广泛性上，更体现在 TRIPs 对于地理标志规定的详细程度上。实际上，这是将在少数国家范围内得到发展的保护标准和国际登记制度进行大范围地有力推广。如果说是以美国为首的发达国家强行将 TRIPs 引入 WTO 多边贸易体制，那么却是欧盟力主将地理标志的保护纳入 TRIPs 的。❷ 地理标志制度的国际协调，主要面临两方面的困难：一是各国经济利益的冲突，地理标志使得以欧洲国家为代表的"老世界"出产的农产品和酒类具有强劲的竞争力，而以北美和澳洲为代表的"新世界"则希望借用欧洲的地理名称提升自己产品的知名度；二是各国立法的重大差异，在前 TRIPs 时代，有的国家根本没有地理标志法律制度，有的国家借助反不正当竞争法和消费者权益进行保护，有的国家则将地理标志纳入商标法的范畴，而以法国为代表的欧洲国家则建立了专门的地理标志法律制度。❸ 在 TRIPs 的实施阶段，WTO 成员方纷纷制定或修改国内知识产权法，地理标志的法律保护进入了新的国际整合阶段。作为 WTO 成员方之一，欧盟对其域内的地理标志法律制度进行了协调与统一，这不仅影响到欧盟成员国，而且也影响到其他 WTO 成员方。针对欧盟的地理标志立法，美国和澳大利亚分别发起了 WTO 争端解决程序。❹ WTO 争端解决机构裁决认定：欧盟的 2081/92 号条例没有为非欧盟成员国的 WTO 成员方国民在地理标志的申请、异议和保护程序中提供国民待遇，因此违反了《巴黎公约》和 TRIPs 中的国民待遇条款；但欧盟对于地理标志与注册商标的共存机制规定，尽管不符合 TRIPs 第 16.1 条对于商标权保护的规定，

---

❶ 比如，葡萄园与葡萄酒国际局（l'Office international de la vigne et du vin, OIV）（参见该组织网站 http://www.oiv.int/uk/oiv/presentation.html），《制止虚假和欺骗性产品来源标志马德里协定》（Madrid Agreement for the Repression of False or Deceptive Indications of Source on Goods of April 14 1891），《保护原产地名称及其国际注册里斯本协定》（Lisbon Agreement for the Protection of Appellations of Origin and their International Registration of October 31, 1958）。

❷ 在 TRIPs 的谈判中，地理标志领域的谈判被认为是欧盟与北美和澳大利亚的利益较量。See Carlos M Correa and Abdulqawi A Yusuf, *Intellectual property and international trade——TRIPs Agreement*, Kluwer law international, 1998, p. 174. See also Jayashree Watal, *Intellectual property rights in the WTO and developing countries*, kluwer law international, 2001, p. 263.

❸ TRIPs 理事会报告（www.wto.org）：IP/C/W/85 ofNovember 17 1997 and IP/C/W/85/Add. 1 of July21999。

❹ WT/DS174 案（美国诉欧共体）和 WT/DS290 案（澳大利亚诉欧共体）。参见冯术杰. 欧盟地理标志法律制度述评——写在 DS174、DS290 两案裁决之后 [M] //冯术杰. 知识产权法：国际的视野与本土的适用 [M]. 北京：法律出版社，2015：259-280.

但它属于该协议第 17 条所规定的对于商标权的合理限制，因而不违反 TRIPs。欧盟的农产品和食品地理标志保护条例也被第 510/2006 号条例所替代，该条例专门规定了非欧盟成员方的地理标志登记程序和条件。❶

2. 我国的地理标志保护体制

在我国的法律体系中，地理标志的保护存在不同的法律渊源。《商标法》中规定地理标志可以作为集体商标或证明商标予以注册，从而获得商标法的保护；国家质量监督检验检疫总局（原国家质检总局）2005 年颁布的《地理标志产品保护规定》从产品质量监督管理的角度建立了地理标志产品登记保护制度；农业部 2007 年颁布的《农产品地理标志管理办法》从提高农产品市场竞争力和农产品质量安全监督管理的角度建立了针对农产品（来源于农业的初级产品）的地理标志登记保护制度；林业局也于 2013 年推出了《林产品地理标志管理办法（征求意见稿）》。因此，整体而言，我国存在两套地理标志保护制度，一是商标法，二是质检总局和农业部的单行部门规章。从对地理标志所赋予的权利角度看，商标法赋予了一种私权，利于权利人对于未经许可的侵权使用行为采取私权救济措施，而单行部门规章不能创设此类私权；从保护方式看，商标法通过提供私权救济和对证明商标或集体商标注册人未能确保商标使用管理规则行为的处罚来实现地理标志商标的合法使用，而质检总局和农业部的规章是通过行政管理手段制止和处罚假冒地理标志的行为和不符合使用条件的地理标志使用行为。

3. 未注册地理标志作为一种权利客体

在商标法的框架内，有关地理标志的以下方面需要明确。其一，地理标志在没有被注册为证明商标或集体商标的情况下，是否是商标法所保护的客体。答案是肯定的。首先，根据《商标法》第 16 条第 1 款，如果商标中有商品的地理标志，而该商品并非来源于该标志所标示的地区，误导公众的，则不予注册并禁止使用。这就赋予了地理标志对于商标注册或使用行为的阻却性权利。其次，《商标法》第 16 条第 2 款所给出的地理标志的定义，同时是地理标志的认定条件，凡

---

❶ COUNCIL REGULATION（EC）No 510/2006 of 20 March 2006 on the protection of geographical indications and designations of origin for agricultural products and foodstuffs.

是符合该条款所规定的条件或定义的客体，就构成商标法所认可的地理标志。法律对于社会关系的调整表现为两种方式：认可或创制。商标法对于未注册地理标志的保护就属于确认，即对于已经客观存在的社会关系事实做出法律上的认可。因此，《商标法》第 16 条的两个条款一起构成商标法上对未注册的地理标志的保护规范。而商标法实践中，审查机关和法院也是在此意义上理解和适用上述条款的。比如，在"湘莲及图"商标无效宣告案中，湖南省湘潭县湘莲协会对福建省某公司在莲子等商品上注册的"湘莲及图"商标提出无效宣告申请。申请人主要理由为："湘莲"具有明显的地理标志属性，指湖南省所出产的莲子。而被申请人福建省某公司所在地为福建建宁，其注册争议商标用于非湖南省所生产的莲子产品包装上，具有假冒"湘莲"品牌，误导公众之嫌。被申请人福建省某公司答辩称，"湘莲及图"商标使用在莲子商品上具有显著性。由于"湘莲"从未被认定为地理标志，争议商标是被申请人自行设计、首先使用的，因此被申请人不仅不存在"恶意抢注"的行为，反而通过被申请人的使用，扩大了消费者对"湘莲"的认可度，提升了"湘莲"的美誉度。故请求维持争议商标的注册。2008 年 6 月，商标评审委员会经过审理认为，根据申请人提交的证据及《中国土特名产辞典》的记载，"湘莲"广布于湖南，尤其是洞庭湖地区，其产品具有颗粒圆大、色白如凝脂、肉质饱满、汤色青、香气浓、味鲜美等特点，所含蛋白质、脂肪、矿物质等营养成分有别于其他地区所产莲子。上述品质特点主要是由湘莲所在地区气温、雨量、湿度、日照、土壤、水利等自然条件和栽培方式所决定的。并且"湘莲"称谓自南朝沿用至今，早已形成了与其湖南产地相对应的关系，符合《商标法》第 16 条第 2 款规定的地理标志条件，可以认定为莲子商品的地理标志。争议商标由"湘莲"、对应的拼音及图形组成，文字"湘莲"为该商标的主要认读和呼叫部分。被申请人地处福建，其在申请注册争议商标前已与湖南湘潭地区的厂商就湘莲购销有业务往来，明知"湘莲"为莲子商品的地理标志，仍将其注册为集体商标、证明商标以外的商标，易导致相关公众对该商标所标识的产品性质、来源产生误认，已属于《商标法》第 16 条第 1 款所禁止的情形，争议商标在莲子及类似商品上的注册应予撤销。法院还认定"杨柳青"（天津杨柳青镇）是年画产品上的地理标志，❶ "杜浔"（漳浦县杜浔镇）是酥糖上的地理标志，❷ 即使未经注册也适用《商标法》第 16 条的保护规定。此外，国家工商行政管理总局早在 20 世纪 80 年代也曾发文认定"香槟"是法国气泡白葡萄酒上的原产地名称 CHAMPAGNE 的音译，受我国法律保护，尽管当时该名称未在中国注册。

　　有研究者在对"湘莲及图"案的评论中进一步指出，"中国范围内未注册的地理标志也可以依法获得保护。地理标志产品作为一种自然和人文资源，是一种历史的客观存在，既是稀缺的，也是不可再生的。商标法仅是对地理标志这种客观事实提供一种确认和保护。商标注册制度不可能'创设'出一个历史上不存在的地理标志，同时对某个历史上存在并流传至今的地理标志，即使未经注册，也无法否认其作为客观事实而存在的现状。因此在商标评审程序中，可以对地理标志是否客观存在进行审查认定，而一旦认定这种事实存在，则无论是基于地理标志相关方的利益还是考虑公平竞争秩序，地理标志都应当依商标法第 16 条得到保护。"❸ 这是对《商标法》第 16 条认可作为社会关系现实的地理标志的详细阐述。

　　就地理标志的存在地域而言，《商标法》第 16 条并没有将其限定在中国领土范围之内。而根据我国加入的相关国际公约中的国民待遇原则，WTO 成员方（TRIPs）国民和《巴黎公约》缔约方国民享有权益的地理标志也都应受到我国商标法的同等保护。在这一点上，条约的任一缔约方境内的地理标志在所有其他缔约方受我国《商标法》第 16 条意义上的保护不需要单独的注册或登记程序，这就如同任意缔约方境内的作品创作行为可以同时在所有其他缔约方法律上产生著作权的机制是同一原理。后者是同一事实行为在不同法域分别引起法律关系产生的机制，前者是同一事件或状态在不同法律分别引起

---

❶ 见北京市高级人民法院（2009）高行终字第 1437 号行政判决书。
❷ 见北京市高级人民法院（2013）高行终字第 1318 号行政判决书。
❸ 史新章. 商标评审委员会在商标争议案件中首次认定和保护地理标志 [J]. 国家工商行政管理总局商标评审委员会法务通讯，2008（33）.

法律关系产生的机制。在博美隆案❶中，商标评审委员会和两审法院也确实将《商标法》第 16 条适用于法国境内的地理标志的保护，尽管涉案地理名称由于证据和事实认定方面的原因没有获得保护。

4. 地理标志的表现形式

地理标志的表现形式是纯粹的地名，还是地名和其他标志的组合，还是非地名的标志？如果是地名，是否必须是与现行行政区划相符的规范名称？如前所述，《商标法》第 16 条对于未注册地理标志的保护是对客观社会现实的一种法律上的认可，因此，地理标志的表现形式，与其相关的产品种类，产品的质量、特色、声誉等特征，其所适用于的地域范围，产品提供者的范围等都是在注册之前就已经客观存在的，只需对其做出准确的认定。《集体商标、证明商标的注册和管理办法》第 8 条规定，作为集体商标、证明商标申请注册的地理标志，可以是该地理标志标示地区的名称，也可以是能够标示某商品来源于该地区的其他可视性标志。前款所称地区无须与该地区的现行行政区划名称、范围完全一致。因此，地理标志的被注册为商标的表现形式应当与其申请注册前的存在形式相一致。比如，"湘莲"是（湖南）地名简称与产品简称的结合，"烟台"是一个纯粹的地区名称但涵盖烟台、威海等多个胶东的苹果产区。从地理标志商标的申请人角度来看，将客观存在的地理标志表现形式注册为商标以进行保护是最有效的方案；而从商标审查机关的角度来看，也只应核准注册与客观表现形式相一致的地理标志表现形式。因为，尽管是以证明商标或集体商标的形式来保护地理标志，但地理标志与其他类型的证明商

---

❶ 见北京市高级人民法院（2014）高行终字第 1567 号行政判决书。该案中，黄某是第 33 类葡萄酒等酒类产品上的第 7450657 号"博美隆"商标的注册人。法国国家原产地名称局对该商标提起无效宣告请求，主要理由为：法国国家原产地名称局是法国原产地名称认定机构，负责在法国及国外保护法国原产地名称的有关事宜。法国葡萄酒原产地名称"POMEROL（波美侯）"在争议商标申请前已在中国享有广泛知名度，争议商标是对该原产地名称/地理标志的翻译，其使用商品并非来源于法国吉隆德省的波美侯等葡萄酒产区，容易导致消费者混淆、误认。违反中国《商标法》第 16 条。商标评审委员会在商评字〔2013〕第 20104 号《关于第 7450657 号"博美隆"商标争议裁定书》中认定：已在中国注册的地理标志，或者未在中国注册但符合中国《商标法》第 16 条第 2 款规定的实质条件的地理标志，受商标法的保护。该案中，"POMEROL"虽然在其原属国法国已经获得葡萄酒原产地名称的保护，但尚未在中国注册为地理标志，且法国国家原产地名称局也未提交充分证据证明"POMEROL"符合中国《商标法》第 16 条第 2 款关于地理标志实质条件的规定。因此，法国国家原产地名称局请求依据中国《商标法》第 16 条规定撤销争议商标的主张缺乏事实依据。申请人起诉后，两审法院维持了商标评审委员会的裁定。

标或集体商标不同，后者的申请人可以任意创设或选择其商标标志，而前者的申请人只能申请注册其客观既已存在的表现形式。原因在于，地理标志不仅是来源区分标志，更是名优特产的商誉承载标志。地理标志申请人所需要的就是禁止他人使用这一商誉承载性标志，而审查机关也只应把客观上的商誉承载标志作为地理标志类型的集体商标或证明商标予以注册。如果申请人自创了一个标志而不是采用客观既存的地理标志，那么，一方面他不能够有效保护真正的地理标志，另一方面，他自创的标志也不符合地理标志的定义——非名优特产标志不属于地理标志。此外，法律对于地理标志的保护水平要高于商标，原因就在于地理标志的名优特产的商誉承载功能。这种高水平的保护体现在 TRIPs 第 23 条、欧盟 510/2006 号条例第 13 条和我国《集体商标、证明商标的注册和管理办法》第 12 条，主要表现在法律对于地理标志可以禁止使用的标志的范围上要广于普通的注册商标：即使使用的是地理标志的翻译文字或者伴有诸如某某"种"、某某"型"、某某"式"、某某"类"等表述的，都在禁止之列，即使同时标出了商品的真正来源地。

5. 地理标志的注册条件

地理标志商标的注册条件高于其他类型的证明商标或集体商标，这表现在以下方面。首先，以地理标志作为集体商标申请注册的，应当附送主体资格证明文件，并应当详细说明其所具有的或者其委托的机构具有的专业技术人员、专业检测设备等情况，以表明其具有监督使用该地理标志商品的特定品质的能力。申请以地理标志作为集体商标注册的团体、协会或者其他组织，应当由来自该地理标志标示的地区范围内的成员组成。其次，申请以地理标志作为集体商标、证明商标注册的，还应当附送管辖该地理标志所标示地区的人民政府或者行业主管部门的批准文件。外国人或者外国企业申请以地理标志作为集体商标、证明商标注册的，申请人应当提供该地理标志以其名义在其原属国受法律保护的证明。再次，以地理标志作为集体商标、证明商标注册的，应当在申请书件中说明下列内容：（1）该地理标志所标示的商品的特定质量、信誉或者其他特征；（2）该商品的特定质量、信誉或者其他特征与该地理标志所标示的地区的自然因素和人文因素的关系；（3）该地理标志所标示的地区的范围。可见，尽管证明商标和集体商标可以作为地理标志的商标保护形式，但这两种类型的商标制度都要为地理标志的特殊性做出必要的调整。

6. 地理标志证明商标和集体商标的功能

尽管地理标志可以被注册为证明商标或集体商标,但如前所述,地理标志自身就是公约和我国法律上所承认的一种类型的知识产权。因此,在采用注册商标或集体商标对地理标志予以保护的时候,也存在两种知识产权制度的融合问题,这主要体现在地理标志证明商标或集体商标既具有商标的共性又具有地理标志的个性。这不仅表现在如前所述的地理标志商标的注册条件和保护水平的特殊性,还体现在实践中对于地理标志商标的功能的不同认识上。比如,在"恩施玉露"商标异议案和申马人"舟山带鱼"案中,法院认为,地理标志证明商标不具有识别功能,因此不会与产品或服务商标发生混淆,其保护不以混淆可能性作为认定标准。

在恩施玉露案中,恩施玉露协会在第 30 类"茶"商品上申请注册的第 6761802 号"恩施玉露 ENSHIYULU 及图"证明商标于 2009 年 6 月 28 日经商标局初步审定并公告。岳阳市北港茶厂❶援引其第 1387674 号茶叶产品上的"玉露及图"商标提起异议。商标局认为被异议商标作为地理标志与引证商标未构成近似,驳回了异议请求。商标评审委员会裁定认为:恩施玉露协会提交的证据证明"恩施玉露"属于《商标法》第 16 条规定的地理标志,且未与引证商标不构成近似商标。❷ 一审法院认为:根据恩施玉露协会提交的《中国名茶》(1979 年版)、《制茶学》(1979 年版)、《中国茶史散论》(1988 年版)、《中国茶经》(1991 年版)、《中国名优茶选集》(1994 年版)等书籍的记载,恩施玉露历史悠久,创制于清朝康熙年间,并于 1965 年被评为"中国十大名茶"。恩施玉露别称"玉露茶""玉露",属针形蒸青绿茶类,主产于湖北省恩施市五峰山一带,是在湖北省恩施市境内采摘的优质茶树鲜叶,经特殊的工艺加工而成的特种绿茶。恩施玉露由县级以上行政区划名恩施和商品名玉露组合而成,代表一种源自湖北恩施的气候、土壤、良好的生态环境和特殊的采制技术的传统蒸青绿茶,其特定质量、信誉或者其他特征主要由湖北省恩施市

---

❶ 在异议复审程序中,引证商标经商标局核准,转让给长沙玉露公司。长沙玉露公司遂取代岳阳市北港茶厂成为案件当事人。

❷ 见商评字〔2012〕第 09875 号《关于第 6761802 号"恩施玉露 ENSHIYULU 及图"商标异议复审裁定书》。

地区的自然因素或者人文因素所决定。因此，依据《商标法》第 16 条的规定，"恩施玉露"构成地理标志。❶

地理标志可以被申请为证明商标，并由对某种商品或者服务具有监督能力的组织所控制。该案中，恩施玉露协会提交了省级政府主管部门关于地域范围、地域特征、特定品质及恩施玉露协会监督管理能力的证明文件，县（市）级政府授权批复，恩施玉露协会资质证书，地理标志证明商标使用管理规则，委托检验技术服务协议等证据，这些证据足以证明恩施玉露协会具有监督使用被异议商标地理标志商品的特定品质的能力，被异议商标的产品生产地域范围涉及恩施市舞阳坝等十六个乡镇、街道办事处，因此，恩施玉露协会申请注册被异议商标符合《商标法》第 16 条的相关规定。

恩施玉露协会提交的《中国茶经》《世界茶业 100 年》《中国名优茶选集》等多部典籍均有记载"恩施玉露"茶古已有之，且根据这些典籍的记载可知，玉露代表一种传统的蒸青绿茶。因此，"玉露"在 32 类茶叶商品上显著性不强。被异议商标为地理标志证明商标。地理标志证明商标作为一种特殊商标，富有地域色彩和文化色彩，其形成是以大量的人文、经济投入及长期的历史传统为基础，用以标识地理标志商品的特定品质、信誉或者其他特征，并由其产地的自然因素或者人文因素所决定，所具有的区别功能指向地理标志商品的特点、品质，并不直接指向商品的生产者或者服务的提供者。即证明商标与商品商标不同，证明商标并非用于表明商品来源于证明商标的注册人，而是由证明商标注册人证明商品的原产地等特定品质。被异议商标虽包含"玉露"二字，但其主要识别部分为"恩施"，其所代表的茶或茶叶类商品的特定品质源自湖北恩施地区的气候、土壤、良好的生态环境和特殊的采制技术，即恩施玉露的质量品质、信誉或其他特征由湖北省恩施市地区的自然环境或者人文环境所决定，且"恩施玉露"历史悠久，在业内具有良好的口碑，也是历史的产物和茶文化的延伸。因此，被异议商标具有独创性和显著性，足以与引证商标加以区分，两商标在市场上并存不足以造成消费者的混淆或误认。异议人上诉后，二审法院认为❷，虽然被异议商标和引证商标的主要识别部分均包含"玉露"文字，但被异议商标与引证商标在商标标志的构成要素、读音、含义、整体外观等方面均存在较大差异。

---

❶ 见北京市第一中级人民法院（2012）一中知行初字第 2131 号行政判决书。
❷ 见北京市高级人民法院（2013）高行终字第 1201 号行政判决书。

而且，作为证明商标而申请注册的被异议商标，其主要识别部分是作为地理标志而存在的"恩施玉露"。地理标志的功能主要在于标示某商品来源于某地区，该商品的特定质量、信誉或者其他特征，主要由该地区的自然因素或者人文因素所决定。而商品商标或者服务商标的主要功能在于区分商品或者服务的来源，与使用该商标的商品是否来源于某地区以及该商品的特定质量、信誉或者其他特征是否主要由该地区的自然因素或者人文因素所决定并无直接关联。因此，在适用《商标法》第 28 条对相关商标是否构成使用在相同或类似商品上的近似商标进行比较时，不应将具有不同功能的证明商标与商品商标、服务商标进行近似性的比对。综合以上因素，被异议商标的申请注册并不会导致相关公众将其与引证商标相混淆，故商标评审委员会和原审判决认定被异议商标与引证商标不构成近似商标并无不当。长沙玉露公司关于被异议商标与引证商标构成相同或者类似商品上的近似商标的上诉理由缺乏事实和法律依据。

在申马人"舟山带鱼"案中，舟山市水产流通与加工协会是第 5020381 号"舟山带鱼 ZHOUSHANDAIYU 及图"证明商标的注册人，核定使用商品为第 29 类带鱼（非活的）、带鱼片。《"舟山带鱼"证明商标使用管理规则》规定了：(1)"舟山带鱼"是经注册的证明商标，用于证明"舟山带鱼"的品质。(2) 使用"舟山带鱼"证明商标的产品的生产地域范围为浙江省舟山渔场特定生产区域，具体分布在北纬 29°30′到北纬 31°，东经 125°以西；舟山渔场地域平均水温 17~19℃，盐度 12.02~29.10，适宜各种鱼类生长，为舟山带鱼原产地。(3) 使用"舟山带鱼"证明商标的产品的品质特征：外观上体延长，侧扁，呈带状；背腹缘几近平行，肛门部稍宽大；尾向后渐细，成鞭状；头窄长，侧扁，前端尖突；头侧视三角形倾斜，背视宽平；吻尖长；眼中大，高位，位于头的前半部；鼻孔小，位于眼的前方；口大、平直；体银白色，背鳍上半部及胸鳍淡灰色，具细小黑点；尾呈暗色；二十二碳六烯酸（DHA）和高脂含量较高，肉质细腻、口感鲜嫩。(4) 使用"舟山带鱼"证明商标的产品在加工制造等过程中应符合舟山市地方标准 DB3309/T22-2005《舟山带鱼》的要求。

2010 年 12 月 31 日，舟山水产协会的代理人向申马人公司发出律师函，称申马人公司生产的"小蛟龙舟山带鱼段"侵犯了涉案商标权利，要求停止侵权，赔偿损失。

2011年1月28日，舟山水产协会的代理人在北京恒信公证处公证员的陪同下在北京市房山区良乡地区华冠购物中心以19.90元每袋的价格购买"小蛟龙牌舟山精选带鱼段"一袋，并索取了发票，发票上加盖有华冠公司的公章。该产品外包装标注"舟山精选带鱼段"，同时有"小蛟龙及图"标记，生产商为申马人公司，原料产地为浙江舟山。

2011年3月2日，舟山水产协会的代理人向华冠公司发出律师函，称华冠公司下属的华冠购物中心销售的商品侵犯了舟山水产协会的商标权利，要求停止侵权，赔偿损失。

舟山水产协会提起诉讼。该案一审法院认为：是否侵犯证明商标权利，不能以被控侵权行为是否容易导致相关公众对商品来源产生混淆作为判断标准，而应当以被控侵权行为是否容易导致相关公众对商品的原产地等特定品质产生误认作为判断标准。舟山水产协会主张申马人公司在商品外包装上突出使用"舟山带鱼"字样，容易造成公众混淆，因此构成侵权，是对法律的错误理解，实质上将证明商标与商品商标进行了混同。是否突出使用，是否造成商品来源混淆，与是否侵犯证明商标权利无关。该案中，涉案商标"舟山带鱼ZHOUSHANDAIYU及图"系作为证明商标注册的地理标志，即证明商品原产地为舟山海域的标志。因此，在原产于舟山海域的带鱼上标注"舟山精选带鱼段"属于对地理标志的正当使用，并不侵犯舟山水产协会的商标权利。❶

实际上，如前所述，识别功能、商誉承载功能和品质保障功能是任何商标都具有的功能，作为地理标志的法律保护形式的证明商标和集体商标也不例外，只是这些功能的表现形式与产品商标或服务商标有差异。就识别功能而言，地理标志证明商标或集体商标所识别的是位于特定产区的并且产品符合商标使用规则的生产者群体。根据一定条件选定的多个产品提供者作为商标所识别的提供者来源，这本身就符合商标的识别功能原理，这就如同某个产品商标或服务商标的注册人依据一定的条件选择了一定数量的被许可人（比如加盟店的形式）作为该商标的提供者来源。本质上，商标所识别的产品或服务提供者的多数性并不能否定识别功能的存在。从反面来看，混淆理论对于地理标志证明商标或集体商标的适用也不

---

❶ 见北京市第一中级人民法院（2011）一中民初字第9242号民事判决书。

存在问题。如果第三人未经许可在相同或类似产品上使用了与地理标志证明商标或集体商标相同或近似的标志，则也可能导致相关公众的混淆误认：认为第三人是地理标志商标所识别的提供者群体中的一员或者与后者存在联系。这就如同未经许可使用"呷哺呷哺"标志的小火锅店会被相关公众认为是该商标注册人的店铺或者经其许可的店铺。就商誉承载功能而言，产品商标或服务商标承载着商标注册人的经营行为和商标被许可人的经营行为所共同建立的商誉，而地理标志证明商标或集体商标承载着由于特定地区的水土等自然因素和加工工艺等与多数生产者的经营行为相关的人文因素所形成的在农副产品上以特定质量、特征、声誉等为表现形式的商誉。不同点仅在于：产品商标或服务商标的提供者一般是单数但也很可能是多数，而地理标志证明商标的提供者一般是多数但也可能是单数；产品商标或服务商标的商誉往往在相关公众的口碑中以抽象形式存在，而地理标志证明商标或集体商标所承载的商誉在商标注册中被以对产品的质量、特征或声誉等方式明确而正式地表述出来。从侵权角度来看，如果第三人未经许可使用了地理标志证明商标或集体商标，在导致混淆的情况下，第三人将利用到地理标志产品的商誉，并很有可能破坏该商誉，如果侵权产品的质量、特征等低于或不符合地理标志产品自身的标准。这与商标侵权行为对于产品商标或服务商标的商誉利用和侵害后果和表现形式完全一致。在品质保障功能方面，产品商标或服务商标使得相关公众得以凭借既有消费经验和口碑对该商标所表示产品或服务的品质有所预期，只是这种品质的保障完全凭借产品或服务提供者自身的经营水平、能力和市场定位等个性化并可能演变的因素而存在；地理标志证明商标或集体商标所标示的产品的品质，不仅在商誉和口碑中存在，更体现在商标注册时提交的书件说明中，而该品质的保障功能是通过商标申请时提交的商标使用规则中所规定的产品加工、原料采购、产品标准等方面的具体而公开的要求来实现，因而也更具有可靠性和稳定性。

综上，地理标志证明商标或集体商标与产品商标或服务商标在商标的三种功能上具有同质性，表现形式的差别不能否认这一点，因而不能在商标审查和侵权程序中将两者割裂成两个不相关的体制。"恩施玉露"商标案所涉及的两个商标之间的冲突还不是典型的地理标志证明商标或集体商标与产品商标或服务商标之间的冲突。如果相冲突的商标不是"玉露"而是"恩施"或"恩施+其他识别性元素"等含有与地理标志中的地名相同或近似的商标，则就是典型的冲突例子。在典型冲突的情况下，如果地理标志商标注册在先或者地理标志的存在在先，则任何在后的有可能导致混淆的或属于《商标法》第16条第1款规定的情形的商标申请都应被驳回。如果产品商标或服务商标在先，则仍应允许地理标志证明商标或集体商标的注册申请，原因有三：其一，地理标志都是在产业发展中由于自然因素和/或人文因素形成的特色农副产品上的知名地名，这是一个引起法律上权益产生的客观事件，所有该产品的生产者组成的群体对于该地理名称上所承载的商誉享有法律不能否定的正当利益；其二，与地理标志相同或近似的地名商标的注册往往都发生在该地名所标示地区的地理标志产生之后，只是因为注册者享受了商标注册制度的程序利益，享有了该标志的商标法上的独占权，而地理标志产品的生产者群体就地理标志所享有的权益往往较注册商标具有在先性，比如金华火腿商标和金华火腿地理标志的权利冲突案❶；其三，地理标志证明商标或集体商标的产品提供者数量和范围都由产品规则和商标使用规则进行了限

---

❶ 见上海市第二中级人民法院（2003）沪二中民五（知）初字第239号民事判决书。该案中：

（1）1979年10月，浙江省浦江县食品公司在第33类商品（火腿）上申请注册了注册证号为第130131号商标。后商品使用类别由第33类转为商品国际分类第29类。1983年3月14日，该商标经核准转让给浙江省食品公司。2000年10月7日，商标注册人变更为原告浙江省食品有限公司。2002年12月，商标经续展注册有效期自2003年3月1日至2013年2月28日。2004年3月9日，国家工商行政管理总局商标局（商标案字〔2004〕第64号）《关于"金华火腿"字样正当使用问题的批复》（以下简称《批复》）认为，使用在商标注册用商品和服务国际分类第29类火腿商品上的"金华火腿"商标，是食品公司的注册商标；"金华特产火腿""××（商标）金华火腿"和"金华××（商标）火腿"属于2002年《商标法实施条例》第49条所述的正当使用方式；同时，在实际使用中，上述正当使用方式应当文字排列方向一致，字体、大小、颜色也应相同，不得突出"金华火腿"字样。

（2）1992年8月、1997年10月、2001年3月和2004年1月，浙江省工商行政管理局先后认定原告"金华火腿"商标为浙江省著名商标。1985年12月国家质量奖审定委员会颁发给浙江省食品公司的金质奖章证书，1993年8月浙江省工商行政管理局等多家单位颁发给浙江省食品公司的浙江名牌产品证书，1998年8月浙江省人民政府授予浙江省食品公司的浙江名牌产品证书等，其中对原告获奖产品表述为"金华牌"金华火腿或"金华牌"特级金华火腿。2001年9月，浙江名牌产品认定委员会颁发给浙江省食品股份有限公司的浙江名牌产品证书中，对原告获奖产品的表述为"金华牌"火腿。浙江省杭州市中级人民法院（2003）杭民三初字第110号民事判决书以及浙江省高级人民法院（2004）浙民三终字第154号民事判决书，对原告商标的表述为"金华牌"和"金华"火腿注册商标。

（3）1999年8月17日，国家质量技术监督局颁布实施了《原产地域产品保护规定》，该规定第2条规定："本规定所称原产地域产品，是指利用产自特定地域的原材料，按照传统工艺在特定地域内所生产的，质量、特色或者声誉在本质上取决于其原产地域地理特征并依照本规定经审核批准以原产地域进行命名的产品。"第16条规定："生产者申请经保护办注册登记后，即可以在其产品上使用原产地域产品专用标志，获得原产地域产品保护。"1999年12月7日，国家质量技术监督局发布中华人民共

定，即在地理标志名称所标示地区内仅有有限数量的生产者所生产的符合产品规则的有限产品才能使用该地理标志，这些产品提供者所提供的产品的数量和品质都会与产品商标或服务商标所标示的产品具有重要差别，因此，在细分市场上，两者之间是可以区分的。另外，由于地理标志产品的提供者有限性、产地有限性、数量有限性等特征，

（接前注）

和国国家标准《原产地域产品通用要求》，该标准6.4规定，"原产地域产品标签的内容除符合国家有关规定外，还应规定特殊标注的内容，如原产地域名称、原材料的名称和地址，并使用原产地域专用标志"；该标准7.1中规定，原产地域产品专用标志的轮廓为椭圆形，灰色外圈，绿色底色，椭圆中央为红色的中华人民共和国地图，椭圆形下部为灰色的万里长城。在椭圆形上部标注"中华人民共和国原产地域产品"字样，字体为黑色、综艺体。2002年8月28日，国家质量监督检验检疫总局发布2002年第84号公告，通过了对"金华火腿"原产地域产品保护申请的审查，批准自公告日起对金华火腿实施原产地域产品保护。2003年4月24日，国家质量监督检验检疫总局发布中华人民共和国国家标准《原产地域产品金华火腿》。该标准5.3.3规定，"金华火腿应在当年立冬至次年立春之间进行腌制，从腌制到发酵达到后熟时间不少于9个月"；8.1.1规定，"销售包装产品标志按GB7718（《食品标签通用标准》）的规定执行，标明以下内容：金华火腿原产地域产品名称、产品标准号、生产者名称和地址、净含量、生产日期、保质期、质量等级，并在金华火腿销售包装醒目位置标明中华人民共和国原产地域产品专用标志。"2003年9月24日，国家质量监督检验检疫总局发布2003年第87号公告，通过了对浙江省常山县火腿公司、永康火腿厂等55家企业提出的金华火腿原产地域产品专用标志使用申请的审核，并给予注册登记。自该日起，上述55家企业可以按照有关规定在其产品上使用"金华火腿"原产地域产品专用标志，获得原产地域产品保护。

（4）1995年，中国特产之乡命名宣传活动组织委员会命名浙江省金华市为"中国金华火腿之乡"。2002年12月9日，金华市人民政府办公室、衢州市人民政府办公室印发了（金政办［2002］94号）《金华火腿原产地域产品保护管理办法（试行）》。该办法第5条规定，"任何单位和个人使用金华火腿原产地专用标志，必须按规定程序申请，经国家质量监督检验检疫总局原产地域产品保护办公室注册登记后，方可在其产品上使用"。第9条规定，"金华火腿原产地域产品保护专用标志由国家标准所规定的原产地域产品专用标志图案和'金华火腿'文字组成。专用标志直接印制在包装物或说明书上，也可使用在企业产品介绍上"。第12条规定，"持有《金华火腿原产地域产品专用标志证书》，生产的火腿符合金华火腿国家强制性标准要求的生产者，有权在其生产的金华火腿产品的标签、包装、广告说明书上使用金华火腿原产地域产品专用标志，获得原产地域产品保护；有权在其生产的金华火腿产品表皮上加印'××牌金华火腿，原产地管委会认定'字样，字样的印章由金华火腿管委会统一发放，统一管理。"2003年4月21日，永康火腿厂在核定使用的第29类商品（火腿、肉等）上申请注册了"真方宗"注册商标，注册有效期至2013年4月20日。同年6月，永康火腿厂被金华火腿行业协会评定为首届"金华火腿明星企业"。2003年10月16日，金华火腿原产地域产品保护管理委员会核发给永康火腿厂《金华火腿原产地域产品专用标志使用证书》，证书编号为金原保（2003）第12号。同年11月12日，永康火腿厂与金华市质量技术监督检测中心签订《金华火腿原产地域产品质量责任书》。

允许他们使用地理标志商标尽管构成对在先商标权的限制，但这种限制被 WTO 争端解决机构在欧盟——地理标志的保护案件中认定是符合 TRIPs 第 17 条❶的例外，不违反 TRIPs 项下的条约义务。

7. 地理标志证明商标和集体商标的保护

地理标志作为 TRIPs 所保护的一种知识产权，其保护标准规定在该协议第 22 条。该条第 1 款对地理标志做了定义，这是我国《商标法》第 16 条第 1 款的公约来源。协议第 22 条第 2 款规定，WTO 成员方应采取法律措施以使得利害关系人能够阻止他人：a）在产品命

（接前注）

（5）2003 年 7 月 27 日，原告食品公司向泰康公司发函，告知"金华火腿"系原告注册商标，要求其在收到函件后立即停止销售侵犯原告注册商标专用权的火腿，否则将采取相关的法律行动。法院认为，对于该案争议的商标权与原产地域产品冲突，应按照诚实信用、尊重历史以及权利与义务平衡的原则予以解决。从"金华火腿"历史发展来看，"金华火腿"有着悠久的历史，品牌的形成凝聚着金华地区以及相关地区几十代人的心血和智慧。原告成为商标注册人以后，对提升商标知名度做了大量的工作。原告的商标多次获浙江省著名商标、国家质量技术监督局金质奖及浙江省名牌产品等荣誉称号。原告的注册商标应当受到法律的保护。但是，另一方面，原告作为注册商标的专用权人，无权禁止他人正当使用。2002 年《商标法实施条例》第 49 条规定："注册商标中含有的本商品的通用名称、图形、型号，或者直接表示商品的质量、主要原料、功能、用途、重量、数量及其他特点，或者含有地名，注册商标专用权人无权禁止他人正当使用。"在我国，权利人的注册商标专用权与原产地域产品均受到法律保护，只要权利人依照相关规定使用均属合法、合理。在该案中，被告永康火腿厂经国家质检局审核批准使用原产地域产品名称和专用标志受法律保护，被告的使用行为不构成对原告商标权的侵害。

原产地域产品的权利人应严格依法行使权利。在该案中，应当指出，永康火腿厂在使用"金华火腿"原产地域产品名称时，存在一定瑕疵。一是在向国家有关职能部门提出申请使用但尚未获得批准的情况下，已经在其销售的部分火腿产品上使用了"金华火腿""原产地管委会认定"等字样。二是在产品的外包装和标签上没有标注"金华火腿"原产地域产品名称和专用标志。永康火腿厂应当严格依照国家的规定，规范使用"金华火腿"原产地域产品名称及其专用标志，尊重原告的注册商标专用权，避免与原告的注册商标发生冲突。

被告泰康公司是金华火腿的销售商，鉴于生产商永康火腿厂的行为不构成对原告商标专用权侵害，故泰康公司的销售行为也不构成对原告商标权的侵害。

对于该案争议的处理，既要严格依照现有的法律法规，又要尊重历史，促进权利义务的平衡。原告注册商标专用权保护范围的核心是"金华火腿"，其专用权受法律保护。任何侵犯原告注册商标专用权行为，应依法承担责任。但是，原告无权禁止他人正当使用。"金华火腿"经国家质量监督检验检疫总局批准实施原产地域产品保护，被告永康火腿厂获准使用"金华火腿"原产地域专用标志，因此，永康火腿厂上述行为属于正当使用。但是，被告永康火腿厂今后应当规范使用原产地域产品。原、被告之间均应相互尊重对方的知识产权，依法行使自己的权利。原告指控两被告侵犯其注册商标专用权的依据不足，不予支持。

❶ TRIPs 第 17 条规定，WTO 成员方可以对商标所赋予的权利规定有限的例外，比如对于描述性用语的正当使用，条件是，这种例外考虑到商标所有人和第三方的正当利益。

名或介绍中以任何方式表示或暗示其产品来自非真实产地的其他地理区域,如果这将就产品的地理来源误导公众;b)任何构成《巴黎公约》第10条之二意义上的不正当竞争行为。❶ 第 2 款 a)项是我国《商标法》第 16 条第 1 款的公约来源。TRIPs 第 22 条第 3 款规定,成员方应主动(如果其立法允许)或应利害关系人申请驳回包含地理标志或由地理标志构成的商标注册申请或撤销此种注册商标,如果其产品并不来源于地理标志所指示的领土,并且在该产品上的商标中使用该地理标志会在该成员方境内就产品的真实产地误导公众。其第 4 款规定,该条前三款的规定应适用于那些尽管在字面上符合产品的真实来源领域、地区或地点,但向公众虚假地将产品表示为来自另一个领土的地理标志。该款主要是针对美国、澳大利亚和新西兰等欧洲移民国家的地理标志名称与欧洲大陆的地理标志名称冲突问题的。因为这些欧洲移民国家的很多地名都是采用了欧洲大陆的地名,因此,在国际贸易中会发生美国和欧洲国家同名的地理标志的情形,TRIPs 的规定表明要按照冲突发生地的公众对于地理标志的实际认知来解决该冲突。

TRIPs 第 1 条第 1 款规定,WTO 成员方应有效履行该协议条款,但它们有根据自身法律制度和实践选择条约义务的履行方式。因此,就地理标志的保护而言,各国可以选择专门的地理标志制度、商标制度或反不正当竞争法等不同制度,只要公约所规定的保护内容和水平可以被实现。因此,我国可以选择商标法和/或专门的地理标志保护制度来履行条约项下的义务。

在商标法的框架内,除了《商标法》第 16 条第 1 款对于与地理标志相冲突的商标的禁止注册和禁止使用的规定之外,没有单独的针对地理标志证明商标和集体商标的侵权保护规定。由于此类商标与其他类型商标一样具有识别、商誉承载和品质保障功能,因此,其保护也应使用《商标法》中关于商标侵权行为认定的条款。但《商标法实施条例》对于此类商标的权利范围做出了限制性规定,允许符合条件的合理使用。《商标法实施条例》第 4 条第 2 款规定,以地理标志作为证明商标注册的,其商品符合使用该地理标志条件的自然人、

---

❶ 《巴黎公约》第 10 条之二规定,缔约方应保证为缔约方国民提供更有效的反不正当竞争保护;任何与工商业活动中的诚实做法相违背的行为都构成不正当竞争行为;以下行为尤其应被制止:以任何方式造成与竞争对手的主体、产品或工商业活动产生混淆的任何性质的行为……c)商业活动中可能就产品的性质、生产过程、特征、用途或质量误导公众的表示或表述。

法人或者其他组织可以要求使用该证明商标,控制该证明商标的组织应当允许。以地理标志作为集体商标注册的,其商品符合使用该地理标志条件的自然人、法人或者其他组织,可以要求参加以该地理标志作为集体商标注册的团体、协会或者其他组织,该团体、协会或者其他组织应当依据其章程接纳为会员;不要求参加以该地理标志作为集体商标注册的团体、协会或者其他组织的,也可以正当使用该地理标志,该团体、协会或者其他组织无权禁止。

在申马人"舟山带鱼"案中,二审法院认为,2002年《商标法实施条例》第49条规定,注册商标中含有的本商品的通用名称、图形、型号,或者直接表示商品的质量、主要原料、功能、用途、重量、数量及其他特点,或者含有地名,注册商标专用权人无权禁止他人正当使用。《集体商标、证明商标注册和管理办法》第18条第2款规定,2002年《商标法实施条例》第6条第2款中的正当使用该地理标志是指正当使用该地理标志中的地名。❶

在根据上述规定,证明商标是用来标示商品原产地、原料、制造方法、质量或其他特定品质的商标。证明商标是为了向社会公众证明某一产品或服务所具有的特定品质,证明商标注册人的权利以保有、管理、维持证明商标为核心,应当允许其商品符合证明商标所标示的特定品质的自然人、法人或者其他组织正当使用该证明商标中的地名。就该案而言,涉案商标系作为证明商标注册的地理标志,即系证明商品原产地为浙江舟山海域,且商品的特定品质主要由浙江舟山海域的自然因素所决定的标志,用以证明使用该商标的带鱼商品具有《商标使用管理规则》中所规定的特定品质。舟山水产协会作为该商标的注册人,对于其商品符合特定品质的自然人、法人或者其他组织要求使用该证明商标的,应当允许。而且,其不能剥夺虽没有向其提出使用该证明商标的要求,但商品确产于浙江舟山海域的自然人、法人或者其他组织正当使用该证明商标中地名的权利。但同时,对于其商品并非产于浙江舟山海域的自然人、法人或者其他组织在商品上标注该商标的,舟山水产协会则有权禁止,并依法追究其侵犯证明商标权利的责任。

申马人公司虽然没有向舟山水产协会提出使用涉案商标的要求,但如果其生产、销售的带鱼商品确实产自浙江舟山海域,则舟山水产

---

❶ 见北京市高级人民法院(2012)高民终字第58号民事判决书。

协会不能剥夺其在该带鱼商品上用"舟山"来标识商品产地的权利，包括以该案中的方式——"舟山精选带鱼段"对其商品进行标示。同时，虽然申马人公司在涉案商品上使用的"舟山精选带鱼段"与涉案商标不完全相同，但由于"舟山精选带鱼段"中包含涉案商标的文字部分，且申马人公司在涉案商品上以突出方式进行标注，会使相关公众据此认为涉案商品系原产于浙江舟山海域的带鱼，故如果涉案商品并非原产于浙江舟山海域，舟山水产协会则有权禁止申马人公司以涉案方式使用证明商标，并据此追究申马人公司的侵权责任。

  法院对于地理标志证明商标的权利范围及对此类商标的正当使用方式的解释值得商榷。首先，2002年《商标法实施条例》第6条第2款对于地理标志证明商标和集体商标的正当使用的规定，与其第49条对于含有地名的商标中的地名的正当使用不是一回事。前者适用的情形是：如果第三人的产品符合地理标志证明商标或集体商标使用管理规则，则即便它不属于证明商标或集体商标注册所登记的提供者也有权使用该证明商标或集体商标。这里的正当使用就是允许符合条件的第三人使用被注册为证明商标或集体商标的地理标志，而不是地理标志中的地名。原因在于，地理标志商标禁止的是不符合商标使用管理规则的第三人对其使用，因为此种使用会使相关公众认为第三人是商标识别的提供者，这种误认不仅会就第三人的产品特征欺骗消费者，也会使得第三人得以利用地理标志商标的商誉并损害该商誉；而产品符合商标使用管理规则的第三人对地理标志的使用，仅仅会使相关公众误认为其是集体商标或证明商标所登记的提供者，这仅仅是一种形式上的误认，而在上述关于产品特征和地理标志商誉这两个实质方面都没有误认或侵害。后者的使用情形是：一个地名被作为商标或商标的组成部分被注册，但该地名所标示地区的产品或服务提供者有权标明其产品或服务的来源地，即地名原则上应当保留在公共领域。这种正当使用的合理性依据显然与前述地理标志证明商标或集体商标的正当使用依据显然是不同的。如果地理标志证明商标或集体商标中不含有地名，比如"湘莲"，则其注册人对于该地理标志所登记地区的地名不享有任何权利，因为第三人对地名的使用不会与地理标志造成混淆误认。如果地理标志证明商标或集体商标中含有地名，则在地理标志所登记的产品上使用该地名均有可能让相关公众认为该产品是地理标志产品，比如，在葡萄酒上对"波尔多"的任何方式的使用都存在让相关公众认为这是地理标志意义上的波尔多葡萄酒的可能。

从这个角度说，地理标志的权利人有权禁止在地理标志产品上对于地理标志中的地名的任何方式的使用。但是，另一方面，任何一个地区的产品或服务提供者都有权标明其产品或服务的来源地，这也是法律予以保护的一项正当利益，对该正当利益予以保护的重要性超过了对地理标志充分保护的必要性，因此，两种利益妥协保护的方案就是：波尔多地区的非地理标志葡萄酒产品的生产者有权而且仅有权以仅表示其产品来自波尔多地区的方式来使用波尔多。这意味着这些其他生产者只能以"产地：波尔多""产自波尔多"等明确表明对波尔多的使用仅在于表明产地的方式来使用，其他的使用方式都是禁止的。相对于非地理标志商标的含有地名的产品商标或服务商标，前者对于地名的正当使用的方式限定更为严格。因此，在申马人"舟山带鱼"案中，作为"舟山带鱼及图"地理标志证明商标注册人的舟山水产协会有权禁止产品不符合商标使用管理规则的任何第三人在带鱼产品上使用"舟山"字样，如果其对"舟山"的使用方式不是仅表明产品产地的方式。即便其产品的真实产地是舟山，因为此类使用都将侵害到地理标志商标上的权益，也在禁止之列。反之，如果此种第三人对于"舟山"的使用方式是仅表明产品产地的方式，则舟山水产协会没有任何权利禁止该使用行为，即便该产品的真实产地不是舟山，因为该使用行为不会侵害到地理标志商标上的权益。在该案中，被告"舟山精选带鱼段"的标识方式不是仅表明产品产地的方式，会被相关公众认为是"舟山带鱼"这一地理标志产品中的精选产品类别，因此，构成对于地理标志证明商标的侵权行为，除非被告的产品符合该商标的使用管理规则。针对该事实的证明责任应由被告承担，因为应由被告援引2002年《商标法实施条例》第6条第2款的正当使用规则作为抗辩。该案中，二审法院没有适用地理标志证明商标正当使用的条款而是使用了含有地名的商标的正当使用条款来认定被告的法律责任和举证责任。

在北方渔夫"舟山带鱼"商标侵权案中，法院对于地理标志证明商标的侵权认定就适用了混淆理论。该案中，舟山水产行业协会的委托代理人永辉超市公司山水文园店购买"红火园北方渔夫简装带鱼段600克""红火园袋装带鱼段300/400""红火园袋装带鱼段4/7""红火园袋装带鱼段3/5"各一袋，每袋的购入价格分别是：9元、49.7元、13.2元、11.5元。上述购买的"带鱼段"产品由北方渔夫公司加工包装，包装袋（以下简称涉案包装袋）上均有"舟山带鱼段"文字,其中"带鱼段"三个字比"舟山"两个字要大,但"舟山"及"带鱼段"的字体显著大于包装带上的其余文字,包装上也有"红火园及图"商标标识。上述产品的包装背面,除"红火园袋装带鱼段 300/400"一款外,其余的三个包装均标注有"原产地:浙江舟山"字样。

北方渔夫公司经国家工商行政管理总局商标局的核准注册了第3106523号"红火园及图"组合商标,核定使用商品为第29类:鱼(非活)、鱼片等,有效期自2003年3月14日至2013年3月13日止。

2010年12月,舟山水产行业协会委托律师向永辉超市公司发出律师函。该函指出永辉超市公司销售的北方渔夫公司生产的"舟山带鱼段"涉嫌侵犯"舟山带鱼"证明商标,要求永辉超市公司停止侵权和赔偿损失。

北方渔夫公司为证明其在涉案带鱼包装袋上使用"舟山"文字的正当性,提交了相应书面证明。其中浙江佳腾水产有限公司出具书面证明称:北方渔夫公司加工销售的带鱼产品系来自北纬29度30分到北纬31度,东经125度以西的海域。舟山水产行业协会称目前获得合法授权可以使用"舟山带鱼"证明商标的企业共19家,但不包括浙江佳腾水产有限公司。

一审法院认为:我国浙江舟山特定海域具有特殊的自然环境,在这个环境中带鱼成长更为优质,具有肉质肥厚、口感油润、味道鲜美的特点。因此,按照我国商标法对"地理标志"的定义,"舟山带鱼"这个地名和通用商品名称的组合,起到了指示商品来源自舟山特定海域,标示商品特定质量、信誉的作用,"舟山带鱼"构成了商标法上所称的"地理标志"。❶

舟山水产行业协会将地理标志"舟山带鱼"作为证明商标申请注册,获得了国家商标局的核准注册,即可以说明舟山水产行业协会具有了监督该证明商标所证明的特定商品品质的能力以及获得了"舟山带鱼"所标示地区的人民政府或者行业主管部门的批准文件。因此,自获得注册之日起,舟山水产行业协会有正当的理由,也有法定的权利独占地对使用"舟山带鱼"证明商标的商品进行监督和控制,他人未经其许可不得在同类注册商品上使用"舟山带鱼"证明商标或与之近似的标识。

---

❶ 见北京市朝阳区人民法院于2011年7月22日做出的(2011)朝民初字第07241号民事判决书。

虽然"舟山带鱼"之称历史悠久，用"舟山带鱼"来标示产自舟山特定海域的带鱼，具有合理性。但当舟山水产行业协会将"舟山带鱼"地理标志于2009年注册为证明商标取得独占性权利后，如果依然想继续使用"舟山带鱼"地理标志就应当征得舟山水产行业协会的许可，才能继续合法使用，否则就具有侵权的可能。当然考虑到"舟山带鱼"之称在先使用的历史，对源自舟山地区的带鱼商品，对于未经许可突出使用与舟山水产行业协会"舟山带鱼"证明商标相同或近似标识的使用人，虽然不能免除侵权之责任，但对于赔偿责任部分应当考虑历史因素及合理性部分。

具体到该案，"舟山"系地名，"带鱼段"系商品通用名称，通常情况下在带鱼产品包装上单独使用"舟山"或者单独使用"带鱼段"，可以构成正当使用，不会构成商标侵权。但是正如前述所论，"舟山"与"带鱼"组合使用形成的"舟山带鱼"构成了我国商标法上的地理标志，对"舟山带鱼"以及与之近似的标识的使用，并不属于对地名或者商品通用名称的使用，而是对"地理标志"的使用。

结合查明的事实，从北方渔夫公司对"舟山带鱼段"的使用方式来看，是在产品包装袋正面以显著字体突出使用，该种使用方式本身也并非单纯标识产地和商品的作用，而在于向消费者传达该种带鱼系来自"舟山"这个特定产地，具有特定产品特点的"带鱼"，实际上起到的就是"地理标志"的特定作用。生产者标识商品产地的方式可以有多种，例如，原审法院也注意到在部分涉案产品的包装袋背面，北方渔夫公司用普通的字体标注有"原产地：浙江舟山"字样，如果仅是为标注产地，这种方式可以达到向消费者说明的作用。在"舟山带鱼"被注册为证明商标后，如果以突出使用的方式使用"舟山带鱼"或近似标识，即有构成侵权的可能性。

综上，北方渔夫公司和永辉超市公司提出涉案"舟山带鱼段"在带鱼商品上正当使用的答辩意见，与商标法实施条例的规定不符，也与其实际使用的目的不符，不构成正当使用。

"舟山带鱼"证明商标系文字、拼音和图形的组合商标，但是其中起到地理标志作用的是"舟山带鱼"四个字。对比北方渔夫公司在涉案包装袋上突出使用的"舟山带鱼段"文字与"舟山带鱼"证明商标的中的文字"舟山带鱼"，两者文字、含义均近似，属于近似标识。另外，带鱼作为一种天然海产品，具有明显的地域性，带鱼商品的品质亦主要由其产地决定。对相关消费者而言，在选择购买带鱼商品时，对产地的关注要高于对具体生产企业商标的关注。具体到该案，涉案包装袋上虽标注有北方渔夫公司自有的"红火园及图"注册商标，但其对带鱼商品的标识性作用弱于"舟山带鱼段"文字。在结合北方渔夫公司对"舟山带鱼段"文字的突出使用行为以及使用目的，消费者容易对"舟山带鱼段"文字标识的产品与使用"舟山带鱼"证明商标的产品产生混淆。

北方渔夫公司未经许可，在同一种商品上，将与"舟山带鱼"证明商标近似的"舟山带鱼段"文字突出使用，容易使相关公众对商品的来源产生混淆或者误认，侵犯舟山水产行业协会享有的商标权，北方渔夫公司应承担相应的停止侵权、赔偿经济损失和合理费用的法律责任。

一审法院依照2001年《商标法》第52条第（2）项、第56条，2002年《商标法实施条例》第6条、第49条、第50条第（1）项，《最高人民法院关于审理商标民事纠纷案件适用法律若干问题的解释》第16条第1款、第2款之规定，认定两被告侵权行为成立。

二审法院肯定了一审法院的事实认定和法律适用。[1]

---

[1] 见北京市第二中级人民法院（2011）二中民终字第17259号民事判决书。

第十二章

商标"抢注"的法律规制

　　商标"抢注"不是一个法律术语,在日常语言中泛指违反诚信道德的商标申请行为以及以囤积商标转让牟利或以妨碍竞争对手为目的的商标注册行为。在法律层面,并不是所有在道德层面违反诚信或其他具有可谴责性的商标申请行为都为法律所禁止,只有符合相关法律规范适用条件的违反诚实信用原则的商标注册行为才能被制止。尽管2013年《商标法》第7条引入了诚实信用原则作为一般原则条款:"申请注册和使用商标,应当遵循诚实信用原则",但该原则的适用仍需主要依靠《商标法》中相关的具体法律规范,这不仅是因为禁止向一般条款逃逸的一般原则,而且更因为商标法,尤其是商标注册取得制度较之其他法律的特殊性。在司法政策的指引下,法院可以逐步建立诚实信用原则类型化适用的具体指导性案例,但是从我国商标法既有体系和商标法原理来看,诚实信用原则仍需与特定的法益相结合才能被具体适用,这种具体法益主要就是在先的商标使用行为产生的在被抢注商标上的商誉(法院也在司法实践中认可或发展出其他的法益,比如,竞争利益、商标注册秩序利益等)。原因在于,在商标注册取得制度中,"先到先得"是个基本的实践,即谁先申请商标注册,谁就先得到商标权。除了驰名商标之外,商标使用行为并不能产生商标权。尽管如此,商标申请之前第三人的商标使用行为仍可以产生商标法所认可和保护的正当利益,这些正当利益在诚实信用原则的框架内得以对在后的不当注册行为产生阻却效力。受这一原理调整的不当商标注册就是商标法所调整的商标"抢注"行为。在理论上，对于一个行为的否定性评价标准可以是其对正当权益的侵害，也可以是该行为本身的不正当性。但在我国《商标法》的立法框架内，诚实信用原则和他人在被"抢注"商标上的正当权益构成规制商标"抢注"行为法律规范的两个需要同时满足的适用条件。这两个适用条件的结合就体现为《商标法》第 15 条和第 32 条所设置的法律规范。司法实践中，法院也在这一原理的基础上创立了将 2001 年《商标法》第 41 条第 1 款或 2013 年《商标法》第 44 条第 1 款（以欺骗手段或其他不正当手段取得商标注册的情形）适用于某些类型的商标抢注的做法。我们先看商标使用行为与商标上的正当权益的产生，再看这三个规制商标"抢注"行为的条款的解释和适用。当然，《商标法》第 13 条对于驰名商标保护的规定也可以在涉及商标抢注的案件中被援引和适用，但由于 2009 年以来的司法政策以及 2013 年的商标法修正案，驰名的认定难度越来越大，该条款的适用机会越来越少。

一、商标使用行为与商标上的权益产生

未注册商标上的权益表现为其所承载的商誉以及在一定范围内的识别性，该权益的产生过程表现为：产品或服务提供者的经营行为使其产品或服务在公众中积累了商誉，形成了"公众—产品或服务的商誉—产品或服务提供者"的关系。同时，公众也将经营者所使用的标识与该特定产品或服务的商誉联系在一起，形成了"公众—产品或服务的商誉—商标—产品或服务提供者"的关系。值得注意的是，一方面，经营者的商誉是与其提供的产品或服务紧密结合在一起的，公众是通过辨别彼此商品之间的区别来区分不同商誉的；❶ 另一方面，尽管公众明白该商誉一定对应着一个经营者，但是他们往往并不清楚与该商誉所对应的具体经营者究竟是谁。❷ 一个常识性的例子就是，人们通常并不知道那些知名品牌背后的公司名称。公众其实是借助商标或者产品特有的包装、装潢、名称等商业标识，才将以特定产品或服务为载体的商誉彼此区分开。未注册商标成为可以区分特定

---

❶ 对于产生商标权的使用行为，美国法不仅要求其是实际的使用行为，而且要求应适用于产品上或服务提供中。李明德. 美国知识产权法 [M]. 北京：法律出版社，2003：288-289.

❷ Arthur R. Miller、Michael H. Davis. Intellectual Property：Patents, Trademarks and Copyright [M]. 3rd, 北京：法律出版社，2004：158.

经营者的标识，就是因为它与特定经营者的商誉之间存在联系，是该商誉的载体。可见，未注册商标的显著性产生于经营者特定产品或服务之商誉产生过程中的标识使用，在这一过程中，标识与承载特定商誉的产品或服务形成了明确的对应关系。

未注册商标上的权益产生与商标使用人是否意欲创设商标权的意思表示无关。某个标识成为具有识别性的商标，是指经营者对有关标识的使用使得公众将特定产品或服务与该经营者相对应，从而得以将其与其他经营者的产品或服务予以区分。其作为一个客观的事件或状态，与经营者及公众的意志均无关。比如，公众可能将某个经营者产品包装上的独特颜色组合认作区分该经营者产品与其他同类竞争产品的标识，而该颜色组合对于经营者来说纯粹是个装饰性图案，甚至经营者并不认可公众将其视为他的商标。即便如此，其都不影响未注册商标显著性的存在及未注册商标权的产生。因此，使产品或者服务标识在经营中产生显著性特征的商标使用行为是一种事实行为，而非法律行为。在伟哥案中，最高人民法院认为，对未注册商标标识主张权利的人必须有实际使用该标识的行为并具有将该标识作为其商标的意图。❶ 但从以上分析可见，商标使用者的意图并不是未注册商标权产生的要件。

二、《商标法》第 15 条

《商标法》第 15 条规定：未经授权，代理人或者代表人以自己的名义将被代理人或者被代表人的商标进行注册，被代理人或者被代表人提出异议的，不予注册并禁止使用。就同一种商品或者类似商品申请注册的商标与他人在先使用的未注册商标相同或者近似，申请人与该他人具有前款规定以外的合同、业务往来关系或者其他关系而明

---

❶ 威尔曼公司于 1998 年 6 月 2 日向国家行政管理总局商标局提出"伟哥"商标的注册申请，并在相关药品上使用该商标。辉瑞公司于 2002 年 9 月 20 日对商标申请提起异议，并于 2005 年 10 月 11 日在北京市第一中级人民法院对威尔曼公司等提起商标侵权和不正当竞争之诉。辉瑞公司的异议和起诉均基于其作为"伟哥"未注册商标的权益人的事实，但辉瑞公司承认其未在中国内地对该商标做过商业使用，而是媒体和公众将其外文商标 VIAGRA 称为"伟哥"。2008 年 12 月 17 日，国家行政管理总局商标局在 (2008) 商标异字第 10226 号及 10227 号商标异议裁定书中认定，经多年宣传使用，"伟哥"已实际成为与辉瑞公司的相关药品及商标所对应的中文标识，且为社会公众所知晓，异议成立。最高人民法院在 (2009) 民申字第 312 号和第 313 号民事裁定书中认定，媒体在宣传中将"Viagra"称为"伟哥"，不能确定为反映了辉瑞公司当时将"伟哥"作为商标的真实意思，故申请再审人所提供的证据不足以证明"伟哥"为未注册商标，侵权主张不成立。

知该他人商标存在，该他人提出异议的，不予注册。

《商标法》第 15 条原来只有第 1 款，2013 年修改时增加了第 2 款，以便扩大适用范围，尤其是将代理和代表关系之外的抢注业务伙伴商标的情形也纳入调整范围。第 1 款的规定来源于《巴黎公约》第 6 条之七，该条规定：如果巴黎联盟一个国家的商标所有人（proprietor）的代理人或代表人，未经该所有人的授权而以其自己的名义在一个或多个国家申请该商标的注册，则该所有人有权反对（异议）该注册申请或有权要求撤销该商标注册，或者，如果该国法律允许，要求将该注册转让给所有人，除非代理人或代表人能证明其行为的正当性。与《巴黎公约》的这一规定相比，我国法律没有规定此类申请或注册向被代理人或被代表人的转让。实际上，这种转让制度很有必要：在不存在转让制度的情况下，被代理人或被代表人除了提起异议或无效程序之外，还要自己再提交一个商标注册申请。

《商标法》第 15 条第 1 款有四个适用条件：抢注人和被抢注人之间存在代理或代表关系；被抢注的商标属于被代理人或被代表人；抢注行为是以代理人或代表人的名义进行的；抢注的商标与被抢注的商标之间构成相同或类似产品或服务上的相同或近似商标。第一个条件涉及代理关系和代表关系的解释问题。代理或代表关系中，代理人和代表人肩负被代理人和被代表人的信任从事业务活动，以实现和维护被代理人和被代表人的利益。这种紧密的利益委托关系不仅为合同中的具体条款所调整，也为法律中的忠诚义务和诚信原则所调整。因此，代理人或代表人侵害被代理人或被代表人利益的情形构成典型而明显的违背诚实信用原则的行为。代理或代表关系基本上是从业务关系的角度来解释，而不是从民法上的代理关系角度来认定，因为后者以调整被代理人与第三人的关系为主要目的（代理行为对被代理人与第三人之间关系的效力问题等），而前者以认定抢注人与被抢注人的业务关系性质和类型为目的以调整他们两者之间的关系。代理人一般是销售代理、授权经销商等业务代理人，他们与被代理人之间的具体商业关系可以是民法上的代理或居间关系，也可以是纯粹的买卖或加工定做关系。代表人一般就是与被代表人或其分支机构之间存在劳动合同关系或劳务合同关系的业务代表人。但从该条款制止恶意抢注的目的来看，对于代理和代表关系不应做狭义解释。❶ 销售商也应被

---

❶ 博登浩森. 保护工业产权巴黎公约指南［M］. 汤宗舜，段瑞林，译. 北京：中国人民大学出版社，2003：125.

认定为代理人，我国的司法实践中也是这种做的。❶ 第二个条件涉及被抢注商标对于被代理人或被代表人的归属确认问题。《巴黎公约》对这一归属关系的表述用的是 Proprietor，即商标的所有人，我国《商标法》用的是"的"这个词表示被抢注人和商标的关系，也是表示拥有的归属关系。但是，这里的所有或归属不应被解释为商标法上的法律意义上的所有关系。从《巴黎公约》和我国法律的规定来看，只需要被代理人或被代表人在某个《巴黎公约》缔约方（或某个WTO 成员方）是该商标的注册人或使用人即可，即便商标使用行为在使用国并不产生商标权。而且，只要被代理人或被代表人已经申请了该商标或已经做了将该商标投入使用的商业准备，这种归属关系就应当被认可。这同时表明，《商标法》第 15 条第 1 款的适用，既不以被代理人或被代表人对该商标的注册为条件，也不以该商标在中国大陆境内的使用为条件。第三个条件要求商标抢注是以代理人或代表人的名义进行的，但该条件也不应做狭义解释，在理论上和实践中，它也应涵盖与代理人或代表人存在业务或其他关系的人，比如代理人或代表人所成立或任职的公司或其亲属等，否则，抢注人对于该条款的规避将变得非常容易。此外，《商标法》第 15 条第 2 款与第 1 款在多个方面存在差别。首先，在适用结果上，第 1 款授予被抢注人对抢注商标的异议、撤销和禁止使用权，而第 2 款仅授予了异议权。其次，第 1 款的适用不以被抢注商标的在先使用为条件，而第 2 款对此明确做了规定。但是，对这里的商标使用行为，也不应作严格的狭义解释，应当包括实际发生为商标的使用而做准备的情形。至于商标使用的地域，也不应做狭义的解释。在 2013 年修改《商标法》的过程中，《商标法》第 15 条第 2 款的法律规范在《商标法》中的引入位置本来有两个选择，一个是作为第 15 条第 2 款，另一个就是作为 2001 年《商标法》第 31 条第 2 款。2001 年《商标法》第 31 条第 1 款后半句规定，"也不得以不正当手段抢先注册他人已经使用并有一定影响的商标"。该条在适用中存在不能禁止抢注在先使用但没有一定影响的商标的情形，而目前《商标法》第 15 条第 2 款可以弥补这一缺陷。但是，该条款对于抢注人和被抢注人之间业务关系的规定使得其在性质上与第 15 条第 1 款更为近似，因此，被纳入了第 15 条作为第 2 款。这种立法体制的选择对于第 15 条第 2 款的解释具有一定

---

❶ 见《最高人民法院关于审理商标授权确权行政案件若干问题的意见》（法发〔2010〕12 号）第 12 条。

影响。《商标法》第32条（2001年《商标法》第31条）要求被抢注商标在中国大陆境内被使用并有一定影响，而第15条第1款不要求在中国大陆境内有使用行为，第2款与第1款相比，主要目的是将诚信原则的使用范围扩展到代理和代表关系之外的业务关系情形，但代理人和代表人之外的业务关系人的诚信违反行为在恶性上低于代理人和代表人的抢注行为，因此，需要对被抢注人的在先商标权益提出要求，以增加评价标准的方式实现第2款与第1款在适用条件上的平衡。因此，综合考虑第15条第2款与第1款、第32条之间的关系，第15条第2款中的使用应当指的是在中国大陆范围内的商标使用行为，这样符合法律的文意和体系解释。当然，立法者也可以选择不考虑《商标法》第32条的规范，而仅以扩大第15条第1款的使用范围为目的不对被抢注商标的使用做出要求，但如果是这样，该条应当采用与第1款类似的其他表述方式。最后，第15条第2款还规定抢注人要因与被抢注人的关系而明知被抢注人所使用商标的存在。这一条件的设置不科学。一方面，法律上的"明知（actual knowledge）"对应于"推定的知道（constructive knowledge）"，前者指的是要有证据证明当事人确实实际上知道，这就对被抢注人设置了很高的举证责任：他要能提供证据证明被抢注人通过合同、往来邮件、单据、商业谈判、名片等确实知道了其所使用的商标；而后者只要求通过证据可以认定当事人很可能知道或不会不知道就可以，因此，举证责任较前者为低。实际上，该条款应采用"知道"而不是"明知"的主观状态条件表述，尽管如此，司法实践中肯定会按照"知道"的标准对被抢注人提出举证要求。另一方面，在该条款的文字表述中（"而"字）似乎表明，抢注人与被抢注人之间的业务关系存在与抢注人对于被抢注商标的存在的知晓之间需要存在一个因果关系，而实际上该因果关系纯属多余：只要抢注人和被抢注人之间存在业务关系，那么抢注就应被禁止。如果抢注人在知道了被抢注人的商标之后才与其发生业务关系，这就不存在这一因果关系了，但此类情况下的抢注同样在禁止之列。因此，该条款中的"而"字应为"并"字，其法理就是：不能抢注业务伙伴的商标，至于怎么知晓商业伙伴的商标的，在所不论。

三、《商标法》第32条第2款

《商标法》第32条中规定，申请注册商标不得以不正当手段抢先注册他人已经使用并有一定影响的商标。

就《商标法》第 32 条的字面规定而言,其适用条件有两个:(1) 被抢注的商标已经被利害关系人在先使用并有一定影响,(2) 抢注人使用了不正当手段申请注册。从法律的有效解释角度来说,法律条文中的不同用语都应当被推定为具有独立而不同的含义与功能,因此,这两个条件应当是相互独立的,尽管它们之间存在相当的联系。从上述我国《商标法》对于诚信原则的具体落实条款所采用的两个行为评价标准来说,这两个条件也是互相独立的:"在先使用并有一定影响"表明该条款仅适用于被抢注前已经承载着被抢注人商誉的商标,"不正当手段"表明抢注人违反了诚实信用原则。

就第一个条件而言,它与商标注册取得制度的价值目标是一致的,单纯的、简单的商标使用行为不能产生注册商标制度所要保护的法益,但如果商标的使用产生了相当的商誉,则该商誉是被保护的,这与反不正当竞争法保护知名商品的商业标识的法理是一致的。因此,第一个条件体现了对于商标使用的量的要求和商誉方面的要求。第二个条件就是对于抢注行为违反诚信的评价。但"不正当手段"如何解释和适用呢?它指的就是在知道他人在先使用并有一定影响的商标的主观状态下仍申请注册该商标的主观恶意。司法实践中,对第二个条件的认定就落实到抢注人对于被抢注商标的知晓状态,可以是明知,也可以是推定的知道。那么,怎么能认定明知或推定的知道呢?如果抢注人与被抢注人具有某种业务或其他关系,具有地域和经营领域上的关联性,就可以推定该主观知晓状态。在不具有业务或其他关系的情形下,这一推定往往要借助被抢注商标的知名度,而知名度和关联关系的密切程度这两个条件在抢注人主观知晓状态的推定中成反比关系:知名度越高则抢注人和被抢注人的关联关系就可以更远,反之则要求这种关联关系更近。这一反比关系的合理性还在于,由于知名度(具有一定影响)而受保护的权益,其保护范围也应当与其知名度相适应。

比如,在 GATEHOUSE 商标无效案❶中,无效申请人 LF 公司提交了以下相关证据,来证明争议商标申请日之前其在先使用的 GATEHOUSE 的知名度及原告恶意:(1) 中山市工商业联合会(总商会)出具的《关于"GATEHOUSE"品牌的情况说明》,其中显示"小榄

---

❶ 见北京市第一中级人民法院(2012)一中知行初字第 2195 号行政判决书。

镇……已吸引众多世界领先五金企业,其中包括五金百货集团劳氏公司(Lowe's Companies, Inc.)及其关联公司 LF 有限责任公司。作为世界五百强企业,该公司自 2003 年起即已指定包括华锋、高天在内的 10 余家本地企业生产其旗下著名品牌 GATEHOUSE 产品。"(2)中山市小榄镇商会出具的《关于我会部分会员企业商标被恶意抢注的情况说明》,其中显示,"GATEHOUSE 商标是 LF 有限责任公司众多品牌中的一个……在提出 GATEHOUSE 商标申请时,巢某是广州商学院三水分院会计专业的学生……从其提出商标申请后数年内,其从未从事任何与 GATEHOUSE 商标指定商品相关的任何工作……另外,巢某曾多次抢注他人未在中国注册的驰名商标。"(3)劳氏公司(Lowe's Companies, Inc.)公司高级副总裁出具的证明,其中称,艾钜资源有限公司(LG Sourcing. Inc.)与 LF 有限责任公司均为劳氏公司的子公司。(4)劳氏公司的子公司 LG 公司向中山市华锋制锁有限公司出具的指示,以及华锋公司的相应出口检疫证书、出口海运单、出口报关单。上述证据中涉及的商品为锁、钥匙等,使用的商标为 GATEHOUSE。(5)原告注册其他知名商标的情形。

　　商标评审委员会认定,无效申请人 LF 公司提交的证据可以证明在争议商标申请注册之前,LF 公司及其关联公司与位于广东省中山市小榄镇的中山市华锋制锁有限公司、高天(中山)金属制造有限公司在门锁等五金制品上已存在定牌加工关系,使用 GATEHOUSE 作为商标,并已为一定范围内的相关公众所知晓,具有一定影响,巢某的住所地位于与广东省中山市毗邻的广东省广州市。因此,商标评审委员会认定在争议商标申请注册之前,LF 公司已在中国在先使用 GATEHOUSE 商标并具有一定影响,巢某理应知晓 LF 公司在锁具等五金制品商品上已在先使用 GATEHOUSE 商标的事实,却在与上述商品相同或类似的钥匙、金属锁(非电)商品上抢先注册与该商标相同的商标,显属不当,因此,争议商标在钥匙、金属锁(非电)商品上的注册应根据 2001 年《商标法》第 31 条的规定予以撤销。❶

　　商标注册人起诉后,法院认为,该案审理焦点为被异议商标是否违反了 2001 年《商标法》第 31 条有关"不得以不正当手段抢先注册他人在先使用并有一定影响的商标"的规定,因上述条款设立的基本目的在于禁止他人基于不正当目的将他人在先使用的商标抢先注

---

❶ 见商标评审委员会商评字〔2011〕第 15112 号关于第 4458183 号"GATEHOUSE"商标争议裁定。

册为商标，因此，在该条款的适用中，虽通常要求在先商标具有一定知名度，但该知名度要求的重要作用在于通过知名度的认定而推定商标注册人的恶意，因此对知名度并不要求较高的标准。通常情况下，如果商标注册人在知晓该在先使用商标的情况下却仍在同一种或类似商品或服务上进行商标注册，则可以认定商标注册人主观有恶意，违反2001年《商标法》第31条的规定。

该案中，由查明事实可知，在争议商标申请日之前，第三人及其关联企业已委托中山市的相关企业生产使用GATEHOUSE的门锁及钥匙等商品。虽然原告对相关外文证据的翻译持有异议，但鉴于其未提交相关相反证据，故对原告这一异议法院不予采信。在此基础上，虽然该商品系销往国外，但这一行为并不影响其在生产企业所在地中山市及周围地区具有知名度。据此，现有证据可以证明GATEHOUSE为第三人在锁、钥匙等商品上在先使用并具有一定知名度的商标。在此情况下，鉴于原告所在地广州市与中山市毗邻，且原告亦具有抢注其他国外知名商品的情形，故法院合理认定原告在与锁、钥匙等商品相同或类似的商品上注册争议商标的行为具有抢注第三人商标的恶意。该案中，虽然被告仅认定争议商标核定使用的"钥匙、金属锁（非电）"与第三人在先使用的锁等商品构成类似商品，但法院认为除上述商品之外的"钢制滑轮百叶窗、金属螺丝、金属插销、关门器（非电动）、五金器具、金属铸模、金属喷头"与锁等商品在销售对象、销售场所等方面亦较为近似，如使用同一商标亦导致相关公众混淆误认，故对于争议商标在上述商品上的注册亦应一并撤销。但对于争议商标指定使用的"普通金属艺术品"因与第三人在先使用的锁、钥匙等差异较大，即便使用相同商标亦通常不会引起相关公众混淆，故上述商品未构成类似商品，对于争议商标在该类商品上的注册应予维持。

可见，《商标法》第32条上述规范中的两个适用条件在司法实践中已经被紧密地结合适用，而不再是两个绝对独立的条件，原因有两个：一是抢注人主观恶意的认定需要依赖被抢注商标知名度这一客观事实，二是该条款主要从制止恶意抢注的立法目的角度被解释和适用，因而被抢注商标的知名度条件自然被淡化，以更好地实现该立法目的。这同时也表明，上述规范中的"具有一定影响"这一条件的量化标准是很宽松的，GATEHOUSE案的判决表明：定牌加工业务（产品全部出口而不在中国大陆境内销售）中的商标使用行为也可以满足上述条款中的商标使用和知名度要求,尽管理论上商标的知名度和商誉需要在产品销售中建立于相关公众的认知中。❶ 该条款的目的解释甚至将商标使用和知名度要求条件适用于处于使用准备中的商标,只要抢注人和被抢注人之间存在直接的业务关系。从此案中看出,法院制止恶意抢注的努力不可谓不大。

比如,在"家家酒"商标无效宣告案❷中,1999年10月18日,老传统公司在第33类酒(饮料)商品中申请注册"家家"商标,该商标为中文"家家"二字组成,字体为电脑字库中的普通隶书体。2001年2月21日,"家家"商标获准注册,注册号为1526615。2002年8月2日,杏花村公司向商标评审委员会提出关于撤销上述商标的申请,理由是:在上述商标申请注册前几个月,其公司已经在自己的酒类商品上大量使用,并为该商标做了大量广告,已在山西省内产生了较大影响和较好声誉。老传统公司与杏花村公司同处山西省吕梁地区,且与杏花村公司及关联企业存在经济协作关系;争议商标字体、风格和杏花村公司上述商品商标标识相同;老传统公司注册争议商标后只进行了少量生产。因此,争议商标为其已经使用并有一定影响的商标,系老传统公司以不正当手段抢先注册。

法院和商标评审委员会经审理查明,1998年1月22日至1998年4月,老传统公司与杏花村公司进行试联营,联营期间只涉及原酒生产,未涉及商标问题。杏花村公司从1999年7月开始研制开发并推广家家酒。同年7月2日,杏花村公司的经销商虹通公司与山西太原日中天文化传播有限公司签订广告合同,约定由前者提供酒标上的文字内容并委托后者设计"家家酒"瓶贴、背标、外包装箱及全套包装。同年7月13日,虹通公司与太原玻璃厂签定合同,向其订购40万只家家酒瓶。同年8月1日,虹通公司与山西新华彩印厂签订合同,向其订购北特加家家酒盒箱7 000套。同年8月9日,杏花村公司的关联企业益汾酒厂与浙江省苍南县胶印厂签订订货合同,向其订购40万套北特加家家酒商标标贴。同年8月11日,益汾酒厂与黄骅市华丰塑料厂签订购销合同,向其订购40万个家家酒防盗盖。同年8月30日,益汾酒厂与虹通公司签订补充协议,约定为进一步拓宽

---

❶ 在GATEHOUSE商标案中,抢注人在起诉中提出,被抢注人是以定牌加工方式在中国境内使用其商标的,仅由加工企业生产后出口到中国境外,其GATEHOUSE商标商品并不在中国境内销售,且加工时间尚短,所以根本不可能为公众所知晓,也就谈不上具有一定影响力。该理由未被法院接受。

❷ 见北京市高级人民法院(2006)高行抗终字第474号行政判决书。

北特加酒市场,在原有北特加酒的基础上,增加该品牌系列产品北特加家家酒。同年9月14日,虹通公司与山西电视台签订广告合同,山西电视台自1999年9月14日始至10月22日履行了每日播出长度为18秒的家家酒广告。同年9月18日,益汾酒厂与温州市舒乐包装材料有限公司签订家家酒商标印刷合同。同年10月27日及10月29日,山西省卫生防疫站及山西省产品质量监督检验所分别为生产厂家为杏花村公司的北特加家家酒出具产品合格的检测、检验报告。同年12月29日,山西省卫生厅为杏花村公司颁发卫生许可证,同意北特加家家酒在山西销售。至此,市场上正式合法开始销售杏花村公司生产的北特加家家酒。

北京市高级人民法院再审认为,2001年《商标法》第31条明确规定,申请商标注册不得损害他人现有的在先权利,也不得以不正当手段抢先注册他人已经使用并有一定影响的商标。在老传统公司申请注册争议商标的三至四个月之前,杏花村公司及其关联企业、经销商即为家家酒产品上市销售做了大量准备工作,包括委托他人设计家家酒的全套包装,分别向四家企业订购专用于家家酒的容器、酒盒箱、商标瓶贴及防盗盖等,并为使用该商标的商品进行电视广告宣传,杏花村公司家家商标已在广告宣传覆盖范围内达到了一定程度影响。老传统公司和杏花村公司曾存在联营关系,二者共处相同地域、同一行业,双方商品有相同的销售渠道和地域,加之杏花村公司商标已通过广告宣传为一定范围内的消费者及同业竞争者知悉,争议商标与杏花村公司在先使用商标文字构成、字体基本相同,故老传统公司应知"家家"为杏花村公司在先使用并有一定影响的商标,却将与杏花村公司上述商标基本相同的争议商标抢先申请注册在类似商品上,其行为已构成以不正当手段抢先注册有一定影响商标的行为。

值得注意的是,在2013年的商标法修正案引入了第15条第2款后,在抢注人与被抢注人之间存在合同或其他关系的情形下,显然该条款更为容易适用,因为它只要求被抢注的商标被在先使用而不要求其具有一定影响。这样就会形成《商标法》第15条和第32条后半句之间的分工关系:在抢注人和被抢注人之间存在代理或代表,合同或其他关系的情形下,被抢注人宜援引第15条;在没有直接关系的情况下,宜援引第32条。但这只是从实体法的角度做的划分,但具有合同或其他关系但对其难以证明的情况下,不妨将两个条款同时引用。尽管如此,这两个条款存在被同时适用的可能,因为两者之前的适用范围本身就没有在立法层面被周延的划分。

此外，对于被抢注的标识的使用是否是商标性使用，也不宜从狭义角度予以解释。在"海棠湾"商标无效宣告案❶中，争议商标为第4706493号"海棠湾"商标，由李某于2005年6月8日申请注册，核准注册日为2009年1月21日，核定使用在第36类不动产出租、不动产代理、不动产中介、不动产评估、不动产管理、住所（公寓）、受托管理、资本投资、租赁担保、典当等服务上，商标专用期限至2019年1月20日。

2010年3月10日，海棠湾管理委员会向商标评审委员会提出撤销争议商标的申请。海棠湾管理委员会向商标评审委员会提交的证据中能够证明争议商标申请日之前其使用"海棠湾"商标的有关事实的主要有：（1）《三亚市人民政府关于调整三亚市乡镇设置问题的请示》（2001年2月10日）、《三亚市人民政府关于调整三亚市乡镇行政区划问题的请示》（2001年5月14日）、《海南省人民政府关于调整三亚市乡镇设置问题的批复》（2001年6月15日）、《三亚市人民政府关于印发调整乡镇行政区划实施方案的通知》（2001年8月7日），上述文件显示2001年8月设置海棠湾镇。（2）三亚市规划局提交给三亚市委、市政府的《关于海棠湾概念性总体规划国际咨询工作方案的报告》（2005年4月30日），称拟定于2005年5月10日至2005年7月10日举行海棠湾概念性总体规划国际咨询。（3）三亚市规划局提交给三亚市政府的《关于海棠湾概念性总体规划国际咨询费用的请示》（2005年5月11日）。（4）《三亚市海棠湾概念性总体规划国际咨询合同（送审稿）》（2005年5月15日），委托方为三亚市规划局，项目名称为三亚市海棠湾概念性总体规划。（5）2005年5月22日香港《大公报》刊登的《李嘉诚父子将联手开发三亚海棠湾》的报道，其中提及李嘉诚父子将联手开发海棠湾。（6）三亚市人民政府《三亚市城市总体规划》（1999年12月），提及规划将海棠湾南段作为三亚市生态旅游城市发展备用地。（7）海棠湾镇获得的三亚市人民政府颁发的2001年度农田水利基本建设二等奖，2002年度农田水利基本建设一等奖，2002年去冬今春瓜菜产销工作先进单位奖状，海棠湾司法所获得的三亚市司法局颁发的2002、2003年度先进集体奖状。（8）2005年5月23日《大河报》刊登的《"超

---

❶ 见北京市高级人民法院（2012）高行终字第582号行政判决书。

人"父子"瞄"住三亚》报道,提及李嘉诚父子决定联手开发海棠湾。海棠湾管理委员会提交的《三亚市机构编制委员会关于成立三亚市海棠湾管理委员会的通知》显示该委于 2007 年 9 月 21 日决定成立海棠湾管理委员会,《国务院关于推进海南国际旅游岛建设开发的若干意见》(2009 年 12 月 31 日)中提及"高水平开发建设海棠湾、清水湾、棋子湾、尖峰岭、霸王岭、五指山等一批精品景区"。

2011 年 7 月 4 日,商标评审委员会做出第 13255 号裁定,认为:首先,海棠湾管理委员会提交的证据足以证明海棠湾休闲度假区作为三亚市政府规划的重大建设项目,在 2005 年 5 月规划之初便已引起媒体和投资人的广泛关注,经媒体对其规划开发内容以及对知名投资人与当地政府接洽合作等情况的集中报道,"海棠湾"在短时间内迅速取得了较大知名度,并在海内外产生了广泛影响。其次,李某申请注册大量与海南地名、景观、物产有关的商标的事实以及媒体对其采访报道证据均证明其申请争议商标并非偶然,其在媒体采访时的自述足以印证其正是在明知"海棠湾"使用情况及其知名度的情况下,出于企图利用商标保护制度谋取经济利益的目的申请注册争议商标。因此,李某申请注册争议商标属于 2001 年《商标法》第 31 条所指"以不正当手段抢先注册他人已经使用并具有一定影响的商标"的情形。

二审法院认为,2001 年《商标法》第 31 条规定,申请商标注册不得以不正当手段抢先注册他人已经使用并有一定影响的商标。在中国境内实际使用并为一定范围的相关公众所知晓的商标,属于该条所称的已经使用并有一定影响的商标。商标的使用包括将商标用于商品、商品包装或者容器以及商品交易文书上,或者将商标用于广告宣传、展览以及其他商业活动中。该案中,海棠湾管理委员会作为三亚市政府直属事业单位,具体负责海棠湾的开发建设。在商标评审阶段,海棠湾管理委员会提交的《关于海棠湾概念性总体规划国际咨询工作方案的报告》《三亚市海棠湾概念性总体规划国际咨询合同(送审稿)》《三亚市城市总体规划》、有关媒体报道等证据,均形成于争议商标申请日前,这些证据充分证明,海棠湾休闲度假区作为三亚市政府规划的重大建设项目,经过有关媒体对其规划开发内容以及对知名投资人与当地政府接洽合作等情况的集中宣传报道,在 2005 年 5 月规划之初就已引起了媒体和投资人的广泛关注,"海棠湾"作为一个商业标识在短时间内迅速取得了较大的知名度,并在海内外产生了广泛的影响,李某在知悉海棠湾开发建设的情况下,在相同或类似服务上申请注册争议商标属于 2001 年《商标法》第 31 条所指"以不正当手段抢先注册他人已经使用并具有一定影响的商标"的情形。

四、《商标法》第 44 条第 1 款

《商标法》第 44 条第 1 款规定,已经注册的商标,违反该法第 10 条、第 11 条、第 12 条规定的,或者是以欺骗手段或者其他不正当手段取得注册的,由商标局宣告该注册商标无效;其他单位或者个人可以请求商标评审委员会宣告该注册商标无效。

该条款中的"以欺骗手段或者其他不正当手段"的解释一直存在争议。首先,立法条文的文字表述从法律角度看并不清晰,看不出与哪个商标取得条件相关。其次,由于《商标法》中能阻止恶意抢注的法律规范(主要是第 15 条和第 32 条)的适用范围不够宽,审查机关和法院无法依据其他条款制止抢注的情形下,自然就发挥了第 44 条第 1 款中的"欺骗手段"和"其他不正当手段"这一用语的抽象性和模糊性,将其作为制止恶意抢注的兜底条款。根据《商标审查标准》,该条款的适用范围包括以下两种情形:(1)以弄虚作假的手段欺骗商标行政主管机关取得商标注册的行为,指商标注册人在申请注册商标的时候,采取了向商标行政主管机关虚构或者隐瞒事实真相,提交伪造的申请书件或者其他证明文件,以骗取商标注册的行为。(2)基于进行不正当竞争、牟取非法利益的目的,恶意进行注册的行为,指在 2001 年《商标法》第 13 条、第 15 条、第 31 条(2013 年《商标法》第 32 条)等条款规定的情形之外,确有充分证据证明系争商标注册人明知或者应知为他人在先使用的商标而申请注册,其行为违反了诚实信用原则,损害了他人的合法权益,损害了公平竞争的市场秩序的。第 1 种情形的解释符合上述条款的字面含义,但对于欺骗手段所涉及的商标注册条件并不明确。可以设想的影响商标注册的虚假信息或文件包括:有关申请人身份(名称、地址)、优先权、代理委托书等方面的信息。但如果这些方面的信息存在瑕疵,并不需要单独的法律规定才能产生商标无效的效果,有的信息虚假情形也并不必然要导致商标无效。第 2 种情形显然是作为商标抢注的兜底规定条款,而且在实践中,确实很好地起到了制止商标抢注的

效果。

比如，在 Haupt 商标无效宣告案❶中，被抢注人金丰利超公司于 1991 年 3 月注册成立，专业生产硬质合金圆锯片产品，该公司自 1991 年成立以来一直使用 Haupt 商标，产品销售在国内市场中占有相当大的比例。抢注人辉锐公司的法人代表、总经理赵某自 1991 年至 1993 年 3 月任申请人的报关员兼出纳员。赵某明知被抢注人生产的 Haupt 商标的锯片，其于 1996 年 10 月占股 80% 登记注册抢注人公司，并于同年 11 月将被抢注人使用多年的 Haupt 商标申请注册在与其相同的产品上。商标评审委员会经审理认为，抢注人的法定代表人曾经是被抢注人的工作人员，在离开原雇主后设立了生产同类产品——硬质合金圆锯片的公司，其在明知"Haupt"是原雇主在先设计、使用的商标的情况下，却在锯片（机器零件）等商品上申请注册"Haupt"商标，抢注人的行为违反了诚实信用原则，属于以欺骗手段或者其他不正当手段取得注册的行为，违反了 2001 年《商标法》第 41 条第 1 款的规定，应予撤销。

在 2013 年《商标法》的框架内，这种情形可以适用第 15 条第 2 款，而无须第 44 条第 1 款来兜底。在肯定第 44 条第 1 款在制止恶意抢注方面的效果的同时，《商标审查标准》对该条款的解释也存在相当的问题。一是其与第 13 条、第 15 条和第 32 条的规范之间存在冲突。这些条款都有各自的适用条件，第 13 条以驰名商标为条件，第 15 条以代理或代表关系为条件，第 32 条以在先商标的使用和知名度为条件，而看似与这些条件同质的第 44 条第 1 款却仅以违反诚实信用原则为条件，而法律原则的解释和适用必定灵活性很大，增加随意性。《商标审查标准》的解释将导致其他条款被架空，与《商标法》的法律体系产生冲突。二是第 44 条第 1 款作为商标无效的理由与第 10 条、第 11 条和第 12 条这三个绝对条件理由规定在一起，在性质上，它应该属于绝对理由，但前述解释和适用在性质上却很大程度上属于相对理由。正是由于这些原因，最高人民法院在《关于当前经济形势下知识产权审判服务大局若干问题的意见》（法发〔2009〕23 号）指出，应"正确区分撤销注册商标的公权事由和私权事由，防止不适当地扩张撤销注册商标的范围，避免撤销注册商标的随意性"；随后的《最高人民法院关于审理商标授权确权行政案件若干问

---

❶ 参见汪泽：《商标法》第四十一条第一款"以其他不正当手段取得注册"的理解与适用——第 1127045 号"Haupt"商标争议案评析［J］. 中国发明与专利, 2007（3）.

题的意见》则明确规定，人民法院在审理涉及撤销注册商标的行政案件时，审查判断诉争商标是否属于以其他不正当手段取得注册，要考虑其是否属于欺骗手段以外的扰乱商标注册秩序、损害公共利益、不正当占用公共资源或者以其他方式谋取不正当利益的手段。对于只是损害特定民事权益的情形，则要适用 2001 年《商标法》第 41 条第 2 款、第 3 款及商标法的其他相应规定进行审查判断。最高人民法院显然是将第 44 条第 1 款中的上述条款定位为绝对条件的商标无效理由，这些规定也在随后的司法实践中得到很大程度的贯彻执行。

比如，在前述"海棠湾"商标无效宣告案中，北京市高级人民法院认定，判断商标是否属于以其他不正当手段取得注册，要考虑其是否属于欺骗手段以外的扰乱商标注册秩序、损害公共利益、不正当占用公共资源或者以其他方式谋取不正当利益的手段。其涉及的是撤销商标注册的绝对事由。该案中，李某在不同类别商品或服务上申请注册了"香水湾""椰林湾"等与海南地名、景点有关的商标 30 余件，并且多件商标有转让记录。李某还曾与海棠湾管理委员会取得联系，希望以高价转让"海棠湾"商标。李某亦未提供其使用"海棠湾"等商标的有关证据，上述情况足以认定李某申请注册争议商标的行为构成 2001 年《商标法》第 41 条第 1 款以"不正当手段取得注册"的情形。

在"蜡笔小新"商标无效案❶中，无效申请人提交的证据表明，商标局、商标评审委员会已多次在异议裁定、异议复审裁定及争议裁定中对争议商标原注册人诚益公司多次恶意抢注他人知名商标的行为性质进行了有效认定。双叶社提交的其他证据证明"蜡笔小新"文字及图形具有较强的独创性和显著性，且在争议商标申请注册前在日本、中国香港地区、中国台湾地区已具有较高知名度。另外，诚益公司在第 9、18、25、44 类等多个类别上申请注册了"SNOOPY""史诺比""梦迪娇""蒙特娇""浪琴""Burberrys""CHANEL""WALT DISNEY""POLO CLUB""Gillette""VOLVO""高露洁""GUESS""Calvin Klein""BETU""百图""FENDI"等多件商标。上述商标已被相关权利人提出异议、异议复审申请或以注册不当为由提出撤销注册申请。商标局及商标评审委员会均对诚益公司恶意复制、摹仿他人知名商标的行为性质做出认定，并综合考虑诚益公司申

---

❶ 见北京市高级人民法院（2011）高行终字第 1427 号判决书。

请多件与他人知名商标相同或相近的商标之事实，以违反诚实信用原则，易造成消费者混淆误认为由分别做出不予核准注册、撤销注册的裁定。法院认为，根据该案已经查明的事实，《蜡笔小新》系列漫画及动画片早于争议商标申请日之前已在日本、中国香港、中国台湾地区广泛发行和播放，具有较高知名度。争议商标的原申请人诚益公司地处广州，毗邻香港地区，理应知晓"蜡笔小新"的知名度。诚益公司将"蜡笔小新"文字或卡通形象申请注册商标，主观恶意明显。同时，考虑到诚益公司具有大批量、规模性抢注他人商标并转卖牟利的行为，情节恶劣，因此商标评审委员会认定诚益公司申请注册争议商标，已经违反了诚实信用原则，扰乱了商标注册管理秩序及公共秩序，损害了公共利益，构成2001年《商标法》第41条第1款所指"以其他不正当手段取得注册"的情形。

此外，对于第44条第1款中的前述规范是否可以在商标异议程序中适用，也曾存在争议，但作为影响商标效力的理由，应当既可以在无效程序中，也可以在异议程序中适用，因为这两个程序都是核实申请商标是否满足注册的条件。在"稻花香"商标异议案❶中，北京市第一中级人民法院认为：2001年《商标法》第41条第1款的规定应适用于注册商标案件，该案中被异议商标尚未核准注册，商标评审委员会在第47172号裁定中适用该条款明显缺乏根据。❷ 二审中，北京市高级人民法院认为：2001年《商标法》第41条第1款的立法精神在于贯彻公序良俗原则，维护良好的商标注册、管理秩序，营造良好的商标市场环境。根据该款规定的文义，其只能适用于已注册商标的撤销程序，而不适用于商标申请审查及核准程序。但是，对于在商标申请审查及核准程序中发现的以欺骗手段或者其他不正当手段申请商标注册的行为，若不予制止，等到商标注册程序完成后再启动撤销程序予以规制，显然不利于及时制止前述不正当注册行为。因此，前述立法精神应当贯穿于商标申请审查、核准及撤销程序的始终。商标局、商标评审委员会及法院在商标申请审查、核准及相应诉讼程序中，若发现商标注册申请人是以欺骗手段或者其他不正当手段申请注册商标的，可以参照前述规定，制止不正当的商标申请注册行为。当然，此种情形只应适用于无其他法律规定可用于规制前述不正当商标注册行为的情形。该案中，根据法院查明的事实，金泰公司在多个商

---

❶ 见北京市高级人民法院（2015）高行（知）终字第659号行政判决书。
❷ 见北京市第一中级人民法院（2014）一中知行初字第6431号行政判决书。

品类别上申请注册了"清样"商标,此外还申请注册了6件"关汉卿"商标、3件"关家园"商标、2件"修达宁"商标、2件"斯巴鲁"商标以及"修斯舒""修达舒"等商标。金泰公司的前述系列商标注册行为具有明显的复制、抄袭他人高知名度商标的故意,扰乱了正常的商标注册管理秩序,有损于公平竞争的市场秩序,违反了公序良俗原则。参照2001年《商标法》第41条第1款关于禁止以欺骗手段或者其他不正当手段取得商标注册的立法精神,金泰公司的前述系列商标注册行为应当予以禁止,故该案被异议商标的申请注册不应予以核准。商标评审委员会应当参照而不是直接适用2001年《商标法》第41条第1款的规定,制止该案被异议商标的注册,其法律适用方法确有不妥,但是,其裁定结论是正确的。

但目前对《商标法》第44条第1款的解释仍存在一定的理论问题,从上述"稻花香"案的判决说理中也可以看到。"扰乱商标注册秩序、损害公共利益、不正当占用公共资源或者以其他方式谋取不正当利益的手段",这些用语非常抽象,作为司法政策可以如此表述,但作为案件中适用的法律规范,就失之宽泛,给法律适用的稳定性和确定性带来很大的挑战,尽管既有的司法实践表明这一司法政策可以适用于"商标流氓"或"商标蟑螂"这种类型化的情形。比如,在商标注册取得制度下,先到先得是个一般做法,商标使用或使用意图不是商标申请或注册的条件,申请商标也是一种自由,那么"商标注册秩序"指的是什么?"损害公共利益"指的是何种公共利益,它与《商标法》第10条第1款第(8)项中的公共利益有何区别?"公共资源"指的什么?这些问题都有待回答。

参考书目

中文

[1] 刘春田. 知识产权法 [M]. 5版. 北京：高等教育出版社，2015.
[2] 郑成思. 知识产权法 [M]. 北京：法律出版社，2003.
[3] 李明德. 知识产权法 [M]. 2版. 北京：法律出版社，2014.
[4] 吴汉东. 知识产权法 [M]. 6版. 北京：中国政法大学出版社，2012.
[5] 冯晓青. 知识产权法 [M]. 北京：中国政法大学出版社，2015.
[6] 李琛. 知识产权法关键词 [M]. 北京：法律出版社，2011.
[7] 王迁. 知识产权法教程 [M]. 4版. 北京：中国人民大学出版社，2014.
[8] 郭禾. 商标法教程 [M]. 北京：知识产权出版社，2004.
[9] 曾陈明汝. 商标法原理 [M]. 北京：中国人民大学出版社，2003.
[10] 孔祥俊. 商标法适用的基本问题 [M]. 北京：中国法制出版社，2014.
[11] 黄晖. 商标法 [M]. 北京：法律出版社，2005.
[12] 王莲峰. 商标法 [M]. 北京：清华大学出版社，2008.
[13] 胡开忠. 商标法学教程 [M]. 北京：中国人民大学出版社，2008.
[14] 孔祥俊. 最高人民法院知识产权司法解释理解与适用 [M]. 北京：中国法制出版社，2012.
[15] 陈锦川. 商标授权确权的司法审查 [M]. 北京：中国法制出版社，2014.
[16] 周云川. 商标授权确权诉讼：规则与判例 [M]. 北京：法律出版社，2014.
[17] 北京市高级人民法院知识产权庭. 北京法院商标疑难案件法官评述 [M]. 北京：法律出版社，2012.
[18] 北京市高级人民法院知识产权庭. 北京法院商标疑难案件法官评述 [M]. 北京：法律出版社，2013.
[19] 北京市高级人民法院知识产权庭. 知识产权诉讼实务研究 [M]. 北京：知识产权出版社，2008.
[20] 奚晓明. 最高人民法院知识产权审判案例指导（第一辑至第七辑）[M]. 北京：中国法制出版社，2010-2015.
[21] 博登浩森. 保护工业产权巴黎公约指南 [M]. 汤宗舜，译. 北京：中国人民大学出版社，2003.

外文

[1] Jérome Passa, Droit de la propriete industrielle (Tome I), L. G. D. J., 2006.

[2] Jacaues Azéma, Jean-Christophe Galloux, Droit de la propriété industrielle, 6ᵉ édition, Dalloz, 2006.

[3] Mary LaFrance, UnderstandingTrademarklaw, 2 nd edition, LexisNexis, 2009.

[4] David I. Bainbridge, Intellectual property, 9 th ediction, Harlow, Pearson, 2012.

[5] Carlos M. Correa, Trade Related Asepcts of Intellectual Property Rights, A Commentary on the TRIPs Agreement, Oxford University Press, 2007.

[6] Lionel Bently, Brad Sherman, Intellectual Property, 2 nd edition, Oxford University Press, 2004

后　　记

　　正如王泽鉴老师所言，经过改革开放以来我国法制和社会三十年的发展，我国的法学研究也已经从基本理论的解说发展到了关注法律的解释和适用的阶段。作为民法和竞争法范畴内的一个应用型法律分支，商标法更是如此。随着市场经济在我国的快速发展，商标和商誉在市场竞争中扮演着越来越重要的角色。丰富的司法实践给商标法的研究带来了大量素材，也对商标法的解释和适用工作带来了众多挑战。在商标法领域，商标的注册条件是经营者能否获得商标法保护的决定性因素，对其进行正确的解释和适用具有至关重要的意义。

　　从法律技术层面看，商标法的解释和适用，一方面要遵从法律的基本原理和方法，另一方面要符合商标法自身的原理。无论是法律的基本原理还是商标法自身的原理，都存在由于各国的法制和社会现实的差异而具有的实证法中的个性问题，这就要求对于我国商标法的解释和适用的研究要兼顾比较法和我国的商标法律体制。在法律技术层面之上，还有法律文化和社会管理思路的问题，其对法律的解释和适用有着深远的影响。商标注册条件把握的宽严，在很多时候，不单是法律解释的问题，更是思路和政策的问题。在这方面，本书要强调的是，在市场经济和法治这两个基本前提下，我们在法律制定、解释和适用中要充分尊重市场主体的工商业自由和其作为经营者的权利。只有本着这个立场、观点和方法，在依据商标注册条件驳回经营者的商标申请时才能做到应有的谨慎和注意。

　　特别感谢知识产权出版社的编辑们为本书的出版所做的高效和细致的工作；感谢知产宝公司（IPhouse）裁判数据平台（www.iphouse.cn）提供的数据支持和裁判文书；感谢知识产权法理论和实务界的朋友们的有益交流；感谢清华法学院的同学们在我的商标法课上的大胆提问和益智讨论；感谢家人对我写作投入的大力支持。

　　书中的观点、论证、信息或资料有疏漏之处，敬请读者指正。